中國倫理思想研究文叢

初 編

王澤應 主編

第 3 冊

胡宏倫理思想研究

王和君 著

花木蘭文化出版社

國家圖書館出版品預行編目資料

胡宏倫理思想研究／王和君 著 — 初版 — 新北市：花木蘭
文化出版社，2013〔民 102〕
目 2+176 面：19×26 公分
（中國倫理思想研究文叢 初編；第 3 冊）
ISBN：978-986-322-288-0（精裝）
1.（宋）胡宏　2.學術思想　3.倫理學
190.9208　　　　　　　　　　　　　　　102012296

ISBN-978-986-322-288-0

中國倫理思想研究文叢
初　編　第三冊　　　　　ISBN：978-986-322-288-0

胡宏倫理思想研究

作　　者　王和君
主　　編　王澤應
總 編 輯　杜潔祥
出　　版　花木蘭文化出版社
發 行 所　花木蘭文化出版社
發 行 人　高小娟
聯絡地址　235 新北市中和區中安街七二號十三樓
　　　　　電話：02-2923-1455／傳真：02-2923-1452
網　　址　http://www.huamulan.tw 信箱 sut81518@gmail.com
印　　刷　普羅文化出版廣告事業
初　　版　2013 年 9 月
定　　價　初編 6 冊（精裝）新台幣 10,000 元

胡宏倫理思想研究

王和君　著

作者簡介

王和君，男，1970 年生，湖南永州人，1992 年畢業於湖南師範大學政治系，2011 年畢業於湖南師範大學道德文化研究中心，獲哲學博士學位。現為湖南大學出版社社長助理，副編審。在《倫理學研究》、《湖南大學學報》、《湘潭大學學報》等刊物發表學術論文 40 餘篇，主持省部級課題 2 項。

提　要

　　著名歷史學家陳寅恪在為《鄧廣銘宋史職官志考證》所作的序言中寫道：「華夏民族之文化，歷數千載之演進，造極于趙宋之世。」宋代理學是對華夏民族文化的整體改造與提升，標誌著民族思維的精進與推高，也彰顯了中華民族的哲學智慧和倫理精神。在宋代理學倫理思想發展史上，胡宏的倫理思想可以說起到了承前啟後、繼往開來的獨特作用。明人彭時稱胡宏父子「俱為大儒，遂啟新安朱氏（熹）、東萊呂氏（祖謙）、南軒張氏（栻）之傳，而道學益盛以顯」。胡宏，字仲仁，人稱五峰先生，南宋初期的第一代理學大家，湖湘學派的奠基者，是北宋理學的總結者和南宋理學的開創者，對理學的發展起著承上啟下的重要作用。胡宏一生矢志於道，以振興道學為己任，他說：「道學衰微，風教大頹，吾徒當以死自擔」（《宋元學案》卷 42，《五峰學案》）。他自幼從其父研習儒學，又在楊時和侯師聖那裏學習了二程理學，後來「悠遊南山（衡山）之下二十餘年，玩心神明，不舍晝夜；力行所知，親切至到」（張栻：《胡子知言序》，《胡宏集》），其成就卓著，終於成為南宋初期對振興理學起了重大作用的關鍵人物。全祖望為《五峰學案》做按語時，提出「紹興諸儒所造，莫出五峰之上。其所作《知言》，東萊以為過於《正蒙》，卒開湖湘之學派」。意謂，在南宋政權建立初期的紹興二十多年中，胡宏的理學成就和水平是最高的。這是客觀、平實的評價。胡宏的一生是發展道學、踐履道學的一生。他是南宋不可多得的具有獨立思想的思想家，他不但在繼承北宋理學的基礎上，奠定了頗具特色的湖湘學的規模，為南宋理學的發展與繁榮作出了卓異的理論貢獻；而且關心現實時事和民生疾苦，上書獻策以救時蔽，一身正氣、孑然獨立、拒斥權貴，真正踐履了他自己「有體有用」的為學宗旨，展現了高尚的道德人格、民族氣節和強烈的愛國主義精神。胡宏奠基的湖湘學強調「有體有用，體用該貫」，具有鮮明的實踐品格和經世致用特色，對湖湘文化的發展和特質的形成，以及經世致用人才群體的造就影響深遠，意義重大。

　　胡宏的倫理思想是宋代理學倫理思想的重要一脈，其「以性為本體」、「性體心用」、「性無善惡」的心性論，「理欲同體異用，同行異情」的理欲觀，和「察識涵養以識仁」的功夫論，不但特色鮮明，富有個性，而且體系完備，自成一家。胡宏以「繼學統，擔道義，正人心，息邪說」為己任，對二程和張載的倫理思想加以吸收消化，並進一步深化、創新，發展出了源於洛學又有自身鮮明特色的倫理思想。

胡宏以主要是人倫義涵的「性」為最高本體，闡釋了性與天命，性與天道，性與氣的關係，提出了「性一分殊」、「性具萬理」以及「性無善惡」、「性體心用」等命題，貢獻給了宋明心性之學許多精湛的思想。性一分殊，解釋了萬物既有有共同的本原，又各具特殊性的原因。性具萬理，是義理之性和生理之性的和合統一體，性之體是中，性無善惡。人之性是性之極，是粹然天地之心，也無善無惡。性本體落實到人，性就呈現為人心，即「性體心用」。人心的本體是性，是仁，是天地之心；人心的發用為知覺、為主宰，為情、為欲。心之本體與性同一，無生死，遍體萬物不遺；心之發用，有中節有不中節，有是有非，有善有惡。故人需進行道德修養，以成全天命之性，而不能自流入一物。心之本體是性，是仁心，為人成性，達到天人合一，提供了先天基礎，故「心能成性」。

理欲之辨是本體論和心性論的進一步深化，理欲之辨和義利之辨緊密聯繫在一起，理學家嚴辨理欲和義利關係，目的是為社會生活和人的道德修養提供價值原則。胡宏從他獨特的本體論出發，提出了「天理人欲同體異用，同行異情」獨特的理欲觀，為人欲存在的合理性提供了本體論的論證。「異用」、「異情」凸顯了導欲、節欲、寡欲的必要性。與理欲之辨相聯繫，胡宏的義利之辨表現出了一定的合理因素，即堅持以義導利、義利和合的價值取向。

與本體論相聯繫，胡宏的修養功夫論表現出鮮明的特色。心性體用一源，顯微無間，所以盡心能夠成性，察識能夠識仁。察識良心之端倪，是人確認良心本有、不假外爍的下手功夫，人有此自信，便可涵養此心，擴充、推廣此心，久之便可識得仁之大體。察識涵養的識仁功夫是胡宏及湖湘學派的根本功夫。這便是牟宗三所說的「內在逆覺體證功夫」。胡宏還繼承程頤和其父胡安國的格物致知功夫思想。「身親格物」，以「實事自律」是以胡宏為代表的湖湘學的務實品格之表現。

胡宏倫理思想廣大精微，影響深遠。其對「性命天道」的探論以及對內聖外王的置重，為湖湘學派奠定了堅實的理論基礎。岳麓書院山長張栻即出自他門下，張栻深受胡宏倫理思想之影響，他在為胡宏《知言》所作的序中寫道：「析太極精微之蘊，窮皇王製作之端，綜事理論一原，貫古今於一息，指人欲之偏以見天理之全，即形而下者而發無聲無臭之妙。使學者驗端倪之不遠，而造高深之無極。體用該備，可舉而行。」張栻主持嶽麓書院期間，曾數度邀朱熹前來講學，「朱張會講」開宋代學術研討之盛況，其地位與「鵝湖之會」不相上下。胡宏關於理欲之辯和義利之辨的梳理，特別是關於「一身之利無謀也，而利天下者則謀之；一時之利無謀之，而利萬世者則謀之」的思想，後來為王夫之所繼承。明清之際的王夫之，博采胡宏倫理思想之精粹，終成一代大儒。我們可以在王夫之《讀四書大全說》、《四書訓義》等著述中發現胡宏倫理思想的氣象與規模。

總序：中國傳統倫理思想特質論

王澤應

　　建設中華民族共有精神家園，發展具有中國特色社會主義的倫理思想體系，提升中華文化的軟實力，都需要我們發掘傳統倫理思想的源頭活水，弘揚深藏於傳統倫理思想中的傳統美德，而這也要求我們立於新的時代情勢深度體認並揭示出中國傳統倫理思想的精神實質和基本特徵。中國傳統倫理思想是中華文化和中國哲學的重要組成部分，從某種意義上說，對倫理思想的置重和對倫理道德的倚重形成中華文化和中國哲學的基本特色。那麼，中國傳統倫理思想的基本特徵和精神實質究竟是什麼？這是一個儘管有所認識但還認識得十分不夠，需要智慧的心靈不斷予以探究和整體推進的關鍵性問題和本源性問題。

一、近代以來人們對中國傳統倫理思想特質的認識

　　近代以來興起的中西古今之爭，大量地涉及中國文化與西方文化以及傳統倫理思想特質的認識。馮桂芬、郭嵩濤、鄭觀應等早期改良主義者，嚴復、譚嗣同、梁啓超等維新志士，五四新文化運動時期的陳獨秀、李大釗、胡適以及東方文化派的杜亞泉，現代新儒家梁漱溟、張君勱、馮友蘭等都對中西文化比較發表了自己的看法，其中不乏對中國傳統倫理思想特徵的認識。

　　近代新倫理的孕育始於中西古今之爭。而在中西古今之爭中即已涉及到傳統倫理思想特徵的把握。伴隨著西方文化特別是西方倫理價值觀的輸入，人們開始突破華夷之防的藩籬，將中國傳統倫理思想與西方倫理思想予以比較，並在比較中批判傳統倫理思想的弊端，肯定西方倫理思想的特色和長處。郭嵩燾在出使英法諸國時詳細考察其倫理道德，並比較與中國在仁、義、禮、

智、信等倫理道德準則上的共性與差異，批判了頑固派中國傳統倫理道德優於西方，泰西夷人只有奇技淫巧沒有倫理道德，「彼等之風俗，不過淫亂與機詐，而彼等之所尚，不過魔道與惡毒」〔註1〕等錯誤認識，指出中國的儒家講仁愛，西方人講博愛，愛人的範圍比儒家仁愛更爲廣泛。「中國言義，虛文而已，其實朝野上下之心無一不鶩於利，至於越禮反常而不顧。西洋言利，卻自有義在。」西方人對禮的尊崇似乎在中國人之上，他們「彬彬焉見禮之行焉，中國不能及遠矣。」〔註2〕「西洋以智力相勝，垂兩千年，……誠得其道，則相輔以致富強，由此而保國千年可也；不得其道，其禍亦反是。」〔註3〕說到信，郭嵩燾指出：西方「以信義相先，尤重邦交之誼，致情盡禮，質有其文，視春秋各國殆遠勝之。」總之，在郭嵩燾看來，西方決非處於野蠻狀態下尚未開化的蠻夷，他們有自己源遠流長而又自成一體的倫理道德傳統，就仁、義、禮、智、信五個方面的比較而言，他們似乎都在中國傳統倫理思想之上，郭嵩燾的思想可謂西化主義的先聲。

戊戌變法時期，康有爲、梁啓超、譚嗣同、嚴復等人試圖運用西方近代倫理學說分析中國近代的社會道德現象，把西方近代倫理思想與中國近代社會的具體國情結合起來考察分析，對西方近代的自由、平等、博愛、天賦人權和社會契約等理論表現出濃厚的興趣，並以此來思考中國社會變革的路徑和新倫理建設的方向。梁啓超認爲，中西倫理道德和思想傳統各有所長也各有所短，「欲強吾國，則不可不考博各國民族所以自立之道，彙擇其長者而取之，以補我之所未及」，主張把中華民族的優良道德傳統與西方民族道德觀念中的長處結合起來，構造一種全新的國民道德觀念和心理品質。梁啓超反對全盤否定中國傳統倫理學說和道德觀念的民族虛無主義，也反對墨守成規、固步自封的文化保守主義和國粹主義，指出他所謂的新民，「必非如心醉西風者流，蔑棄吾數千年之道德學術風俗，以求伍於他人；亦非如墨守故紙者流，謂僅抱此數千年之道德學術風俗，遂足以立於大地也。」〔註4〕新民之新義主要體現在兩個方面，一曰淬厲其所本有而新之，二曰採補其所本無而新之。梁啓超認爲，「今試以中國舊倫理，與泰西新倫理相比較。舊倫理之分類，曰

〔註1〕轉引自馬士：《中華帝國對外關係史》第2卷，第206頁。
〔註2〕郭嵩燾：《郭嵩燾日記》卷四，第298頁。
〔註3〕郭嵩燾：《倫敦與巴黎日記》，第91頁。
〔註4〕梁啓超：《新民說》，《梁啓超文選》，王德峰編選，上海：上海遠東出版社2011年版，第47頁。

君臣，曰父子，曰兄弟，曰夫婦，曰朋友。新倫理之分類，曰家族倫理，曰社會倫理，曰國家倫理。舊倫理所重者，則一私人對於一私人之事也。新倫理所重者，則一私人對於團體之事也。」〔註5〕中國傳統倫理「偏於私德，而公德殆闕」，中國傳統倫理道德的主要內容就是束身寡過主義、獨善其身主義、自了主義、「畏國事之為己累」等私德，而泰西新倫理則是重於公德，它注重維護社會公共生活，協調國家之內的各種社會關係，是故社會倫理和國家倫理發達。雖然公德私德並行不悖，且相互聯繫，但是人人相善其群的公德比人人獨善其身的私德要更有社會意義，公德是當今「諸國之源」，「知有公德，而新道德出焉」，所以中國的新民德當從興公德開始。嚴復在《論世變之亟》一文中指出，中西文化最大的差別在於自由觀念上的差別。「中國理道與西方自由最相似者，曰恕，曰絜矩。然謂之相似則可，謂之真同則大不可也。何則？中國恕與絜矩，專以待人及物而言，而西人自由，則於及物之中，而實寓所以存我者也。」自由既異，導致了其他諸種道德觀念和倫理價值上的差別。「中國最重三綱，而西人首明平等，中國親親，而西人尚賢；中國以孝治天下，而西人以公治天下；中國尊主，而西人隆民；中國貴一道而同風，而西人喜黨居而州處；中國多忌諱，而西人重譏評」，「中國委天數，而西人恃人力。」〔註6〕中國人相信世道「一治一亂、一盛一衰」的歷史循環論，西方人則提倡以「日進無疆，既盛不可衰」的歷史進化論。

　　五四新文化運動時期展開了一場大規模的東西文化論戰，其中大量涉及中西倫理思想的比較研究，雖然不乏過激與片面，但確打開了人們的認識視野，將中國傳統倫理思想置於與西方倫理思想的比較框架中予以重新認識。陳獨秀在《東西民族根本思想之差異》一文中指出：東西民族根本思想的差別表現在，東方民族以安息為本位，西方民族以戰爭為本位；東方民族以家族為本位，西方民族以個人為本位；東方民族以感情和虛文為本位，西方民族以法治和實力為本位。以安息為本位的東方民族，「惡鬥死，寧忍辱」，「愛和平」，所以成為「雍容文雅之劣等」，以戰爭為本位的西方民族，「惡侮辱，寧鬥死」，所以「以鮮血取得世界之霸權」。以家族為本位的東方民族，個人無權利，一家之人聽命家長，遵循著宗法社會封建時代的道德，以個人為本

〔註5〕　梁啓超：《新民說》，《梁啓超文選》，王德峰編選，上海：上海遠東出版社2011年版，第48頁。
〔註6〕　嚴復：《論世變之亟》，《嚴復集》第一冊，北京：中華書局1986年版。

位的西方民族，爭的是個人權利，「舉一切倫理道德政治法律，社會之所嚮往，國家之祈求，擁護個人之自由權利與幸福而已。」以感情和虛文為本位的東方民族，「其實施之者多外飾厚情，內恒憤忌，以君子始，以小人終」，以法治和實力為本位者，「未嘗無刻薄寡恩之嫌，然其結果，社會各人不相依賴，人自為戰，以獨立之生計，成獨立之人格，各守分際，不相侵漁，以小人始，以君子終。」〔註7〕杜亞泉以傖父為筆名發表了多篇論及東西文化差異的文章，與陳獨秀等人進行論戰。他在《靜的文明與動的文明》一文中比較了西洋文明與中國文明，認為西洋文明重人為，中國文明重自然，西洋文明以戰爭為常態，以和平為變態，中國文明以和平為常態，以戰爭為變態；西洋人生活是向外的，中國人生活是向內的。「西洋社會既以競爭勝利為生存必要之條件，故視勝利為最重而道德次之；且其道德之作用，在鞏固團體內之各分子，以對抗他團體，仍持為競爭之具。而所謂道德者，乃從人與人之關係間規定其行為之標準，故多注意於公德。而於個人之行為，則放任自由。凡圖謀自己之利益，主張自己之權利，享用自己之財產，皆視為正當，而不能加以非難。」中國社會則不然，在勝利與道德關係上視道德為最重，故不但不崇拜勝利，反而有蔑視勝利之傾向。「道德之作用在於消滅競爭，而以與世無爭，與物無競為道德之最高尚者。所謂道德，即在拘束身心、清心寡欲，戒謹於不睹不聞之地，為己而不為人，故於個人私德上兢兢注意。凡孜孜於圖謀自己利益，汲汲於主張自己權利，及享用過於奢侈者，皆為道德所不許。」〔註8〕在杜亞泉看來，吾國固有之倫理思想，正足以救西洋倫理思想之弊，濟西洋倫理文明之窮者。1918年，李大釗發表了論述中西文化差異的文章，指出中國民族之日常生活以靜為本位，以動為例外，而西方民族之日常生活則以動為本位，以靜為例外，「更以觀於倫理，東方親子間之愛厚，西方親子間之愛薄。東人以犧牲自己為人生之本務，西人以滿足自己為人生之本務。故東方之道德在個性滅卻之維持，西方之道德在個性解放之運動。」〔註9〕李大釗認為，東洋文明與西洋文明，實為世界進步之二大機軸，如同車之兩輪，鳥之兩翼，缺一不可，而又需要彼此互相學習。梁漱溟在《東西文化及

〔註7〕陳獨秀：《東西民族根本思想之差異》，《青年雜誌》第1卷第4號，1915年12月。
〔註8〕傖父：《靜的文明與動的文明》，《東方雜誌》第13卷第10號，1916年10月。
〔註9〕李大釗：《東西文明根本之異點》，《言治》季刊第三冊，1918年7月。

其哲學》中比較了中、西、印三種文化，認爲西方文化是以「意欲向前」爲根本路向，重在對外部世界的征服與改造，中國文化是以「意欲調和持中」爲根本精神的，重在人與人之間關係的處理和自我性情的陶鑄，而印度文化則以「意欲向後」爲根本路向，重在人與神關係的處理以及自我的壓抑與束縛。

20世紀四十年代，黃建中在《比較倫理學》中比較了中西道德觀的差異，認爲中西道德的第一個方面的差異表現在「中土倫理與政治結合，遠西倫理與宗教結合」，形成了政治倫理與宗教倫理的差別；第二個方面的差別表現在「中土道德以家族爲本位，遠西道德以個人爲本位」。「中土以農立國，國基於鄉，民多聚族而居，不輕離其家而遠其族，故道德以家族爲本位。」「遠西以工商立國，國成於市，民多戀遷服賈，不憚遠徙。其家庭組織甚簡，以夫婦爲中心」，故道德以個人爲本位。第三個方面的差異表現爲「中土道德主義務平等，遠西道德主權利平等」。第四個方面的差異表現在「中土重私德，遠西重公德」。第五個方面的差異表現在「中土家庭尚尊敬，遠西家庭尚親愛。」〔註10〕與黃建中的觀點類似，臺灣學者吳森認爲中西倫理道德的不同可以歸結爲效法先賢與服從律令，人倫本位與個人本位，義務本位與權利本位，情之所鍾與唯理是從幾個方面。〔註11〕

改革開放以來，隨著倫理學學科的恢復，中西倫理思想史學科也獲得了新的發展，一些現代倫理學研究者在研究中國倫理思想的精神實質和基本特徵時也提出了不少具有啓發性的觀點或理論，表現出在繼承以往思想成果基礎上的創新，一些論述更切合中國倫理思想的實際和要義，具有「致廣大而盡精微」的學術探究意義。陳谷嘉教授認爲，倫理與宗法關係的緊密結合，從而形成了以「忠」和「孝」爲核心內容的宗法體系，這是中國倫理思想最突出的和最基本的特徵；此外，倫理與哲學緊密結合，倫理與政治緊密結合，也是中國古代倫理思想的基本特徵。〔註12〕朱貽庭教授主編的《中國傳統倫理思想史》一書比較全面地闡釋並論述了中國傳統倫理思想的特點，指出由人道精神屈從於宗法關係而產生的「親親有術，尊賢有等」，是中國傳統倫理

〔註10〕 參閱黃建中：《比較倫理學》，山東人民出版社1998年版，第82～92頁。
〔註11〕 參閱吳森：《中西道德的不同》，見郁龍餘編《中西文化異同論》，北京：三聯書店1989年版，第184～196頁。
〔註12〕 參陳谷嘉：《論中國古代倫理思想的三大特徵》，《求索》1986年第5期。

思想所提倡的道德規範或道德要求的基本特點，道德來源上由天道直接引出人道，既把人道作爲人們行爲的當然之則，又把人道歸之於天理之必然，也是中國傳統倫理思想的基本特點；以德性主義人性論爲主流，並以此去論證道德修養，是中國傳統倫理思想的第三個特點；在義利之辨中，重義輕利的道義論是中國傳統倫理思想關於道德價值觀的主要傾向；此外，道德與政治一體化，重視道德教育和道德修養也是中國傳統倫理思想的基本特點。

從郭嵩燾、嚴復、陳獨秀到現代學者關於中國傳統倫理思想基本特徵的論述，適應不同時期倫理文化建設的發展需要，經歷了一個以批判或辯護爲主而向學理探究爲主的轉變，或者說經歷了一個由「拔根」而向「紮根」的認識轉換過程。醉心西化論者，大多以西方倫理思想之長反觀中國傳統倫理思想之短，每每得出「百事不如人」的結論，故其批評尖刻有餘而公允論述甚少，致使中國傳統倫理思想之精神實質往往淹沒不彰。堅守本位論者，大多肯定中國傳統倫理思想的世界先進性，而對西方倫理思想的利己主義功利主義與實用主義則予以猛烈抨擊。這些在當時特定的歷史文化條件下都是可以理解的，但確實是情感主義取代了理性主義，片面尖刻取代了全面深刻，留下的歷史後遺症直到現在還未能完全被矯正。進入到改革開放新時期以來，超越近代以來西化主義和保守主義的局限成爲一些學者的追求，在中國倫理思想史和西方倫理思想史的比較研究中回歸和注重理性，並予以深度而全面的探討，也被大家崇尚。正是這樣，才在中國傳統倫理思想史的研究方面不斷由初疏走向深入，由一般的現象揭示上升爲精神實質的探討，取得了可喜的研究成就。這些研究成就，爲我們進一步深入探討中國傳統倫理思想的精神特質和內在價值提供了良好的基礎。特別是進入新世紀以來，適應建設中華民族共有精神家園、提升中國文化軟實力以及繼承傳統美德、弘揚民族精神等倫理文化建設任務的需要，對中國倫理文化認識包括對其基本特徵的認識也在走向深化，時代和人們呼喚有關於中國傳統倫理思想深層內涵、價值原點和精神實質乃至獨特魅力和韻味的深刻認識。

理性而全面地考察中國傳統倫理思想，需要從神形表裏等方面運思，既考源溯流，又探賾索隱，既立乎其大又兼顧其小，並在對各個時期倫理思想特質的辯證把握中上升到整體觀照。中國傳統倫理思想特質兼具形式特質和實質特質兩方面，應當從形式或表象和內容或實質兩方面予以考察，由此顯現出的特點亦可以歸之爲形式特點和實質特點兩大方面。

二、中國傳統倫理思想的形式或結構性特質

　　萌生於遠古、發端於殷周、發展於漢唐、成熟於宋明的中國傳統倫理思想，是人類倫理思想史上一個獨特的思想類型，其結構之多元互補，其演變之源遠流長，其生命力和凝聚力之強大蓬勃，都是世界倫理思想上不可多得的範本。

1、多元一體的結構互補性

　　與西方倫理思想「二元對立」的模式有別，中國倫理思想具有「多元一體」的結構特質。西方倫理思想緣起於古希臘生命衝動與邏各斯之間的內在緊張，亦如尼采所言的「酒神精神」與「日神精神」的對立，後來是「兩希傳統」即古希臘傳統和希伯來傳統的對峙，中世紀的理性與信仰、上帝之城與世俗之城、神道與人道，無不處於一種嚴重的衝突與鬥爭中。近代以來，西方倫理思想的二元對立格局更加突出，其鬥爭也無所不在。理性主義與非理性主義，絕對主義與相對主義，樂觀主義與悲觀主義，科學主義與人本主義，相互指責詰頏，構成倫理思想史的一道景觀。與西方倫理思想二元對立的發展格局有別，中國傳統倫理思想因其崇尚「道並行而不相悖，萬物並育而不相害」而具有多元一體的精神特質。中國倫理思想雖然也有對二元的推崇如陰陽、道器、體用、本末，但其所強調的二元始終不是一種緊張衝突或完全對立的關係，而是有機地統一於一體之中，並成為一體的兩面。不特如此，中國倫理思想還有對三元如天地人、性道教、身家國等的強調，以及對「一生二，二生三，三生萬物」等的描述，有對「四象」、「八卦」以及「三綱五常」等的論證，而這一切都不是散亂或不相關的，而是有機地聯繫在一起的。中國倫理思想如同中華文化一樣在其起源和發展過程中始終是多元發生而朝著一體聚合的，多元既相互辯難，又相互吸收，不斷為一體輸送「共識性」的理論營養，促進著中國倫理思想傳統的形成和發展。中國倫理思想傳統萌生於炎黃時期，炎黃即代表著一種多元思想的融合，並有了一些原初的價值共識。後經堯舜禹湯的不斷融合與推擴而獲得一些基本的基質，如對群體性和公共利益的置重，對和諧和秩序的嚮往，等等。至春秋戰國時代出現儒、道、墨、法等百家之爭鳴，諸家均把價值目標鎖定在「務為治」上，提出「德治」、「仁政」、「禮治」、「法治」、「無為而治」和「兼愛之治」等思想觀點，為建立統一的多民族國家和文化提供了可供選擇的治政之策。秦漢統一後，雖然確立了儒家倫理思想的獨尊地位，但是道家、法家仍然在發揮作用，並不時挑激儒家，魏晉隋唐時期儒釋道相互辯難論爭，

至宋明發展出一種以儒為主融合佛道的理學倫理思想。在理學內部又有程朱系、陸王系之間的爭論，宋代還有蜀學、新學與洛學之間的論爭以及朱熹與事功之學的論爭等等。這些論爭從多元方面深化了對一體的價值認同，使得中華民族的倫理思想能夠不斷得以發展，形成一種多元一體的互補結構並獲得不斷更新發展的活力與動力。

2、生成發展的源遠流長性

　　與世界上其他倫理思想比較而言，中國倫理思想具有由古及今而又一脈相承的發展特點。在世界文化史上，多次出現過因異族入侵而導致文化或思想斷裂的歷史悲劇，如埃及文化因亞歷山大大帝佔領而希臘化、凱撒佔領而羅馬化、阿拉伯人移入而伊斯蘭化，印度文化因雅利安人入侵而雅利安化，希臘、羅馬文化因日耳曼蠻族入侵而中絕並沈睡千年，等等。只有中國倫理文化，歷經數千年而不絕，雖然也曾遭遇過種種挑激或風險，然而卻能憑藉自身強大的生命力、凝聚力和化育力一次次地轉危為安，實現衰而復興，闕而復振。梁啟超在《中國道德之大原》一文中指出：「數千年前與我並建之國，至今無一存者。或閱百數十歲而滅，或閱千數百歲而滅。中間迭興迭仆，不可數計。其赫然有名於時者，率皆新造耳。而吾獨自羲軒肇構以來，繼繼繩繩，不失舊物，以迄於茲，自非有一種美善之精神，深入乎全國人之心中，而主宰之綱維之者，其安能結集之堅強若彼，而持續之經久若此乎？」〔註13〕中華文明之所以能夠長期存在並不斷發展，有它自身所特有的倫理精神，這種倫理精神既是國家過去繼續成立之基，也是將來滋長發榮之具。美國學者伯恩斯和拉爾夫合著的《世界文明史》在論及古代中國文明時也認為中國文明源遠流長，自古至今，不斷發展。中國文明「一旦出現，它就延續——並非沒有變化和間斷，但其主要特徵不變——到現代 20 世紀。中國文明儘管其形成較埃及、美索不達米亞或印度河流域晚得多，但仍然是現存的最古老的文明之一。它之所以能長期存在，其原因部分是地理的，部分是歷史的。」〔註14〕中國倫理思想崇尚和平仁愛，很少激起周邊國家的敵意和妒忌。中國人很少用武力把自己的意志強加給被征服民族，相反卻把同化被征

〔註13〕 梁啟超：《中國道德之大原》，《梁啟超文選》（王德峰編選），上海遠東出版社 2011 年版，第 126 頁。

〔註14〕 〔美〕伯恩斯、拉爾夫：《世界文明史》第一卷，北京：商務印書館 1987 年版，第 173 頁。

服民族，使之成爲倫理思想的受益者當作自己的天職。塔夫里阿諾斯在《全球通史》中亦有類似的認識：「與印度文明的鬆散和間斷相比，中國文明的特點是聚合和連續。中國的發展情況與印度在雅利安人或穆斯林或英國人到來之後所發生的情況不同，沒有明顯的突然停頓。當然，曾有許多遊牧部族侵入中國，甚至還取代某些王朝而代之；但是，不是中國人被迫接受入侵者的語言、習俗或畜牧經濟，相反，是入侵者自己總是被迅速、完全地中國化。」〔註15〕中國社會的發展不是像西方古代社會那樣表現爲一種革命變革，而是表現爲連續不斷的改良的進取和維新，所謂「周雖舊邦，其命維新」，與此相契合，中國倫理思想亦是世界倫理思想史上連續性倫理思想的範本，「闡舊邦以輔新命」成爲許多倫理思想家的精神追求和價值共識。

3、舊邦新命的常變統一性

中國倫理思想傳統在自己的發展歷程中，從「萬物並育而不相害，道並行而不相悖」的理念出發，崇尚「有容乃大」，主張包容會通，海納百川，並認爲「兼容並包」、「遐邇一體」才能「創業垂統，爲萬世規」。（《漢書·司馬相如傳》）道家主張虛懷若谷，「常寬容於物，不削於人」，提出了「善者吾善之，不善者吾亦善之」的思想。儒家荀子主張「目視備色，耳聽備聲」，「兼陳萬物而中縣衡焉」（《荀子·解蔽》），只有超越私己的局限才能眞正把握「道」的眞諦。君子之所以隆師而親友，就在於師友能夠有助於自己道德修養使其達於完善。「得賢師而事之，則所聞者堯舜禹湯之道也；得良友而友之，則所見者忠信敬讓之行也，身日進於仁義而不自知也者，靡使然也。」（《荀子·性惡》）儒家倫理思想主張繼承傳統，但又主張對傳統作推陳出新的創化。湯之《盤銘》曰「苟日新，日日新，又日新」，《康誥》曰「作新民」。儒家從「道莫盛於趨時」、「日新之謂盛德」的思想認識出發，強調「以日新而進於善」。明清之際的王夫之強調「分言之則辨其異，合體之則會其通」，認爲「理惟其一，道之所以統於同；分惟其殊，人之所以必珍其獨」，〔註16〕主張「學成於聚，新故相資而新其故；思得於永，微顯相次而顯察於微。」〔註17〕只有博採眾家之長，「坐集千古之智」，才能夠有所創新和發展。現實

〔註15〕〔美〕塔夫里阿諾斯：《全球通史》，吳象嬰等譯，北京：北京大學出版社 2005年版，第 155 頁。

〔註16〕王夫之：《尚書引義》卷四，北京：中華書局 1962 年版，第 75 頁。

〔註17〕王夫之：《周易外傳》卷五，北京：中華書局 1977 年版，第 183 頁。

生活中的萬象是「日生」，不斷發展變化的，象中之道，也必然隨著象的「日生」，不斷發展變化。「道之所行者時也，性之所承者善也，時之所承者變也；性載善而一本，道因時而萬殊也」。〔註18〕中國倫理思想對於外來倫理文化，包括佛教、基督教，亦能夠兼收並蓄，揚長避短，爲我所用。正是由於中華倫理文化具有極強的包容性和自我更新的能力，所以才能夠在繼承前人的基礎上不斷地推陳出新，革故鼎新，使思想與時偕行，實現自身的理論創新和發展。

三、中國傳統倫理思想的內容或實質性特質

源遠流長、博大精深的中國傳統倫理思想，在內容和精神實質方面呈現出如下基本特徵：

1、注目「天下有道」，以趨善求治為倫理的價值目標

倫理與政治因素聯姻，使倫理作用於政治生活，使政治體現倫理的精神和要求，是中國文化的一大特徵，更是中國倫理思想的基本特徵。王國維在《殷周制度論》中指出周代政治制度與道德的深刻聯繫，「古之所謂國家者，非徒政治之樞機，亦道德之樞機也。使天子、諸侯、大夫、士各奉其制度、典禮，以親親、尊尊、賢賢，明男女之別於上，而民風化於下，此之謂治。反是，則謂之亂。是故，天子、諸侯、大夫、士者，民之表也；制度、典禮者，道德之器也。」〔註19〕「周之制度、典禮，實皆爲道德而設。而制度、典禮之專及大夫、士以上者，亦未使不爲民而設也。周之制度、典禮，乃道德之器械，而尊尊、親親、賢賢、男女有別四者之結體也，此之謂民彝。」〔註20〕春秋戰國時期百家爭鳴，諸子風起，提出了各種倫理思想，但其要旨，誠如司馬談在《論六家之要旨》中所言，「夫陰陽、儒、墨、名、法、道德〔註21〕，此務爲治者也。」「務爲治」即是以尋求天下大治爲旨歸，把建構一種天下有道的秩序視爲自己的理論使命。先秦諸子高度重視治世之道

〔註18〕 王夫之：《周易外傳》卷七，北京：中華書局 1977 年版，第 285 頁。
〔註19〕 王國維：《殷周制度論》，參見《國學大師講國學》，北京：中國致公出版社 2008 年版，第 194～195 頁。
〔註20〕 王國維：《殷周制度論》，參見《國學大師講國學》，北京：中國致公出版社 2008 年版，第 195 頁。
〔註21〕 此所言「道德」是指道德家，亦即以老莊爲代表的道家。因老子所著《道德經》，被後人稱爲「道德家」。

的探討，渴望實現「天下有道」的倫理政治，提出了「德治」、「仁政」、「禮治」、「無爲而治」、「兼愛之治」、「法治」等學說。漢代是倫理政治化和政治倫理化的典型時期，不僅出現了「以孝治天下」的倫理政治實踐，而且儒家倫理成爲治國安邦的主流價值或意識形態。雖然漢以後，儒家倫理在政治實踐層面遭遇多重挑戰，但諸多思想家都把化解這種危機，建立長治久安的倫理政治秩序作爲思維的重心。宋明理學家一方面吸收佛道兩家的思辨來充實儒家倫理的根基，另一方面又以「爲天地立心，爲生民立命，爲往聖繼絕學，爲萬世開太平」來激勵自己，冀望自己的倫理思想能夠對社會的治道產生影響。朱熹強調「內聖之學」兼有「修身」與「治平」雙重功能，他發揮孔子「下學而上達」之義，認爲應當在深研人事的「下學」方面多下功夫，「上學」才有根基。陸九淵、王陽明雖十分強調內聖，推崇「自作主宰」，亦以「平治」爲己任，時人稱王陽明「事功道德，卓絕海內」。明清之際的顧炎武、黃宗羲、王夫之及至顏元、戴震無不以「明道救世」之價值高標，崇尚經世致用，把「斡旋乾坤，利濟蒼生」視爲「聖賢」的基本標準，嚮往「建經世濟民之勳，成輔世長民之烈，扶世運，奠生民」。中國倫理思想以趨善求治爲自己的價值追求，試圖爲政治的治理提供倫理的方略和道德的智慧，並把政治倫理化和倫理政治化視爲終生爲之奮鬥的人生理想和社會理想。

2、立於「家國同構」，以「親親」、「尊尊」爲基本的道德規範

中國的宗法制及宗法社會保留著氏族社會重視家族血緣關係的傳統和認同，「家國同構」是其顯著特徵。家是國的縮小，國是家的放大，家庭的基本結構與成員間的親情關係被推而廣之地用作爲國家的政治結構原則和社會的人際倫理範型，它是以家庭與國家之間、倫理與政治之間的雙向運動爲機制的，突出了以個人德性爲核心、家庭爲本位、以國家政治爲宏闊指向的修養程式：從個人的角度看是身修而家齊，家齊而國治，國治而天下平；從國家的角度看是天下之本在國，國之本在家，家之本在身，認爲「君子之事親孝，故忠可移於君；事兄弟，故順可移於長；居家理，故治可移於君」（《孝經·廣揚名》），相同的，「其爲人也孝悌，而好犯上者鮮矣，不好犯上而好作亂者，未之有也」（《論語·學而》）。它有一整套家族政治化、政治家族化的相應各個階層的具體道德規約和行爲標準，其基本要義是「親親」、「尊尊」，即親愛血緣親族或雙親，尊敬尊貴者或長上。《禮記·大傳》有言，「上治祖禰，尊尊也；下治子孫，親親也；旁治昆弟；合族以食，序以昭穆，別

之以禮義，人道竭矣。」「親親」、「尊尊」是基本的不可變易的道德規範，也是聖人南面而治天下的基礎或法寶。「是故人道親親也。親親故尊祖，尊祖故敬宗，敬宗故收族，收族故宗廟嚴，宗廟嚴故重社稷……」。《禮記·禮運》進一步對「親親」、「尊尊」原則作出細化，指出：「何謂人義？父慈，子孝、兄良、弟弟、夫義、婦聽、長惠、幼順、君仁、臣忠十者，謂之人義。」只有嚴格按照「人義」的要求行為，才能夠正君臣，篤父子，睦兄弟，齊上下，使天下達到有道。漢代將「親親」、「尊尊」發展為「三綱五常」（君為臣綱、父為子綱、夫為妻綱，仁、義、禮、智、信）或「三綱六紀」，「三綱者，何謂也？謂君臣、父子、夫婦也。六紀者，謂諸父、兄弟、族人、諸舅、師長、朋友也。故《含文嘉》曰：「君為臣綱，父為子綱，夫為妻綱。」又曰：「敬諸父兄，六紀道行，諸舅有義，族人有序，昆弟有親，師長有尊，朋友有舊。」（《白虎通義》）儒家倫理思想最為推崇家庭的價值和倫常的意義，並以此為基準來理解個人、社會、國家和世界。教忠教孝成為儒家倫理思想的主旨和核心。隱含在「修身、齊家、治國、平天下」之政教理想中的基本秩序，實以家庭倫常為樞紐：倫常不僅對於個人的身份認同具有根本性的建構作用，而且也是社會、國家乃至世界秩序的規範性力量。家庭中的倫理關係被認為是確立人的身份認同的最原始、也是最核心的要素。在中國倫理思想傳統中，如果說「身」必須在「家」中確立，那麼，對「國」與「天下」的構想也同樣以「家」為模子，此所謂以國為家、天下一家。

3、注重義利之辨，以重義輕利為核心的價值觀念

中國倫理思想有重視義利之辨的傳統。一些學者甚至認為，義利之辨是「人生之大防」，「為學之根本」，「治亂之總綱」，其他諸如人禽之辨、王霸之辨、志功之辨、理欲之辨、才性之辨、仁富之辨等莫不是義利之辨的展開和拓展。正因為這樣，代不乏人的思想家競相注目於義利關係的探討，提出種種關於義利問題的見解學說，春秋戰國、兩漢、兩宋、明清時期更將這種義利之辨推向了高潮。總體而言，中國歷史上的義利之辨，主張重義輕利、以義制利、先義後利的觀點始終占主導地位，先利後義、重利輕義甚或義利兩行的觀點雖然時有產生，但始終不占主導地位。董仲舒繼承並發展了孔孟儒家先義後利、以義制利和重義輕利的思想，從對「心之養」和「體之養」不同功能和作用的分析得出了「正其誼不謀其利，明其道不計其功」的結論。宋儒無論是程朱系亦或是陸王系無不沿著這一思路前進，強調「不論利害，

惟看義當爲與不當爲」。明清之際的王夫之更說，「生以載義生可貴，義以立生生可捨」。「中國傳統道德價值觀的這一特點，是中國古代宗法制和高度集中的君主專制主義的產物。在宗法制和君主專制的統治下，個人利益對於群體利益的關係，既依附又對立：個人沒有獨立自主的經濟權利，更不允許發展個人利益去超越家族和國家的利益，從而形成了個人利益必須絕對服從和從屬於家族、國家利益的要求。」〔註22〕這種利益關係的格局及其要求必然是「惟看義當爲不當爲」的道義論價值觀。這一傳統的道義論倫理價值觀，規定了道德價值的取捨、道德評價的依據、理想人格的內涵以及道德教育、道德修養的標準，對中華民族數千年的倫理文化產生了深遠而複雜的影響。

4、力倡貴和樂群，以和而不同爲接物應對的良方

與西方神人二元的倫理互競截然不同，中國倫理思想則強調天地人之間的和諧共生，並認爲人應當效法天地之道，率天載義，體天恤道，是故「天行健君子以自強不息」，「地勢坤君子以厚德載物」。道家亦有「人法地，地法天，天法道，道法自然」的認識，主張建立一種天道與人道協同共振的倫理思想體系。中國傳統倫理思想崇尚人與人、人與社會之間乃至人與自然之間的和諧。史載堯「平章百姓」，「協和萬邦」，孔子說，「禮之用，和爲貴」，孟子指出，「天時不如地利，地利不如人和」。道家提出，「萬物負陰而抱陽，沖氣以爲和」，認爲和諧是道的基本屬性和表現形式。莊子明確提出「與天和」和「與人和」的命題，主張爲了實現「與天和」和「與人和」首先必須實現「心和」，以平靜祥和的心態去處理各種人際關係，並以知足、不爭和無爲去達致「人和」。墨家致力於和諧人際關係與和諧天下的建構，提出的「兼相愛，交相利」旨在破除人與人、家與家、國與國不和諧的狀態，墨家所嚮往的是一個貴不傲賤，富不侮貧，強不欺弱，人人都能相親相愛、平等互助的社會或世界。中國倫理文化重視和諧，認爲和諧、和平、和睦是一個值得追求的理想目標與關係狀態，常常表現爲一種最高的道德期許。在人際關係中，和不是無原則的附和，而是保持獨立性和個性，「和而不流」。孔子不滿意顏回完全贊同自己觀點的做法，說，「回也非助我者也，於吾言無所不悅。」「君子和而不同，小人同而不和。」中國倫理文化倡導的和諧觀念，滲透到了中華民族的世界觀人生觀和價值觀的各個方面，形成了中華民族崇尚中庸、講

〔註22〕朱貽庭主編：《中國傳統倫理思想史》，上海：華東師範大學出版社 1989 年版，第 28 頁。

求中和、不走極端的思維方式，培養了中華民族謙恭禮讓、仁民愛物、顧全大局，克己奉公和愛好和平的精神，成爲中華民族具有強大的生命力和凝聚力的思想文化根源。

5、講求尊道貴德，以心性修養為安身立命之本

在中國倫理思想中，「立德」比「立功」、「立言」更加有意義，德被認爲是一個人的立身之本，無論這個人身處何種社會階層或處何種社會地位。儒家十分重視個人的德性修養，提出了「上至天子下至庶人，壹是皆以修身爲本」。孟子從總結三代興亡經驗教訓的高度提出「三代之得天下也以仁，其失天下也以不仁，國之所以廢興存亡者亦然。天子不仁，不保四海；諸侯不仁，不保社稷；卿大夫不仁，不保宗廟；士庶人不仁，不保四體」（《孟子·離婁上》），將仁與不仁視爲統治者能否「王天下」、保社稷的關鍵，視爲士、庶人能否安身立命的根本。道家《老子》也主張「尊道貴德」，提出：「修之於身，其德乃眞；修之於家，其德乃餘；修之於鄉，其德乃長；修之於邦，其德乃豐；修之於天下，其德乃普。」（《老子·五十四章》）只有鞏固修身之要基，才可以立身、爲家、爲鄉、爲邦、爲天下。墨家主張嚴格要求自己，強化自己的道德修養，指出「君子察邇而邇修者也。見不修行，見毀，而反之身者也，此以怨省而行修矣。」（《墨子·修身》）吳起在與魏文侯關於國家之寶的對話中旗幟鮮明地提出國家朝廷之寶「在德」而不在於「河山之險」。並指出：「昔三苗氏，左洞庭，右彭蠡，德義不修，禹滅之。夏桀之居，左河濟，右泰華，伊闕在其南，羊腸在其北，修正不仁，湯放之。商紂之國，左孟門，右太行，常山在其北，大河經其南，修政不德，武王殺之。由此觀之，在德不在險。若君不修德，舟中之人皆敵國也。」（《資治通鑒·周紀一》）司馬光在談到智伯之亡時將其歸結爲「才勝德」，並指出「自古昔以來，國之亂臣，家之敗子，才有餘而德不足，以至於顛覆者多矣，豈特智伯哉？」在司馬光看來，「才者，德之資也；德者，才之帥也」，（《資治通鑒·周紀一》）只有以德御才而不是恃才輕德，才能夠眞正幹出有正面意義的作爲和建樹，反之就會演繹出歷史和人生的悲劇。宋明時期理學家十分強調德性的修養和動機的純粹，強調「先立乎其大」，「收拾精神，自作主宰」，提出了「居敬」、「窮理」、「自存本心」、「省察克治」等一系列關於道德修養的命題和觀點，促進了中國倫理思想關於道德修養理論的發展與完善。

此外，講求仁民愛物，主張天下爲公，也是中國傳統倫理思想的基本特

徵。「中國傳統道德的核心及其一貫思想，就是強調爲社會、爲民族、爲國家、爲人民的整體主義思想。」〔註23〕從《左傳》的「苟利國家生死以之」到范仲淹的「先天下之憂而憂，後天下之樂而樂」，從周公的「一飯三吐哺」到顧炎武的「天下興亡匹夫有責」，從屈原的「哀民生之多艱」到陸游「死去原知萬事空，但悲不見九州同。王師北定中原日，家祭毋忘告乃翁」，都體現出了一種「國而忘家，公而忘私」的愛國主義精神。這種愛國主義精神凸顯了國家民族利益的至上性，積澱爲一種民族的倫理正氣，並借助於儒家「殺身成仁」、「捨生取義」的價值追求，成爲民族倫理精神的靈魂或樞紐，激勵著一代又一代華夏兒女爲國家民族的整體利益去奮鬥，用其丹心書寫著中華民族承前啓後、繼往開來的壯麗史詩。

中國傳統倫理思想的價值特質，積澱著中華民族最深層的精神和價值追求，包含著中華民族在不同歷史時期和階段形成的核心價值觀念和崇尚的道德品質，已經成爲中華民族爲人處世、待人接物的精神文化基因，不僅富含獨特的東方神韻，構成我們民族倫理精神的源頭活水，而且也是我們民族生生不息的動力源泉，是我們建設社會主義新倫理必須大力弘揚和發掘的豐厚思想資源。

2013 年 5 月 12 日於湖南長沙市嶽麓山下景德村

〔註23〕羅國傑：《中國傳統道德·編者的話》，北京：中國人民大學出版社 1995 年版。

目

次

緒 論

一、選題意義

　　中華文化是一條奔騰不息的大河，每到歷史轉彎處就會掀起一個高潮，綻放出屬於那個特定歷史階段的異彩。無論經過多少歲月，那些高潮中的精彩段落，作爲文明的記憶和基因在新文明的傳造中仍會回響；那些異彩中的奪目光輝，在新文明劇目展開過程中，作爲底色和背景仍會發光。宋代的文化無疑是中國歷史上光彩奪目、極具魅力的文化形態之一。陳寅恪在《鄧廣銘宋史職官志考證序》中曾說：「華夏民族之文化歷數千載之演進，造極與趙宋之世」，並聲稱中國文化的發展必歸於「宋代學術之復興，或新宋學之建立」〔註1〕。宋代理學甚而更廣義的宋學是中國儒學發展的一個高峰，這是學界公認的。宋代理學初創於北宋，發展、成熟於南宋。宋代理學之所以光芒耀眼，乃是因爲理學大家人才輩出，群星燦爛，學派林立。朱熹理學體系號稱「致廣大，盡精微，宗羅百代」〔註2〕，被譽爲「理學之集大成」者，在世界範圍內有著廣泛的影響。朱熹之所以能夠集大成，全面完成理學體系的建立，乃是因爲他是站在巨人肩膀上的原故。理學初創階段的北宋五子——周敦頤、二程、張載、邵雍，他們篳路藍縷的創闢之功豈容忽視；陸九淵以令人耳目一新的心學與朱熹的理學競爭，「朱陸之辯」影響深遠；而在其中間階段起薪火傳遞、創造轉化甚而有相當大的理論創新和有特色的重要理學家，因爲種種原因往往容易被忽視。例如，胡宏、張栻、張九成、呂祖謙等。這不免令

〔註1〕 陳寅恪：《金明館叢稿二編》，生活·讀書·新知三聯書店，2001 年版，第 245
　　　　頁。
〔註2〕 《晦翁學案》，《宋元學案》。

人遺憾。可喜的是，這一狀況正在發生悄然改變。

胡宏，字仲仁，人稱五峰先生，南宋初期的第一代理學大家，湖湘學派的奠基者，對理學的發展起著承上啓下的重要作用，全祖望爲《五峰學案》做按語時，提出「紹興諸儒所造，莫出五峰之上。其所作《知言》，東萊（呂祖謙）以爲過於《正蒙》，卒開湖湘之學派」。意謂，在南宋政權建立初期的紹興30多年間，胡宏的理學成就和水平是最高的。這是客觀、平實的評價。在南宋高宗登基至朱熹、張栻和陸九淵奠定各自學術的規模之前，胡宏是名副其實的理學巨擘和理學宗師，其理學著作《知言》一書，在當時影響很大，呂祖謙以爲《知言》勝過張載的代表作《正蒙》。宋室南渡後，胡宏以「繼學統，擔道義，正人心，息邪說」爲己任，對二程和張載的學說加以吸收消化，並進一步深化、創新，發展出了源於洛學又有自身鮮明特色的湖湘學。胡宏的「以性爲本體」「性體心用」「性無善惡」的心性論，「理欲同體異用，同行異情」的理欲觀，和「察識涵養以識仁」的功夫論，不但特色鮮明，富有個性；而且體系完備、詳明。所以，張浚遣其子張栻拜胡宏爲師。張栻得胡宏授受後，日進不已，成爲與朱熹、呂祖謙齊名的「東南三賢」。胡宏去世後，張栻發揚光大了湖湘學派，湖湘學派在南宋舉足輕重。黃宗羲在《南軒學案》中，稱「湖湘一派，當時爲最盛」。

張栻聞道早於朱熹。朱熹對張栻的評價是「敬夫所見，超詣卓然，非所可及」〔註3〕當張栻從胡宏那裏學道有成，主持嶽麓書院，成爲湖湘學的掌門時，朱熹正苦參李侗的「於靜中體驗未發之中」而未得其門，如窮人無歸途之感。朱熹在與張栻的多次交往中，聞得胡宏的「衡山之學」，經過自己的思考，初步接受了胡宏的中和學說。即「性體心用，性爲未發，心爲已發；於日用間察識涵養以識仁之體，於動中求靜，於已發處求未發之中」的湖湘學要旨。史稱朱熹的「中和舊說」。然沒過多久，朱熹開始質疑湖湘學。這當然是從他切身的修道體會而來。覺得「先察識，後涵養」的功夫不甚得力，感覺爲日用間大化所驅，無從容醇厚氣象。於是復取程子著作閱讀，「未及數行，凍解冰釋」〔註4〕。原來程子書中有心分未發已發之說，朱熹由此得到啓發，覺得「性體心用」不僅是心、性命名不當，而且導致功夫不得要領。朱熹由

〔註3〕 朱熹：《朱文公文集》卷四十一，《朱子全書》第二十二冊，上海古籍出版社，2002年版，第1871頁。

〔註4〕 朱熹：《朱文公文集》卷四十，《朱子全書》第二十二冊，上海古籍出版社、安徽教育出版社，2002年版，第1822頁。

道德修養的實踐需要出發，為了加密功夫，對心、性、情作了重新定位，經過與張栻的多次討論，朱熹確立了「中和新說」的基本構架。「中和新說」的要旨是，性、心、情三分，心分未發、已發，心統性情；未發之前涵養，已發之際察識，而敬貫乎已發和未發。「中和新說」標誌著朱熹獨立學問的形成。這期間，朱熹又與張栻、呂祖謙對《知言》作了批評，進一步鞏固和發展了他的心性論和功夫論。朱熹學問規模的確立，直接和間接，正面和反面均得益於胡宏。因此，對於具有重要理論建樹、思想學說富有特色，對後世影響較大的這樣一位理學家，研究者應給予足夠的重視，深入研究。

　　哲學是時代精神的精華。宋代理學是在繼承傳統儒學基本思想的基礎上，融合儒、釋、道三家的一種新的、更精緻的、思維水平更高的理論形態，是對宋代的政治、經濟、科技和社會狀況的綜合反映。本質上，是為論證那個時代的統治秩序的合理性、合法性服務的。所以，理學家所修的道，所悟的道，所行的道，是作為宇宙本體形式出現的仁義之道和「三綱五常」。雖則如此，不可否認的是，理學家們對他們所謂的「道」確有深切體會，他們自稱是得道者，也非虛言。他們所謂得道實則是他們對人生、社會和宇宙的一種生命體驗，或克己復禮、躬行踐履，或闊然大公、物來順應，或居敬慎獨、察識涵養，知行並進，成己成物，乾乾不捨，日新不已，形成了光輝的人格，並有所謂「聖賢氣象」。他們的修養和踐履是非常成功的。理學家的人生經歷、性格氣質、學術淵源等方面的不同影響著他們的理論體系的創造和表述，影響著修養方法的形式和特點，即各自的本體體驗和修養功夫存在著程度不同的差異。這種差異對個人的修養效果有一定程度的影響。二程一般是並稱的，然兩人對天理、天道和心性的體驗有所不同，存在細微差別；功夫上，程顥注重「識仁」、「定性」，程頤注重「涵養」、「致知」，兩位宗師的品格堪為百世師表。然兩人所造的境界明顯不同。程顥中正純粹、溫潤寬和，如陽春時雨；程頤莊重肅穆、恭敬威嚴，望之令人生畏。再有，有的偏重理論體系的構建，有的偏重作實際工夫，有的兩者兼備。對理論體系的優劣高下不能簡單判定，要做具體分析。就個人修養來說，功夫的適應性是比較重要的，不存在功夫高低之分。程頤晚年的得意弟子尹和靖對於宇宙本體很少涉及，理學思想貧乏，但他的個人修養功夫是到家的。朱熹說：「尹和靖在程門，只就一個敬字上做功夫，終做得成。」﹝註5﹞朱熹的體系最為完整，功夫最為細密。

─────────────

〔註 5〕　《和靖尹先生文集》卷九《附錄》，民國二年（1913）刻本。

相對比的是，陸九淵的「易簡功夫」也不妨礙他在修養上達到很高的境界。而陳白沙、王陽明正是從艱苦的修養實踐中體會到朱熹的窮理致知功夫對他們收效甚微，才走出一條自己的心學道路的。但就教授弟子、接引後學，普及推廣理論和光大學派來說，理論的系統性、創新性是很重要的。朱熹理論體系的完備性是很突出的，應該說超越了前人，這是朱熹影響較大的一個重要原因。王陽明的心學體系發展、超越了陸九淵的心學體系，故王學的影響超過了陸學。理學家們對心性的看法和修養實踐的卓有成效對我們今天的道德教育和個人修養具有重要的借鑒意義。

胡宏的一生是發展道學、踐履道學的一生。他是南宋少有的具有獨立思想的思想家，他不但在繼承北宋理學的基礎上，奠定了頗具特色的湖湘學的規模，自成一派，爲南宋理學的大發展、大繁榮作出了出色的理論貢獻；而且「優悠南山之下餘二十年，玩心神明，不捨晝夜，力行所知，親切至到」〔註6〕，無論是講學授徒、傳播理學；還是關心現實時事和民生疾苦乃至上書獻策以救時蔽，甚或孑然獨立、拒斥權貴，眞正踐履了他自己的「有體有用」的爲學宗旨，展現了高尚的道德人格、民族氣節和強烈的愛國主義精神。胡宏奠基的湖湘學強調「有體有用，體用該貫」，具有鮮明的實踐品格和經世致用特色，對湖湘文化的發展和特質的形成，以及經世致用人才群體的造就影響深遠，意義重大。

筆者生於湖南、長於湖南、學於湖南，對湖南的先賢和歷史文化自然倍感親切。筆者在湖南大學工作近20年，在嶽麓書院辦公也達5年之久，對主持嶽麓書院的著名理學家張栻及其老師胡宏自然有些瞭解。在做出版編輯的過程中，編輯了《湖湘學派史論》〔註7〕，審讀了《湖湘學派與湘潭》〔註8〕，《宋代理學倫理思想研究》〔註9〕，對胡宏這位理學家及其思想有初步的接觸。當我的導師王澤應老師與我商量博士畢業論文選題問題時，他根據我的情況建議我寫胡宏的倫理思想，這正與我的想法相符，於是便定下了《胡宏倫理思想研究》這個題目。選這個題目，我一直覺得是冥冥之中有些安排，雖然研究和寫作過程十分艱苦和困難。

〔註6〕 張栻：《宋張栻胡子知言序》，《胡宏集》，中華書局，1987年版，第338頁。
〔註7〕 朱漢民：《湖湘學派史論》，湖南大學出版社，2004年版。
〔註8〕 康詠秋、譚長富：《湖湘學派與湘潭》，湖南大學出版社，2006年版。
〔註9〕 陳谷嘉：《宋代理學論理思想研究》，湖南大學出版社，2006年版。

二、胡宏倫理思想研究現狀

　　一般來說，倫理思想是中國儒家思想家思想體系的核心部分，包括在整體思想之中。其他思想觀念方面都是圍繞倫理主題來闡述的。除倫理思想外，當然還有一般哲學意義上的世界本原論、運動論、時空觀、歷史觀、知識論以及政治思想、經濟思想、教育思想、美學思想等。我們這樣說，是就我們聚焦於某一個主題而言的，其實這些豐富的思想觀念和哲學智慧是有機地融於一體的，是很難完全分割出來的。當我們重點研究分析某一方面時，爲了討論的方便，才把它從總體中離析出來，這時，這個主要論題就是整體思想的一個組織切片，整體的核心信息都完整地保留其中。所以，儘管我們是突出研究某一興趣點，但無法沒有整體的視野，無法不與相關方面聯繫起來考察；同時爲了集中角度，對與主題關聯不大的某些方面，會簡略或完全不涉及。這樣，對思想家的思想的研究，是一個逐步推進的過程，前面的研究是基礎，是鋪墊，仍有待認識的進一步深化和提高。

　　胡宏的思想，當然主要包括倫理思想，在當代受到研究者的重視，肇始於海外新儒家牟宗三。1968 年，牟宗三在臺灣正中書局出版了《心體與性體》（三冊），1979 年在臺灣學生書局出版了《從陸象山到劉蕺山》。在這兩部皇皇巨著中，牟宗三一掃傳統舊說，對六百年宋明儒學的發展進行重新定位，劃分三系：胡宏（五峰）、劉宗周（蕺山）爲獨立一系，陸九淵、王陽明爲一系，程頤、朱熹爲一系；且以前兩派爲儒家正宗，以程朱一系爲別子別宗。此論一出，反響強烈。擁護推崇者有之，批評否定者有之，折中客觀評價者有之。而直接的影響之一是，這些著作的出版，對湖湘學的研究具有開創之功，作爲湖湘學派的奠基人，胡宏受到了研究者前所未有的重視，研究者包括一批著名專家開始涉及胡宏，研究成果開始多起來。1978 年，臺灣學者王開府出版了《胡五峰的心學》〔註 10〕。這是筆者所知的第一本研究胡宏的專著。該著對胡宏的本體宇宙論、心論和修養論有簡明扼要的論述。此後，臺灣學者也有一些研究胡宏的碩士和博士學位論文以及期刊論文。

　　中國內地較早重視胡宏思想研究的是侯外盧、邱漢生、張豈之主編的《宋明理學史》〔註 11〕。這部影響很大的理學史，對胡宏理學的主要觀點、思想特點作了精要的介紹，並對胡宏的歷史地位作了充分肯定，認爲胡宏「是宋

〔註10〕　王開府：《胡五峰的心學》，臺灣學生書局，1978 年版。
〔註11〕　侯外盧、邱漢生、張豈之：《宋明理學史》人民出版社，1984 年版。

代理學有開創、形成、發展到集大成階段之間的關鍵性人物，居於承上啓下的重要地位」〔註12〕。1991 年，陳來出版了《宋明理學》〔註13〕，其中有一節對胡宏的心性論和修養論作了分疏。1992 年，朱漢民、陳谷嘉出版了《湖湘學派源流》〔註14〕，胡宏的思想成爲了該著討論的重點，對胡宏的生平與著作、政治思想、哲學思想、倫理思想和教育思想作了介紹和分析。1996 年，王立新出版了《胡宏》〔註15〕，該著是內地第一本研究胡宏思想的專著，對胡宏的政治思想、本體論、心性論和理欲觀作了比較系統的論述。2000 年，向世陵出版了《善惡之上：胡宏·性學·理學》〔註16〕，對胡宏的宇宙觀、本體論、心性論、仁論、理欲觀作了較系統的闡述，特別是將胡宏定位爲性學一系，對理學作了四系的劃分。這是內地第二部研究胡宏的專著。2006 年，向世陵又出版了《理氣性心之間——宋明理學的分系與四系》〔註17〕，對胡宏性學一系與道學（程朱一系）、氣學、心學三系的關係作了深入清理。2007 年，曾亦出版了《本體與工夫——湖湘學派研究》，在與朱熹理學體系相比較的基礎上，集中討論了湖湘學派的本體論與工夫論特色，其中自然涉及胡宏的本體論與功夫論。2008 年，方克立、陳代湘主編出版了《湘學史》〔註18〕，對胡宏的性本論、心性關係、工夫論、理欲觀和學術地位作了研究。以上這幾部著作特別是王立新和向世陵的專著是研究胡宏的重點著作。其他涉及胡宏思想研究，且有一定篇幅和分量著作主要有：《中國宋代哲學》〔註19〕，《宋明理學心性論》〔註20〕，《儒學引論》〔註21〕，《南宋儒學構建》〔註22〕，《中國古代哲學史》〔註23〕。除正式出版的這些著作外，近 10 年來，研究胡宏思想的碩士學位論文有近 10 篇，沒有以胡宏倫理思想爲專題的博士學位論文。

〔註12〕 侯外盧、邱漢生、張豈之：《宋明理學史》人民出版社，1984 年版，第 302 頁。
〔註13〕 陳來：《宋明理學》，遼寧教育出版社，1991 年版。
〔註14〕 朱漢民、陳谷嘉：《湖湘學派源流》，湖南教育出版社，1992 年版。
〔註15〕 王立新：《胡宏》，臺灣：東大圖書館公司，1996 年版。
〔註16〕 向世陵：《善惡之上：胡宏·性學·理學》，中國廣播電視出版社，2000 年版。
〔註17〕 向世陵：《理氣性心——宋明理學的分系與四系》，湖南大學出版社，2006 年版。
〔註18〕 方克力、陳代湘：《湘學史》，湖南人民出版社，2008 年版。
〔註19〕 石訓：《中國宋代哲學》，河南人民出版社，1992 年版。
〔註20〕 蔡方鹿：《宋明理學心性論》，巴蜀書社，1997 年。
〔註21〕 崔大華：《儒學引論》，人民出版社，2001 年。
〔註22〕 何俊：《南宋儒學構建》，上海人民出版社，2004 年版。
〔註23〕 復旦大學哲學系中國哲學教研室：《中國古代哲學史》，上海古籍出版社，2006 年。

研究胡宏思想的期刊論文，有近 20 篇。與本文研究寫作有關的重要論文將在
行文中和參考文獻中提到。

　　國外涉及胡宏思想的研究文獻，據筆者所知，主要有兩種，一是日本學
者高畑常信的《宋代湖南學研究》〔註24〕。該書主要內容為「胡安國的思想」、
「胡五峰的思想」、「張南軒的思想」、「湖南學與朱子」等。對胡宏的理學思
想特別是心性關係作了一些新的解讀。二是美國學者田浩的《朱熹的思維世
界》，將胡宏與張九成、張栻、呂祖謙等南宋著名理學家作為影響朱熹思想形
成和發展的重要環節和參照背景來研究的，因此對這些思想家的主要思想觀
點和特點作了必要的介紹，並對他們的地位和成就給予了充分肯定。

　　現在考察一下研究者對胡宏倫理思想主要方面所發表的重要觀點，並進
行簡要評析，以便為本論文的寫作提供思想資源、觀點資助和立論空間。

（一）本體論和心性論

　　這是以往研究者注意的重點。胡宏以「性」為最高本體，以「性」為宇
宙本原和道德本原，這是學者的共識。而且，大都認為胡宏的性本論是區別
於理本論、氣本論和心本論的重要特色。陳來說：「胡宏在中國哲學史上第一
次也是唯一的一次將『性』提到本體的高度來考察，這在哲學史上具有創新
意義。」〔註25〕。關於性本體的內容和性質，學者存在分歧。陳來、王立新
和向世陵，甚至牟宗三等認為性的內容和朱熹講的理的內容是一致的，本質
是一致的，都是道德的本體化。蒙培元卻認為，「性既然被賦予本體論的意義，
是『天命之全體』，因此，它應該包括人性的各方面，不僅僅是道德倫理而已，
其中也應該包括認知理性」〔註26〕但他沒有具體論證。反對者認為，若如此，
便不能保證性本體的純粹至善性，性本體成了一個無所不包的大雜燴。這些
觀點是需要具體分析的，要從胡宏思想的整體出發來考察。關於性本體的特
點，王向清等接受了牟宗三的觀點，認為，胡宏的性本體與心本體屬於同一
範疇，性既內在，又超越；既存有，又活動；心體是形而上的普遍存在，故
能與超越之性自然而先天合一。朱熹雖然講「心與理一」，但理是形而上者，
心是「氣之靈」的形而下者，心與性先天有裂縫，「心與理一」是認知的合一，

〔註24〕高畑常信：《宋代湖南學の研究》東京：秋山書店，1996 年版。

〔註25〕陳來：《早期道學話語的形成和演變》，《中國近世思想史研究》，商務印書館
　　　　150 頁。

〔註26〕蒙培元：《中國心性論》，臺灣學生書局，1990 年版，第 354 頁。

非本然的合一。〔註 27〕蔡方鹿認爲，「在胡宏心性論哲學體系裏，心主要是一個認識論的範疇……有把心對物的反應功能和能動作用加以誇大的傾向，但仍沒有把心作爲自我體驗的本體之心」〔註 28〕關於性無善惡問題，學者們也做了不同的解釋。侯外盧、邱漢生、張豈之主編的《宋明理學史》認爲，胡宏主張性無善惡，實際上是告子的性無善惡論，其實質是接近唯物主義的感覺論，屬於非儒家正統的自然人性論。〔註 29〕而王立新認爲，胡宏是徹底的性善論者。他認爲，胡宏講的性可分爲三個層次：第一個層次，本然之性至善無惡；第二個層次，生之謂性，即氣性，屬有善有惡之性；第三個層次，是入於世事，混於情識的好惡之性。意思是說，性從天命本體到發用流行一步步落實下來可區分爲三個層次，而不是三種不同的性。在第一層次，性是無善惡相對的絕對自身，是本然至善；在第二層、第三層，本體之性依舊存在，只是被氣質之昏和習氣物欲蒙蔽而已。這種用三層的人性論模型解釋胡宏的「性無善惡」論，被很多論者接受。不過，照王立新這種解釋，胡宏的性論自然與朱熹的性論沒有多大差別，是朱熹接受的。問題是，胡宏是不區分氣質的差別的，不主張「生之謂性」有善有惡的，而是主張「未發之性」聖凡皆同。這是理解胡宏性論的關鍵點，正文中筆者將詳述。

（二）理欲觀和義利觀

理欲觀和義利觀也是胡宏倫理思想中極具特色的部分，學者對胡宏「理欲同體異用，同行異情」的理欲觀，存在不同的闡釋。勞思光認爲「理欲同體」的「體」不應是「本體」，在本體論系統中，理欲是不可同體的；胡宏的願意應是「理欲統一於天道」，這在「天道觀」中尚講得通，不過如此一來，「天道」的價值意義將不復存在。〔註 30〕可見，勞思光是否定「理欲同體」的。朱漢民認爲「同體」是「同一性體」：性體就存在形而下的感性情欲之中；感性情欲也必然體現形而上的性體。〔註 31〕陳來與牟宗三的觀點是一致的，認爲「同體」是「同一事體」，天理和人欲雖屬同一事體，但具體表現卻有不

〔註 27〕 王向清、王立梅：《胡宏與朱熹本體論思想之分歧》，《五邑大學學報》（社會科學版），2001 年，第 3 期，第 5～8 頁。

〔註 28〕 蔡方鹿：《宋明理學心性論》，巴蜀書社，1997 年，第 114 頁。

〔註 29〕 侯外盧、邱漢生、張豈之：《宋明理學史》，人民出版社 1984 年版，297～298 頁。

〔註 30〕 勞思光：《中國哲學史》第三卷，香港友誼出版社，1980 年，第 359～360 頁。

〔註 31〕 朱漢民：《湘學原道錄》，中國社會科學出版社，2002 年，第 85 頁。

同的功用〔註 32〕。可謂智者見智，仁者見仁。對胡宏的義利觀，研究者論述較少。向世陵在《善惡之上：胡宏・性學・理學》中對胡宏的「義利和合」思想做了闡述，但僅局限於一般的價值論這個角度。還可以從道德的起源和本質、社會的目標要求和實現途徑等其他角度來理解胡宏義利觀的意義和價值。

（三）修養功夫論

牟宗三等學者過分注重胡宏察識涵養功夫的重要性和獨特性，將其理解爲「內在逆覺體證」的功夫，以示與李侗的「超越逆覺體證」功夫相區別，並將這兩種類型的逆覺體證功夫歸爲「縱貫系統」，認爲縱觀系統爲道德自律系統，而朱熹的格物致知功夫屬橫貫系統，屬於道德他律系統。其實，胡宏除了強調察識涵養爲根本功夫外，也很重視格物致知功夫，而且後一功夫既源自程頤，也是對其父親胡安國功夫論的繼承。相比之下，王開府在《胡五峰的心學》一書中，對胡宏的功夫論有較系統、較全面的歸納總結：識仁功夫是切要功夫，致知功夫是助緣功夫。不過，王開府的論述稍顯簡略，還不夠詳盡。對察識涵養與識仁的關係交代不是很清楚。〔註 33〕陳谷嘉在《宋代理學倫理思想研究》一書中，對胡宏的功夫論作了獨特的概括，即以「致知」與「自反」作爲胡宏功夫論中的兩項基本功夫，並以「自反」作爲修身之本。但是，作爲胡宏功夫論中最具特色的「察識涵養」功夫，作者沒有提到。〔註 34〕

（四）胡宏的歷史定位

牟宗三對胡宏的性體心用、以心著性的義理構架評價很高，以胡宏爲宋明理學的大宗、正宗。向世陵將胡宏定位爲性學一系，以與道學、氣學、心學相併論。王立新將胡宏的性本論理解爲與理本論、心本論相併列的第三條路線，充分肯定了性本論的獨立思想價值。杜保瑞撰文認爲，胡宏能準確理解並正確詮釋先秦儒學以及北宋以來的新儒學意旨，胡宏的思想具有綜合統會的特質，談不上有創造性的理論貢獻，一些學者的詮釋有美譽之嫌。〔註 35〕可見，學者對胡宏的歷史地位存在歧見。

〔註 32〕陳來：《宋明理學》，遼寧教育出版社，1995 年，第 153 頁。
〔註 33〕王開府：《胡五峰的心學》，臺灣學生書局，1978 年，第 81 頁。
〔註 34〕陳谷嘉：《宋代理學倫理思想研究》，湖南大學出版社，2006 年，334～345 頁。
〔註 35〕杜保瑞：《論胡宏從誠仁心性道物說的儒學構建》，《哲學與文化》，第 34 卷第 8 期，2007.8。

經過上述研究文獻的回顧，可以看出，一方面專門研究胡宏倫理思想的文獻非常少，另一方面已有的研究成果有待綜合、深化，對有些命題還需做出新的解讀和詮釋，研究的空間還很大。

三、本文的研究思路與研究方法

宋代理學，大體可歸結為本體與工夫兩大問題。其中追問道德實踐成聖、成賢所以可能的超越客觀的根據，是屬於「本體」的問題。追問道德實踐成聖、成賢所以可能的內在主觀的根據，則是屬於「工夫」的問題。胡宏倫理思想較好地回答了這兩大問題，並形成了自己鮮明的特色。

本文立足於繼承傳統倫理精華的學術旨趣，堅持以馬克思主義為指導，審視胡宏倫理思想的基本內容，從取精用弘、取純用粹的角度，加以品評分析，力圖使其合理因素為現代倫理文明建設服務。

本論文由五章組成，其中第一章探討胡宏倫理思想產生的時代背景和學術文化淵源，第二章至第四章依次探討了胡宏倫理思想的基礎、核心和旨歸，揭示出了胡宏倫理思想的主要內容，第五章為胡宏倫理思想的總結與評價，從基本特徵、歷史地位和對後世的影響諸方面加以分析論述，揭示出胡宏倫理思想的活性元素和現代價值。

第一章　胡宏生活的時代背景、生平和學術淵源。本章簡述北宋至南宋初期的政治和思想文化環境，介紹了胡宏的生平和學術淵源，為瞭解胡宏所本所學，所思所想，所關懷的時代課題提供背景知識，是理解思想家思想獨特之處所必須的。

第二章　本體論和心性論。胡宏以主要是人倫義涵的「性」為最高本體，這是他本體論的獨特之處。性與天命，性與天道，性與氣的關係，都闡明了性是萬物萬事產生的根據和原因，是一切價值之源。性一分殊，解釋了萬物既有共同的本原，又各具殊性的原因。性具萬理，是義理之性和生理之性的和合統一體，性之體段是中，性無善惡。人之性是性之極，是粹然天地之心，也無善無惡。性本體落實到人，性就呈現為人心，即「性體心用」。人心的本體是性，是仁，是天地之心；人心的發用為知覺、為主宰，為情、為欲。心之本體與性同一，無生死，遍體萬物不遺；心之發用，有中節有不中節，有是有非，有善有惡。故人需進行道德修養，以成全天命之性，而不能自流入一物。心之本體是性，是仁心，為人成性，達到天人合一，提供了先天基礎，故「心能成性」。

第三章　理欲之辨和義利之辨。理欲之辨是本體論和心性論的進一步深化，理欲之辨和義利之辨緊密聯繫在一起，理學家嚴辨理欲和義利關係，目的是為社會生活和人的道德修養提供價值原則。胡宏從他獨特的本體論出發，提出了「天理人欲同體異用，同行異情」獨特的理欲觀，為人欲存在的合理性提供了本體論的論證。「異用」「異情」又強調了導欲、節欲、寡欲的必要性。與理欲之辨相聯繫，胡宏的義利之辨表現出了一定的合理因素。本文從價值取向，道德起源和道德本質，社會目標和實現途徑三個範圍和領域分別討論了胡宏的義利觀。

第四章　功夫論和人格論。與本體論相聯繫，胡宏的修養功夫論表現出一定特色。心性體用一源，顯微無間，所以盡心能夠成性，察識能夠識仁。察識良心之端倪，是人確認良心本有、不假外爍的下手功夫，人有此自信，便可涵養此心，擴充、推廣此心，久之便可識得仁之大體。察識涵養的識仁功夫是胡宏及湖湘學派的根本功夫。這便是牟宗三所說的「內在逆覺體證功夫」。胡宏還繼承了程頤和其父胡安國的格物致知功夫思想。「身親格物」，以「實事自律」是以胡宏為代表的湖湘學的務實品格之表現。胡宏的聖人人格論與他的本體理論和功夫論緊密聯繫，既表現了理學家聖人人格論的共性，也極具個性特色。

第五章　胡宏倫理思想的總結和評價。對胡宏倫理思想的影響、特點和歷史貢獻進行了總結和評價。特別是詳細闡述了張栻對胡宏倫理思想的繼承和發展。

餘論部分併對湖湘學派衰落的原因進行了簡要探析。

本論文的研究方法主要有唯物辯證法、歷史與邏輯統一法以及縱橫比較法等。

唯物辯證法是一切研究的總的方法論和指導原則，本研究自覺地以這一方法論為指導。這不是套話和口號，對本課題研究確有必要。在胡宏倫理思想研究中，涉及宇宙的本體、本原問題，心性關係問題，道德起源問題、本質問題，義利關係和理欲關係問題以及道德修養方法問題，這都需要辯證唯物主義和歷史唯物主義的指導，以形成自己內在的基準，才能對這些問題做到心中有數，才能更深刻、更準確的把握胡宏倫理思想中的概念、命題的內涵、相互之間的關係，特別是他的思想意義和價值何在，局限性在哪裏。否則，不能對研究對象做出合理的定位和判斷，研究也就會失去方向和意義。

歷史與邏輯統一的方法。本課題既屬於思想史的範圍，又有哲學、倫理學的性質，因此要注意運用歷史與邏輯統一的方法。具體來講，研究胡宏的倫理思想，既要立足於胡宏所處的政治、經濟、文化、思想背景出發，又要以整個中國歷史文化的宏大背景為參照；既要嚴格遵循論從史出、史論結合的歷史闡釋原則，又要以哲學的方法來理解、體悟和表達胡宏的倫理思想體系和倫理精神。這樣才能視野開闊，定位準確，既符合歷史實際，又符合胡宏本人的思想實際；既不苛求古人，又不過度詮釋美譽。當然，這只是一種理想化形態，實際做的效果如何，就難說了。

縱橫比較法。本文雖是研究胡宏個人的倫理思想，實則不能就胡宏來研究胡宏。必須以胡宏為圓點，為中心，向前後左右發散，以比較的方法來研究胡宏與前輩思想家、與同時代思想家和以後思想家的思想淵源關係、繼承發展關係、批判關係、交流關係及其思想影響。當然，這種比較，是注意重點的，不是面面俱到的。這需要本人對與胡宏有直接關係和間接關係的思想家的思想有一個大致的把握，才能做到進行比較研究時有針對性。

文獻閱讀和獨立思考相結合。本人閱讀的文獻包括胡宏的全部著作、先賢時彥有關於胡宏的研究成果，相關思想家的相關原著部分章節和學者關於他們的研究成果，倫理學原理和思想史、哲學史的相關著作。對胡宏的原著《胡宏集》，包括《知言》、詩歌、書、雜文、史論等全部著作進行了多次通讀，對《知言》等與倫理思想有直接關係的著作進行了多次精讀，並作了筆記。本人閱讀原著的方法是涵泳其間，反覆沉潛其味。每次閱讀，都有新的體會和感悟。對已有的研究成果，要進行比較鑒別、判斷分析，不盲目接受，形成自己的見解，真正做到像胡宏所說的「自得於心」。例如關於胡宏「性無善惡」的思想，學者作出了多種不同的解釋和解讀，本人覺得都不太滿意，苦苦思索，形成了自己的初步看法，但自己仍覺得不滿意。值得欣慰的是，自己投入了獨立思考，沒有人云亦云。

第一章 胡宏倫理思想產生的背景 和思想文化淵源

「有道德足以贊時，有事業足以撥亂，進退自得，風不能靡，波不能流，身雖死矣，而凜凜然長有生氣如在人間者，是真可謂大丈夫。」這是胡宏在《與秦檜書》中所表達出的價值追求和人格操守，也是胡宏倫理思想的主旨和精神氣象。胡宏倫理思想產生於南宋特定的歷史環境之中，有著一種深刻的憂患意識和敢於擔當的倫理稟賦。胡宏倫理思想也受到自周敦頤、二程以來理學的深刻陶養，有自己深厚的思想文化淵源。

第一節 胡宏的生平及著作

北宋「五子」（指周敦頤、張載、邵雍、程顥、程頤）或「六先生」（指周敦頤、張載、邵雍、程顥、程頤、司馬光）所開創的宋代理學曾經顯揚於時，但是自程頤去世之後，其聲勢便日漸下降，雖有程門弟子楊時等數人繼承師說，但他們基本上只能謹守師傳，缺乏創新精神。特別是經過「靖康之亂」的衝擊，理學便走入低潮。在南宋王朝處於內憂外患的情勢下，不少的理學傳人雖然孜孜於其道，但並未出現學術領袖。胡宏的學術生涯，正是在這樣的環境中開始的。在當時，與胡宏同時從事理學活動的還有李侗和羅從彥等人，但他們的成就都不及胡宏顯著。

一、胡宏生平

胡宏，字仁仲，宋建寧府崇安（今屬福建崇安）人。南宋著名理學家。

據吳仁華考證，胡宏生於宋徽宗崇寧四年（公元 1105），卒於宋高宗紹興三十一年（公元 1161），終年 57 歲。長期寓居湖南衡山五蜂（祝融、天柱、芙蓉、紫蓋、石廩）之下，學者稱爲五峰先生。

胡宏爲著名學者胡安國季子。胡宏與其父一道開創了湖湘學派。胡安國（1074～1138），字康侯，謚文定，曾任中書舍人兼侍講、寶文閣直學士。在 40 年的仕宦生涯中，實際履職不滿六年。胡安國以治《春秋》著名，其積 30 餘年之功著成的《春秋傳》三十卷，深得高宗皇帝的嘉許。胡氏《春秋傳》在明初成爲科舉考試的欽定教科書。全祖望在《宋元學案·武夷學案序錄》表彰其傳播理學和發展理學的功績，稱「私淑洛學而大成者，胡文定公其人也。……昌明洛學之功，文定幾俾於龜山，蓋晦翁、南軒、東萊皆其再傳也。」而其道德品格也備受時人稱讚。謝良佐說：「胡康侯如大冬嚴雪、百草萎死，而松柏挺然獨秀也。」〔註1〕胡宏還有兩個兄長胡寅和胡寧，均是知名學者。

胡宏從小受到良好的家庭教育。「宏在諸子中偉抱卓識，自許尤爲不偶，較其學術，亦最優也」。〔註2〕胡宏自己回憶說：「愚晚生於西南偏陋之邦，幼聞過庭之訓，至於弱冠，有游學四方，訪求歷世名公遺迹之志。」〔註3〕可以看出，胡宏自小天資聰慧，且有崇尚古聖先賢，志於大道的抱負。

由於受到家庭濃郁的洛學氛圍的薰陶，他對洛學歸屬較早，學問功底也比較早地顯示出來了。15 歲時，他將收集的程氏「遺言」編撰成《程子雅言》，並爲之作序。在《〈程子雅言〉前序》中，他對孔孟道統極力推崇褒揚，並認爲孟子之後道統不得而傳。他以爲一直到大宋程氏兄弟出，道統才得以續上。他對當時流行的各學派的思想進行了批判：王安石「支離」，「不得其全」；歐陽修「淺於經」，「不得其精」；蘇東坡「縱橫」，「不得其雅」。他對二程的崇拜之心溢於言表：「予小子恨生之晚，不得供灑掃於先生之門，故集其遺言，行思而坐誦，息養而瞬存，因其所以言而得其言之所不可及者」〔註4〕。這同時，他撰寫了自己的第一部著作《論語說》，這應是他日後撰寫《論語指南》的雛形。胡安國「懼其過於己用」，便將自己所撰《資治通鑒舉要補遺》傳授給胡宏，讓他學習歷史經驗，接受歷史教育，這對胡宏在理學道路上的治學和爲人都有很大的幫助。

〔註1〕 朱熹：《胡文定公行狀略》，《伊洛淵源錄卷》三十。
〔註2〕 朱軾：《歷代名儒傳》卷五，中國書店，1990 年版。
〔註3〕 胡宏：《題司馬傳公帖》，《胡宏集》，中華書局，1987 年版，190 頁。
〔註4〕 胡宏：《程子雅言前序》，《胡宏集》，中華書局，1987 年版，第 158 頁。

　　靖康元年（1126），胡宏 22 歲，隨父親赴京入太學學習。胡寅、胡宏受父命拜時任右諫議大夫兼侍講、國子監祭酒的楊時為師。胡安國與楊時義兼師友。胡宏後來提到過侍坐楊時，聽楊時講解《中庸》的未發、已發問題。楊時將「喜怒哀樂未發」解為心的「寂然不動」，胡宏「悚然愧懼」，表示不認同。胡宏後來詳細討論了「未發」「已發」問題，他的觀點是：未發為性，已發為心。心分為「寂然不動」和「感而遂通天下之故」兩種狀態。這是胡宏極具特色的心性論。《朱子語類》記載了胡宏問學楊時的另一條材料：「仁仲見龜山求教，龜山云：『且讀《論語》。』問：『以何為要？』云：『熟讀。』」〔註5〕胡宏跟從楊時的時間很短，不足一年。胡宏在自己的著作中推崇過謝良佐和侯師聖，批評過游定夫，對楊時僅提到過不同意他的未發已發見解，可見胡宏在學問上受楊時的影響不大。胡宏在太學結識了張九成、高閱（抑崇）諸俊秀。張九成是由程顥通向陸九淵的關鍵人物，具有明顯的心學傾向。胡宏主張性體心用、心已成性，在本體論層面心性是合一的。因此，兩人有一定的共同語言。

　　靖康元年（1126）秋天，胡安國受排擠而辭官。是年，金兵南侵，徽、欽二帝被俘，衍成靖康之禍。為避兵亂，胡宏舉家遷到湖北荊門的漳水邊。適時，與胡安國交情深厚的二程弟子侯仲良（字師聖）也避亂來到這裏。胡安國對侯仲良的志節品行、學問思想和洞察事物的能力十分瞭解：「其安於羈苦，守節不移，因所未有。至於講論經術，則通貫不窮；商榷時事，則纖微皆察。因遣子宏從遊。」〔註6〕胡宏兄弟遂拜侯仲良為師，繼續學習洛學。從胡宏的回憶中可知，他對侯仲良人品、學識評價很高，侯仲良講解《中庸》給他印象很深：「靖康元年，河南門人河東侯仲良師聖自三山避亂來荊州，某兄弟得從之遊。議論聖學，必以《中庸》為至。……其從夫子（指程頤）最久，而悉知夫子文章為最詳。其為人守道義，重然諾，言不妄，可信。」〔註7〕胡宏的心性論受到《中庸》的影響很大，這可能與侯師聖授受胡宏《中庸》有關。侯仲良「識時知幾」，他預測荊門一帶必遭兵亂，建議胡安國再遷。

　　建炎四年（1130），胡安國受隱居衡山的學生黎明的迎接，全家到衡山腳下定居下來。胡氏父子自此長期在衡山隱居講學、著述。他們的事業也達到

〔註5〕朱熹：《朱子語類》卷 101，中華書局，1986 年版，第 2582 頁。
〔註6〕《宋元學案》卷三十，《劉李諸儒學案》。
〔註7〕胡宏：《題呂與叔中庸解》，《胡宏集》，中華書局，1987 年版，第 189 頁。

頂峰。胡安國在此完成了《春秋傳》，胡宏完成了理學代表作《知言》和其他重要著作。他們培養了一批著名弟子。胡宏的著名弟子有張栻、彪居正、胡實、胡大原、吳翌等。《春秋傳》和《知言》代表著湖湘學理論體系的形成，人才群體的形成代表著湖湘學的廣泛傳播，形成影響。

胡宏在衡山腳下「優遊二十餘年」的生活，可以用他自己的話來概括「窮則兼善萬世」，「一身之利，無謀也，而利天下者則謀之；一時之利，無謀也，而利萬世者則謀之」。胡安國在世時，略有俸祿供給，家庭生活就不寬裕，及其去世，家境艱難，生活困苦。爲家庭生活計，胡宏親自耕種，辛苦勞作。他自述形容枯蒿、未老先衰的境況：「先人既世，忽已十載。惟是，布衣藜杖，尋壑經丘，勸課農桑，以供衣食；不如是，則啼饑號寒，且無以供粢盛，奉祭祀，將飄零慘淡，無以成其志矣。積憂思，與勤苦，而齒落髮白，夙興冠櫛，引鏡自窺，顏色枯槁，形容憔悴，身之窮困，如此足矣。」〔註8〕

胡宏終身未仕，耕讀講學，生活窮困，可謂「窮」矣。他所謂的「謀天下利」「謀萬世利」即是以身擔當道義，傳道傳教，振拔頹廢，敦厚世俗，「道學衰微，風教大頹，吾徒當以死自擔。」〔註9〕心憂國家天下，關心民生疾苦，關注民族的前途命運。紹興九年，胡宏給高宗皇帝上書，抨擊權臣媚敵誤國，批評皇帝苟安於江左，忘卻宗廟之恥、國恨民仇：「今海內大亂，二聖播越……蕞爾女眞，深入諸華，劫遷天子，震驚陵廟，污辱王家害虐蒸民，此萬世不磨之辱，臣子必報之仇，子孫所以寢苦枕戈，弗與共天下者也。……而陛下顧慮畏懼，忘之不敢以爲仇。」不僅如此，胡宏還全面分析了抗金形勢，提出了對策和措施。最後懇請皇帝痛下決心，雪國恥，施仁政，恢復中原。「陛下幸聽臣言，反求諸心，神而明之，施於有政，滅仇仇，誅叛逆，恢復中原，仁覆天下，乃其功也。」〔註10〕

胡安國死後，與胡安國交好的秦檜當權。秦檜討好皇帝，擅國求和，結黨營私，注意籠絡故家子弟爲己用。秦檜曾致書胡寅，希望胡氏兄弟致仕，遭到了胡寅、胡寧、胡宏三兄弟的拒絕。胡宏於紹興十七年（1147）作《與秦檜之書》，表現出了他志於大道、不屈於權貴、不貪戀富貴、傑然自立的大丈夫精神：「稽諸數千年間，士大夫顛冥於富貴、醉生而夢死者，無世無之，何啻百億？雖當時足以快胸臆、耀妻子，曾不旋踵而身名俱滅。某志學以來，

〔註8〕 胡宏：《與秦檜之書》，《胡宏集》，中華書局，1987年版，第104頁。

〔註9〕 胡宏：《與談子立書》，《胡宏集》，中華書局，1987年版，第147頁。

〔註10〕 胡宏：《上光堯皇帝書》，《胡宏集》，中華書局，1987年版，第103頁。

所不願也。至於傑然自立志氣，充塞乎天地，臨大節而不可奪，有道德足以贊時，有事業足以撥亂，進退自得，風不能靡，波不能流，身雖死矣，而凜凜然長有生氣，如在人間者，是眞可謂大丈夫矣。」〔註11〕朱熹稱讚道：「秦檜當國，卻留意故家子弟，往往被他牢籠出去，多墜家聲。獨明仲（胡寅字明仲）兄弟卻有樹立，終不歸附。」黃百家說：「文定因游廣平之薦，誤交秦檜，失知人之明。想先生（指胡宏）兄弟竊所痛心，故顯與秦絕，所以致堂有新州之徙。先生初以陰補右承務郎，避檜不出。至檜死，被召，以疾卒。嗚呼！此眞孝子慈孫，克蓋前人之衍者也，其志昭然，千古存見焉！」

紹興三十一年（公元 1161 年），胡宏病逝於衡山。終年 57 歲。胡宏病危時對弟子彪居正說：「聖門功夫要出，只在個敬字。」卒後，贈正郎，謚號明。《歷代名儒傳》評價說：「自安國以《春秋》專家，諸子皆潛心勵學，負志節，恢廓深遠，建崇論宏議，以消庸靡之習。是有得於《春秋》之旨者也。宏在諸子中偉抱卓識，自許尤爲不偶，較其學術亦最優也。」〔註12〕

二、胡宏著作簡介

胡宏的著作主要有《知言》《五峰集》《皇王大紀》《敘古蒙求》。

（一）《知言》

《知言》是胡宏治學、講學的隨筆、札記、言論及論學的彙編，是其一生所學、所悟、所行的理論總結，涉及哲學思想、政治思想、倫理思想、教育思想等各個方面。胡宏思想的精華都體現在《知言》裏。湖湘學派思想理論體系的形成，主要以《知言》爲標誌。因此，它被奉爲湖湘學派的圭臬。

從《知言》書名可知胡宏撰寫此書的旨趣。《論語》《孟子》都重視「知言」。《論語・堯曰》云：「不知命，無以爲君子也。不知禮，無以立也。不知言，無以知人也。」「知言」是「知人」的前提，「知言」與「知禮」「知命」一樣重要，都是關乎君子修養的大事。孟子認爲他的長處是「知言」和善養浩然之氣。《孟子・公孫丑上》云：「何謂知言？曰：『詖辭知其所蔽，淫辭知其所陷，邪辭知其所離，遁辭知其所窮。』」孟子認爲，言辭是表面的，要透過言辭知道它是「詖淫邪遁」中的哪一種，這樣才能知人。胡宏在《知言》中批判了釋、道，「世儒」等背離儒家精神的各種學說，以此闡明儒家的大道，

〔註11〕胡宏：《與秦檜之書》，《胡宏集》，中華書局，1987 年版，第 104 頁。
〔註12〕朱軾：《歷代名儒傳》卷五，中國書店，1990 年版。

實現對「聖學」真諦的把握，以幫助進修君子正心修身，經世致用，而不至於被異端邪說迷惑，誤入歧途。是以，「《知言》論性特詳」〔註 13〕南宋理學家真德秀也深知胡宏的用心所在，在為《知言》作跋時提出：「孟子以知詖淫邪遁為知言，胡子之書以是名者，所以辨異端之言與吾聖人異也。楊墨之害不熄，孔子之道不著，故《知言》一書於諸子百家之邪說，辭而闢之，極其詳焉。」〔註 14〕

《知言》還沒有完全定稿，胡宏就去世了。張栻將其編輯成書，並為之作序。《序》云：「是書乃其平日所自著。其言約，其義精，誠道學之樞要，制治之蓍龜也。」朱熹雖然對《知言》有「八疑」，但他對《知言》總的評價是很高的：「《知言》之書，用意深遠，析理精微。」〔註 15〕

《知言》曾由張栻弟子吳儆刻版印刷。吳儆《題五峰先生知言卷末》云：「某受此書於南軒先生，謹諉諸同志汪伯虞鋟木，以廣其傳。」〔註 16〕說明《知言》在南宋時就有刻本。傳世有明、清刻本，收入《永樂大典》和《四庫全書》。

（二）《五峰集》

《五峰集》是胡宏所作詩、書信、雜文、經義、時論等的彙編。胡宏季子胡大時搜集、整理，張栻為之序（淳熙三年（公元 1176 年））。《四庫全書總目提要》對其內容有一個概要的介紹和評價：「所上高宗封事，剴切詳盡，《宋史》已採入本傳。其《易外傳》皆以史證經，《論語指南》乃取黃祖舜、沈大廉二家之說折衷之，《釋疑孟》則辨司馬光《疑孟》之誤，議論俱極醇。又有與秦檜一書，自乞為嶽麓書院山長。蓋檜與宏父安國交契最深，故力汲引之，宏能蕭然自遠，蟬蛻於權利之外。其書詞婉而意嚴，視其師楊時委屈以就蔡京者，可謂青出於藍而冰寒於水矣。」〔註 17〕

胡宏的詩、書信、雜文、時論是對《知言》義理的進一步發揮和闡述，具有較高的思想價值和學術價值，是研究胡宏生平、政治態度和學術思想的

〔註 13〕張栻：《胡子知言序》，《胡宏集》，中華書局，1987 年版，第 338 頁。
〔註 14〕真德秀：《跋胡子知言稿》，《胡宏集》附錄二，中華書局，1987 年版，第 340 頁。
〔註 15〕朱熹：《答胡伯逢》，《朱熹集》卷四十六，第 249 頁。
〔註 16〕吳儆：《題五峰先生知言卷末》，《胡宏集》附錄二，中華書局，1987 年版，第 340 頁。
〔註 17〕《五峰集》，《集部十一》《別集類十一》，《四庫全書總目提要》卷一五八。

重要參考資料。張栻在《宋張栻五峰集原序》中說：「惟先生非有意於爲文者也，其一時詠歌之所發，蓋所以紓寫其性情。而其他述作與夫問答往來之書，又皆所以明道義而參異同，非若世之爲文者徒從事於言語之間而已也。」試舉胡宏的兩首詩，可以看出胡宏既有隱居不仕，不願同流合污，追求獨立、自由的境界；又有憂國憂民、關懷民生疾苦的入世情懷。這兩者有機地統一於胡宏身上，在胡宏看來，這是他當時環境下最好的選擇，也就是他經常所說的「無可無不可」的「中道」。

　　　　浙浙秋風動，前橋晚步還。

　　　　小魚沖岸側，白鳥立溪灣。

　　　　明月照秋水，淡煙籠還山。

　　　　此時知造物，憐我一身閒。〔註18〕

　　　　祝融地勢東南俯，西北星辰拱漢關。

　　　　冷落山河憑玉幾，凋殘名物損朱顏。

　　　　西風凜凜鵬空搏，朔雪飄飄雁亦寒。

　　　　正恐中原消息斷，問誰曾到五陵間。〔註19〕

前一首悠閒如陶淵明；後一首憂心如杜少陵。這就是胡宏。

　　根據文獻資料，《五峰集》有宋刻本，清代有兩個刻本。

（三）《皇王大紀》

　　《皇王大紀》是胡宏的史學著作，胡宏的哲學思想和政治社會思想亦包含其中。胡宏治史，源於家學。少年時代的胡宏就受到父親良好的史學教育，據記載，父親曾把自己的《資治通鑒舉要補遺》傳授給胡宏。胡宏作《皇王大紀》的目的也是明古今大義、通義，爲現實政治服務的。他說：「我先人上稽天運，下察人事，述孔子，承先聖之志，作《春秋傳》，爲大君開爲仁之方，深切著明，配天無極者也。愚承先人之業，輒不自量，研精理典，泛觀史傳，致大荒於兩離，齊萬古於一息，根源開闢之微茫，究竟亂亡之征驗。」

　　《皇王大紀》屬編年體著作，在體例上以事件爲中心，標立題目，按時間順序敘述歷史事件。全書上起盤古，下迄周赧王。前二卷記載簡略，粗存名號事跡。帝堯以後，訪邵雍《皇極紀世》編年方法編排。胡宏敘述了自己選擇史料的原則，表明了理學家治史注重義理的價值取向：「事有近似古先而

實怪誕鄙悖者，則裁之削之；事有近似後世而不害於道義者，咸會而著之；庶幾皇帝王伯之事可以本始百世諸史乎！」〔註20〕因為偏重義理，《皇王大紀》的缺憾正如其父《春秋傳》的缺憾一樣，有牽強處。清代黃式三批評其「所編之事，或闕略，或荒誕」〔註21〕《四庫全書總目提要》對其做出了瑕不掩瑜的評價：「采摭浩繁，雖不免小有出入，較之羅泌《路史》則切實多矣，未可以一眚掩也。」

《皇王大紀》由張栻整理刊行於世。傳世有明清刻本。收入《四庫全書》。

（四）《敘古蒙求》

《敘古蒙求》是胡宏撰寫的一部關於上古歷史方面的蒙學教材。宋代趙希弁《郡齋讀書附志・小學類》和《福建文藝志》卷二十五有相似的記載：「《敘古蒙求》一卷右，五峰先生胡宏所著也。自羲農至於五代周，凡三十三章。毛以謨為之序，先生之子大壯書而刻之。」宋陳振孫《直齋書錄解題》、馬端臨《文獻通考》及《四庫全書總目提要》均無此書的記載。可能此書刊刻不多，流行不廣，以至佚失。

第二節 胡宏倫理思想產生的歷史背景

胡宏倫理思想作為宋代理學倫理思想的重要一脈，其產生與宋代的政治經濟文化條件有密切的關係。

宋代建國，面臨的是唐末五代一個多世紀的藩鎮之亂，如何避免唐末藩鎮之禍，是趙宋王朝的統治者們苦苦思索的一大問題。後來他們意識到必須改變唐代自安史之亂以來重武輕文的傳統，並選擇了以重文抑武為基本國策，在客觀上卻為宋代理學的產生創造了條件。另一方面，隋以佛為國教而國運短促，大唐佛道並尊卻又導致胡人的「六鎮之亂」，因此，在傳統的三教中，趙宋王朝不能不把眼光集聚在儒學的復興和倡揚上。所以，自宋代開國，就基本上形成了「禮遇儒生」的傳統。自然，這也是儒學復興的又一條件。隋唐五代的長期分裂和混亂，使傳統倫理道德規範遭到極大破壞，綱常鬆弛，道德式微，顯然不利於大一統政治的穩定和鞏固，因此，宋代統治者一開始就倡導尊儒讀經，宋代的儒學復興便由此而形成。理學的產生，出於儒家學

〔註20〕胡宏：《皇王大紀序》，《胡宏集》，中華書局，1987年版，第164頁。
〔註21〕黃式三：《讀胡子知言》，《儆居集》卷四，清光緒二年刻本。

家革除時弊，拯救文化，整頓人心，重樹人倫與儒家價值，重建儒學道德形上學的主觀努力。理學適應了唐末以來重建倫理綱常的需要。

靖康之變和宋室南遷對胡宏倫理思想的形成產生了最為直接的影響。

靖康之變。宋哲宗沒有留下子嗣，死後由他弟弟趙佶即位，是為宋徽宗。徽宗專好享樂，對朝政毫無興趣。徽宗不理朝政，政務都交給以蔡京為首的六賊。蔡京以恢復新法為名大興黨禁，排斥異己。蔡京即位次日，就下達了一個禁止元祐法的詔書。此即謂元祐奸黨案。正直的大臣因此全被排斥出政治中心。徽宗本人好大喜功，當他看到遼國被金國進攻後，便於重和元年（1118年）春，派遣使節馬政自登州渡海至金。雙方商議兩國共同攻遼，北宋負責攻打遼的南京和西京。滅遼後，燕雲之地歸宋，過去宋朝給遼國的歲幣改繳金國。此即為海上之盟。但宋朝軍隊卻被打得大敗。最後金兵掠去燕京的人口，並剋扣營、平、灤三州。宣和七年（1125年），金兵分兩路南下攻宋。趙佶嚇得立刻傳位其子欽宗趙桓。欽宗患得患失，在戰和之間舉棋不定。後來在萬般無奈的情況下啓用李綱來保衛東京。雖然一度取得了勝利，但是金朝並未死心，二度南下。靖康元年（1126年）九月，太原淪陷。十一月，開封外城淪陷，金軍逼迫欽宗前去議和。閏十一月卅日，欽宗被迫前去金營議和，三日後返回。金人要求索要大量金銀。欽宗因此大肆搜刮開封城內財物。開封城被金軍圍困，城內疫病流行，餓死病死者不在少數。靖康二年（1127年）二月六日，欽宗被廢，貶為庶人。七日，徽宗被迫前往金營。金朝另立張邦昌，建立一個名為「大楚」的傀儡政權。徽欽二宗被金人掠到五國城。北宋後宮和大量官民女眷被抵押給金國，其中大部分被沒入金國官妓院——洗衣院，史稱靖康之恥或靖康之禍。

宋室南遷。金國在靖康之難中俘虜了眾多的宋朝宗室，康王趙構算是其中的一位漏網之魚。靖康二年（1127年），趙構從今天的河北南下到陪都南京應天府（今河南商丘）即位為南宋高宗，改元建炎。之後，趙構一路從淮河、長江，到杭州恢復宋朝，升杭州為臨安府。紹興元年（1131年）正式定都臨安，名為「行在」（陪都），實為首都。在南宋「中興四將」中，最著名的就是岳飛。他通過北伐奪取了金朝扶植的僞齊政權控制的土地。但岳飛功高蓋主，又與高宗意見相左，為他之後被殺埋下伏筆。紹興十年（1140年）五月，金人再度撕毀和議南侵，由於宋朝軍民抗戰英勇，金軍在川陝、兩淮的進攻皆告失敗。七月，金將兀朮轉攻鄆城，被岳飛打敗，轉攻潁昌，又敗。

岳家軍乘勝追擊，一直打到距開封僅四十五里的朱仙鎮。北方義軍也紛紛響應岳飛。以至於金人歎「撼山易，撼岳家軍難」，並一度打算放棄開封，渡河北逃。但此時高宗連下十二道金牌催促岳飛班師，北伐之功毀於一旦。最後，岳飛以莫須有之罪名被害。紹興十一年（1141 年）十一月，宋與金達成《紹興和議》，兩國以淮水─大散關爲界。宋每年向金進貢銀廿五萬兩，絹廿五萬匹。

高宗任用秦檜爲相。秦檜上臺後，迫害與自己意見不同的官員，聯姻外戚，結交內臣。高宗對於秦檜的行爲也只是默許。後期由於秦檜權勢太大，引來高宗的警覺。例如高宗親下命令，使秦檜的孫兒失去狀元。秦檜的權勢日漸下降。紹興廿五年（1155 年），秦檜病重，他又策劃讓其子接替相位，被高宗否決，不久就一命嗚呼。

胡宏倫理思想是在兩宋接續之際特定的歷史條件下形成的，靖康之變的恥辱，南宋朝廷的議和政策，都深深地刺激著胡宏，使他對北宋以來的理學作進一步的思考。

第三節　胡宏倫理思想的淵源

作爲南宋第一代理學家，胡宏自覺地繼承和發展北宋理學家開創的理學思想。對於北宋理學的開創者，胡宏首次總結出北宋五賢哲。他說：「我宋受命，先哲乃生，舂陵有周子敦頤，洛陽有邵子雍、大程子顥、小程子頤，而秦中有橫渠張先生。」〔註 22〕在五賢中，胡宏與邵雍的學術繼承關係稍遠。此處不述。

一、周敦頤「濂學」倫理思想

胡宏作《周子通書序》曰：

> 程明道先生嘗謂門弟子曰：「昔受學於周子，令尋仲尼顏子所樂者何事？」而明道先生自再見周子，吟風弄月以歸。道學之士皆謂程顥氏續孟子不傳之學，則周子豈特爲種、穆之學而止者哉？……今周子啓程氏兄弟，以不傳之妙，一回萬古之光明，如日麗天，將爲百世之利澤；如水行地，其功蓋在孔孟之間矣！〔註 23〕

〔註 22〕胡宏：《胡宏集》，中華書局 1987 年版，第 162 頁。
〔註 23〕胡宏：《周子通書序》，《胡宏集》，中華書局，1987 年版，第 160 頁。

胡宏認為程顥兄弟續孟子不傳之學，是儒家道統的繼承人，而周敦頤則是傳道於二程、開啓二程之學的先師，其傳孔孟之學的功績是「一回萬古之光明，如日麗天，將為百世之利澤」，直追孔孟，而且認為他的代表作《通書》「直與《易》、《詩》、《書》、《語》、《孟》同流行乎天下」〔註24〕。周敦頤受到推崇，始自胡宏，爾後，經張栻、朱熹等的進一步強調和高揚，周敦頤的道學宗主地位遂得到確認。後來歷史的發展證明，胡宏此言不虛。此又說明，胡宏不但道統意識很強，儒家人文本位堅定，而且對儒學的精神有很深的理會。胡宏在《周子通書序》中，表示對周敦頤之學「服膺有年矣」，他僅舉周子《通書》中的一兩語來啓示學者，即所謂「立伊尹之志，修顏回之學」。他闡述道：周子強調「志伊尹之所志」的目的是，要求學者不要以「發策決科，榮身肥家，希世取寵為事」，即不要貪圖一己一家之富貴，而要像伊尹一樣立志以聖人之道治天下；周子強調「學顏回之學」是旨在警示學者，學問不要以知識、聞見為滿足，以文辭、智慧待賈自沽，要像顏回一樣志於大道，終身進德修養，達於崇高的人生境界。這表明，在胡宏看來，「內聖外王」是周子和他共同認肯的儒家精神。胡宏認肯的儒家「內聖外王」精神貫穿於他的整個思想體系和人生實踐中。胡宏用「達則兼善天下，窮則兼善萬世」來為儒家精神作注腳的。

　　周敦頤的代表作《太極圖說》和《通書》，對理學思想體系的建立產生了深刻影響，基本範圍了後世理學的主題。周敦頤理學開山之功主要表現在他首先嘗試建立宇宙本體和道德本體，開天道性命相貫通之先河。在《太極圖說》中，他以無極為最高本體，先描繪了一副生氣勃勃的宇宙生化圖景，然後講人性論和道德論。萬物同一根源和本體，惟人得其秀最靈，所以原始反終，天道人道相貫通，聖人定之以「中正仁義，而主靜，立人極」。由此引出人道是「中正仁義」。如果說，在《太極圖說》中，周敦頤的本體論還夾雜了宇宙生成論，略顯生澀，那麼，《通書》中以「誠」（「誠」和「太極」互訓）為最高本體的宇宙論和心性論的結合更顯成熟和圓融。他說：「誠者，聖人之本。『大哉乾元！萬物資始。』誠之源也。『乾道變化，各正性命。』誠斯立焉。純粹至善者也。故曰：『一陰一陽之謂道，繼之者善也，成之者性也。』元亨，誠之通；利貞，誠之復。大哉《易》也，性命之源乎！」〔註25〕乾元

〔註24〕胡宏：《周子通書序》，《胡宏集》，中華書局1987年版，第160頁。
〔註25〕周敦頤：《通書・誠上第一》，《周敦頤集》，嶽麓書社，2002年版，第15頁。

即太極。太極是萬物產生的根源，同時是誠之源。誠道是純粹至善的。在陰陽變化過程中，誠道繼繼不已，萬物得以化生，各正性命，誠道得以在萬物貞定性命中確立和實現。乾元四德元亨利貞也是誠道的貫通和體現。通過「誠」本體的確立，人性來源和道德根源就歸於了天道之誠。通過宇宙本體和道德本體的構建，周敦頤提出了自己的聖人觀和道德修養方法。後之理學家在他這個理學雛形基礎上，取精用宏，建廣大恢宏之理學體系，造儒學發展之第二高峰。

論及周敦頤思想對胡宏的具體影響，主要有這幾點。一是以誠論天道。「誠」是周敦頤哲學中的最高範疇，是「五常之本，百行之源」。胡宏的最高哲學範疇是性，即天命。胡宏對作為天下之大本的性和天命從「誠」「中」「仁」三個相互聯繫、本質相同，側重點略有不同的範疇來界定。他說：「誠者，命之道乎！中者，性之道乎！仁者，心之道乎！」將誠、中、仁都看成是天命的本質，這與周敦頤講「中正仁義」均出自「誠」是一致的。二是以「中」論性。周敦頤說：「性者，剛柔善惡，中而已。」〔註26〕可見，周敦頤認為，剛柔善惡不是性的本然狀態，是對本然狀態「中」的偏離。又說：「誠無為，幾善惡」〔註27〕不在性上分善惡，而認為善惡在幾上分，即心之發動處分。認為性是「中」，是「誠」。「誠無為」，「誠」是「純粹至善」，所以，在「性」上是分不得善惡的。而以「中」論性，不以善惡論性，以發而中節不中節論善惡是胡宏性本論的重要特色。三是「無思而無不通」的聖人觀對胡宏「寂然不動，感而遂通天下之故」聖人觀和本心觀的影響。周敦頤是十分強調「思」的功夫的，認為「思」是「聖功之本」，但他認為，到達了聖人境界，可以「無思而無不通」。這是形容聖人「無思而思」的最高境界。胡宏說聖人與凡人同於未發之性，其不同在於已發之心。聖人盡心，故「寂然不動，感而遂通天下之故」為聖人之所獨。聖人能盡心，說明聖人之心已純是本然之心，與性為一；所以本然之心的體段是「寂然不動，感而遂通天下之故」。它與性的體段「中」是有區別的。這說明，胡宏在心性論上受到了周敦頤的一些啟發。

二、張載「關學」倫理思想

張載對胡宏的影響可以從胡宏對張載的《正蒙》的評價看出：「極天地陰

〔註26〕周敦頤：《通書·師第七》，《周敦頤集》，嶽麓書社，2002年版，第24頁。
〔註27〕周敦頤：《通書·誠幾德第三》，《周敦頤集》，嶽麓書社，2002年版，第19頁。

陽之本，窮神化、一天人，所以息邪說而正人心。故自號其書曰『正蒙』，其志大，其慮深且遠矣。」〔註28〕實則胡宏的《知言》在體例和風格上也取自張載。胡宏讚賞張載能窮究天地變化之道，於「天人合一」有獨到的發明，在理論上辨異端邪說有力，爲人的修養提供了正確的價值方向和方法指導。

　　張載對宇宙變化之道有深刻的體悟。張載哲學的最高本體是「氣」，凡存在都是氣，氣有不同的狀態。氣的本體是「太虛」。太虛是氣未凝聚浩然湛然的本然狀態。氣的聚散產生萬事萬物，整個宇宙統一於氣的變化：「太虛不能無氣，氣不能不聚而爲萬物，萬物不能不散而爲太虛。」〔註29〕萬物之生源於太虛，萬物之散復歸於太虛。「太虛即氣」，是客觀存在，所以有力地駁斥了「老氏有生於無自然之論」和「浮屠以山河大地爲見病之說」〔註30〕。用氣化來說明萬物的產生、變化和發展的實際過程這一「氣化」宇宙觀在胡宏的思想體系裏也得到了繼承和發展。胡宏說：「非性無物，非氣無形。性，其氣之本乎！」〔註31〕性是生物之本，氣是生物之具。又說：「一氣大息，震蕩無垠，海宇變動，山勃川湮，人物消盡，舊迹滅亡，是所以爲鴻荒之世歟？氣復而滋，萬物化生，日以益眾。」〔註32〕整個宇宙的變化就是一個「氣茲」和「氣息」的氣化過程。對人而言，因爲「性氣不離」，性心的呈現關係和形著關係亦離不開氣的「經緯」作用。「萬物生於天，萬事宰於心。性，天命也。命，人心也。而氣經緯乎其間，萬變著見而不可掩。莫或使之，非鬼神而何？」
〔註33〕

　　張載「太虛即氣」本體論是爲「天道性命相貫通」提供形上論證的。張載說：「由太虛，有天之名；由氣化，有道之名；合虛與氣，有性之名」〔註34〕太虛作爲氣的本然，必有其獨特性。「太虛」本體「湛一無形」。「湛一，氣之本」〔註35〕清澄純一是氣的本性，「清則通」「一故神」，所以太虛能妙萬物、貫萬物、體萬物。進一步「太虛」是「虛而神」。張載說：「凡可狀，皆有也；凡有，皆象也；凡象，皆氣也。氣之性本虛而神，則神與性乃氣所

〔註28〕　胡宏：《橫渠正蒙序》，《胡宏集》，中華書局，1987年版，第162頁。
〔註29〕　張載：《正蒙・太和篇第一》，中華書局，1978年版，第7頁。
〔註30〕　張載：《正蒙・太和篇第一》，中華書局，1978年版，第8頁。
〔註31〕　胡宏：《知言・事物》，《胡宏集》，中華書局，1987年版，第22頁。
〔註32〕　胡宏：《知言・一氣》，《胡宏集》，中華書局，1987年版，第27頁。
〔註33〕　胡宏：《知言・修身》，《胡宏集》，中華書局，1987年版，第6頁。
〔註34〕　張載：《正蒙・太和篇第一》，《張載集》，中華書局，1978年版，第9頁。
〔註35〕　張載：《正蒙・誠明篇第六》，《張載集》，中華書局，1978年版，第22頁。

固有。」〔註36〕萬物是由氣之聚散即氣化而產生的，因此，萬物包括人也具有氣的特性。「天性在人，正猶水性之在冰，凝釋雖異，爲物一也。」〔註37〕氣之性隨氣化而賦予萬物。人性、物性來源於氣之性即太虛，所以「性與天道」爲一。然則，太虛是「湛一無形」，是「虛而神」，萬物在本原上是統一了，但人之成德根據與太虛的關係還沒有必然性。所以，張載又將太虛之「虛」性賦予倫理品格。他說：「天地以虛爲德，至善者虛也。」「虛者，仁之原，忠恕者與仁俱生。」「虛則生仁」。〔註38〕同時，張載又賦予太虛之「虛」性以「誠」的性質：「至誠，天性也」〔註39〕氣之性是「虛」，是「仁」，是「誠」，所以氣之本然之性是至善的。張載將之稱爲「天地之性」。萬物統一於氣，統一於「天地之性」，這是從本原上講，「性者，萬物之一源，非有我之得私也」〔註40〕，但人與物之性不得不別；「天下凡謂之性者，如言金性剛、火性熱、牛之性、馬之性也，莫非固有。凡物莫不有是性，由通蔽開塞，所以有人物之別。」〔註41〕人、物同本於「天性」，但物蔽塞不通，不能覺悟至善之天性，自始至終固定於物性；人雖有蔽塞，但人有心，「合性與知覺，有心之名」〔註42〕，心能開通，能覺悟並反歸於天地之性。對於人有蔽塞，人有善惡的現象，張載用了「氣質之性」的命題來回答。「氣質之性」是人各個所稟之氣帶來的屬性，是「形而後有」的，是「攻取之性」或「飲食男女之性」。「湛一，氣之本；攻取，氣之欲。口腹於飲食，鼻舌於臭味，皆攻取之性也。」〔註43〕張載認爲氣有「剛柔、緩速、清濁」之分，人稟氣有偏正之別，所以「人之性雖同，氣則有異」〔註44〕。這樣，張載從「太虛即氣」「性氣合一」的本體論出發，建立了人性論。張載「天命之性」和「氣質之性」的二重人性論，是對歷史上各種人性論的總結，對理學的發展作出了一大貢獻。張載講的天命之性源於太虛，太虛是氣之本體，或者說是氣的本然狀態，所以天命之性是氣的本然之性，氣是最高本體。張載的二重人性論對胡宏的本體論和人性論

〔註36〕 張載：《正蒙·乾稱篇第十七》，《張載集》，中華書局，1978 年版，第 63 頁。
〔註37〕 張載：《正蒙·誠明篇第六》，《張載集》，中華書局，1978 年版，第 22 頁。
〔註38〕 張載：《張子語錄·語錄中》，《張載集》，中華書局，1978 年版，第 326 頁。
〔註39〕 張載：正蒙·乾稱第十七》，《張載集》，中華書局，1978 年版，第 63 頁。
〔註40〕 張載：《正蒙·誠明第六》，《張載集》，中華書局，1978 年版，第 21 頁。
〔註41〕 張載：《性理拾遺》，《張載集》，中華書局，1978 年版，第 374 頁。
〔註42〕 張載：《正蒙·太和篇第一》，《張載集》，中華書局，1978 年版，第 9 頁。
〔註43〕 張載：《正蒙·誠明篇第六》，《張載集》，中華書局，1978 年版，第 22 頁。
〔註44〕 張載：《語錄下》，張載集》，中華書局，1978 年版，第 330 頁。

的建立有重要啓發作用。不過，胡宏不是以氣爲本體，而是綜合了二程理本體論，直接以性作爲最高本體，性成爲萬事萬物產生和發展變化的根據，氣成爲生物之具。

張載「心以成性」的心性論和修養觀對胡宏的影響也較大。張載的二重人性論表明，人的本質是天命之性，是至善的，這是人成德的根據；氣質之性是後天形成的，是可以變化的。他說：「性於人無不善，繫其善反不善反而已……人之剛柔、緩急、有才與不才，氣之偏也。天本參和不偏，養其氣，反之本而不偏，則盡性而天矣。性未成則善惡混，故亹亹而繼善者，斯爲善矣。惡盡去，則善因以成。故舍曰善，而曰成之者性也」〔註45〕。現實的人性是善惡混，天命之性是潛在的，有待成。如何成，在於心，因爲心是道德主體。所以張載提出要爲天地立心。他說：「心能盡性，人能弘道也；性不知檢其心，非道弘人也。」〔註46〕心與性的關係是「合虛與氣，有性之名；合性與知覺，有心之名」〔註47〕「合虛與氣有性之名」是說在氣化成形過程中，太虛本體之性——天地之性——亦具於人和事物中，成爲人和事物內在的性，所以性是天道；「合性與知覺有心之名」是說當客觀的天地之性成爲人性時，以有知有覺的主體心的形式出現。心是客體的性與主觀的知覺的統一體，心的知覺，張載認爲包括德性之知和見聞之知，雖然，「德性之知不萌於見聞」，但以德性之知統帥見聞之知।德性之知是指心對性與天道的把握；見聞之知是對客觀對象的認知。即心是本體之心和經驗之心的統一體。張載從兩個方面講「心以成性」。一是大其心，是指德性之知。「大其心則能體天下之物，物有未體，則心爲有外。世人之心，止於聞見之狹。聖人盡性，不以見聞梏其心，其視天下無一物非我，孟子謂盡心則知性知天以此。天大無外，故有外之心不足以合天心」〔註48〕。二是「窮理盡性」和「知禮成性」，這是指見聞之知。胡宏所論的性體心用和心以成性思想有資於張載，而且更加明確、清晰和完善。（一）性和心是體用關係。在天道的層面，性是最高本體，稱爲天命之性，性是未發，是中；與天命之性相對的是天地之心，即天地生物之心，是仁，天命之性從天地生物之心中見，所以天地之心是已發。在人性的層面，人性是性之極，也即天命之性；性不能不動，性必體現爲心，心

〔註45〕張載：《正蒙·誠明第六》，《張載集》，中華書局，1978 年版，第 22 頁。
〔註46〕張載：《正蒙·誠明篇第六》，《張載集》，中華書局，1978 年版，第 22 頁。
〔註47〕張載：《正蒙·太和第一》《張載集》，中華書局，1978 年版，第 9 頁。
〔註48〕張載：《正蒙·大心第七》，《張載集》，中華書局，1978 年版，第 24 頁。

的本體、根據是性，性的呈現、作用是心。體用一源，顯微無間。說得具體一點，人之所以爲人，必有人性作爲內在的根據，所以性是未發之中；未發的性是潛在的，必有心才能呈現，人的本心是天地之心，是已發之和。（二）盡心成性。心通過識仁、明理等功夫，彰顯性，實現性，最後心與性爲一。

三、二程「洛學」倫理思想

朱漢民說：「周敦頤只是理學的開山祖，眞正爲理學思想奠定理論基礎的，則是程顥、程頤弟兄二人，正如侯外廬先生的《宋明理學史》所說，二程『洛學才是理學的典型形態。』而二程之學正是湖湘學派的主要來源。」〔註49〕

關於湖湘學派的思想淵源和學術傳遞關係，南宋後期理學家眞德秀做過梳理：

> 二程之學，龜山（楊時）得之而南，傳之豫章羅氏（羅從彥），羅氏傳之延平李氏（李桐），李氏傳之考亭朱氏（朱熹），此一派也。上蔡（謝良佐）傳之武夷胡氏（胡安國），胡氏傳其子五峰（胡宏），五峰傳之南軒張氏（張栻），此又一派也。〔註50〕

眞德秀的說法大抵不錯，分歧在於胡宏之父胡安國與謝良佐（字上蔡）的關係，眞德秀以爲是師承關係；而根據胡安國自己的說法是「吾於謝、游、楊三公，皆義兼師友。實尊信之。若論其傳授，卻自有來歷。據龜山所見在《中庸》，自明道先生所授；吾所聞在《春秋》，自伊川先生所發。」〔註51〕胡安國、胡宏父子的思想源於洛學一脈，這是他們本人承認的。當張栻拜胡宏爲師後，胡宏欣慰地說：「河南之門，有人繼起，幸甚！幸甚！」〔註52〕

程顥（公元 1032～1085）字伯淳，人稱明道先生，河南洛陽人。其弟程頤（公元 1033～1107）字正叔，人稱伊川先生。二程的最高範疇是「天理」。程顥說：「吾學雖有所受，『天理』二字，卻是自家體貼出來」〔註53〕理範疇在程顥之前被廣泛使用，但作爲根源性、總體性、形上性的本體範疇，確是二程兄弟確立的。二程說（原文爲二先生語）：「蓋上天之載，無聲無臭，其

〔註49〕 朱漢民：《湖湘學派與湖湘文化》，湖南大學出版社，2010年，第25頁。
〔註50〕 眞德秀：《眞文忠公讀書記》卷三十一，北京圖書館，2004年版。
〔註51〕 《宋元學案》卷二十五，《龜山學案》。
〔註52〕 胡宏：《與孫正孺書》，《胡宏集》，中華書局，1987年版，第147頁。
〔註53〕 程顥、程頤：《河南程氏外書》卷一二，《二程集》，中華書局，1981年版，第424頁。

體則謂之易，其理則謂之道，其用則謂之神，其命於人則謂之性，率性則謂之道，修道則謂之教。……形而上爲道，形而下爲器，須著如此說。器亦道，道亦器，但得道在，不繫今與後，己與人。」〔註54〕這段話綜合地反映了二程天理的性質。天理是等同於天和道的自然而然的最高本體，人性本於天理，是天理在人身上的體現，「性即理」，修道即是率性，道德的依據是天理。天理爲形而上的根據、根源；萬物是形而下的器，是載道之具；道器不離。天理不僅遍在，而且互古互今，永恆存在。人能率性修道，說明人心能識道體道。理與氣（器），理與性，理與心的關係都得到了說明。朱漢民說：「以理爲最高哲學範疇，也奠定了理學的思想體系，使理學成爲一種與先秦諸子、兩漢經學、魏晉玄學、隋唐佛學相區別的學術思潮，開創了一種新興的學術風尚。」〔註55〕以精神性的實體爲宇宙本體，建立人文價值，在哲學倫理學上實是一種開創，對後學影響很大。胡宏的性本論是直接承繼了二程的理本論，胡宏論述性的宇宙本體意義，性與氣，性與心的關係，在性質上，本於理本論。不同之處在於，胡宏將人性範疇直接作爲標誌天命全體的最高哲學範疇，將理作爲性的部分，性是人倫原則和萬物之所以生的生之理的統一體。胡宏說：「大哉性乎，萬理具焉，天地由此而立矣。世儒之言性者，類指一理而言之爾，未有見天命之全體者也。」〔註56〕又說：「夫人目於五色，耳於五聲，口於五味，其性固然，非外來也。聖人因其性而導之，由於至善，故民之化之也易。老子曰『不見可欲，使心不亂。』夫可欲者，天下之公欲也，而可蔽之使不見乎？」〔註57〕「類指一理而言之爾」意謂，天命不只是「倫理原則」一理，人之生理情欲亦是天命之部分，是人性之本有。因此，胡宏的性本體範疇的內涵要比二程的性本體要廣。胡宏主張「天理人欲同體異用，同行異情」，這是胡宏思想的獨特之處。作爲胡宏來說，他是將二程思想作爲一個整體，不加區分來繼承和發展的，但在實際吸收和消化過程中，胡宏是有所取捨和選擇的，其表現是，胡宏某些方面更接近程顥，某些方面有又是程頤的理路。

張立文在《心學之路——陸九淵思想研究》一書中，對二程思想的區分

〔註54〕程顥、程頤：《河南程氏遺書》卷一，《二程集》，中華書局，1987 年版，第 4 頁。

〔註55〕朱漢民：《湖湘學派與湖湘文化》，湖南大學出版社，2010 年，第 25 頁。

〔註56〕胡宏：《知言・一氣》，《胡宏集》，中華書局 1987 年版，第 28 頁。

〔註57〕胡宏：《知言・陰陽》，《胡宏集》，中華書局 1987 年版，第 9 頁。

點做了精到獨特的分析。他認為，「程顥以『理』為『心』，強調『萬物皆備於我』的『我心』，而傾向於唯『心』；程頤以『理』為『道』和『天』，消『我』入『理』，傾向唯『理』。」〔註58〕例如，程顥說：「天人本無二，不必言合。」〔註59〕又說：「只心便是天，盡之便知性，知性便知天。當處便認取，更不可外求。」〔註60〕程顥認為，天人是一，心理是一，所以，盡心便能知性、知天，不假外求。程頤說：「合天人，通義命，此大賢以上事。」〔註61〕又說：「大而化，則己與理一。一則無己。」〔註62〕程頤認為，是人合於天，心合於理，一與天，一於理，故「無己」。由於二程對心與理關係的體會不同，導致他們對修養方法的側重點不同。

程顥的根本功夫是「識仁」和「定性」。他說：「學者須先識仁。仁者，渾然與物同體。義禮知信皆仁也。識得此理，以誠敬存之而已，不須防檢，不須窮索。」〔註63〕程顥認為，學者如能體悟到「與物同體」的境界，也就是「仁」的境界，那麼以我之仁心待物處事，無不是義禮智信。「與物同體」尚比較抽象，程顥遂以比喻的方法進一步指點：「醫書言手足痿痺為不仁。此言最善名狀。仁者以天地萬物為一體，莫非己也，認得為己，何所不至？若不有諸己，自不與己相干。如手足不仁，氣已不貫，皆不屬己。」〔註64〕「手足痿痺為不仁」，因為「氣已不貫，皆不屬己」。相反，「仁者以天地萬物為一體」，痛癢相關，立己立人，成己成物，皆是一體之仁。程顥識仁功夫，還是初步的，還沒有指點下手功夫。到了胡宏那裏，正式提出了於日用處「察識涵養」的識仁功夫，即通過察識仁心端倪，操持存養，養至於大，漸識仁體。察識涵養的識仁功夫成為了湖湘學派的根本功夫，是湖湘學派區別其他學派的標誌性特徵。

〔註58〕張立文：《心學之路陸九淵思想研究》，人民出版社2008年，第15頁。

〔註59〕程顥、程頤：《河南程氏遺書》卷第六，《二程集》，中華書局，1981年版，第81頁。

〔註60〕《明道學案・語錄》，《宋元學案》卷十三。

〔註61〕程顥、程頤：《河南程氏外書》卷第七，《二程集》，中華書局，1981年版，第392頁。

〔註62〕程顥、程頤：《河南程氏遺書》卷十五，《二程集》，中華書局，1981年版，143頁。

〔註63〕程顥、程頤：《河南程氏遺書》卷二上，《二程集》，中華書局，1981年版，第16頁。

〔註64〕程顥、程頤：《河南程氏遺書》卷二上，《二程集》，中華書局，1981年版，第15頁。

「定性」功夫是指「大其心」「無內外」「澄然無事」,「物來順應」,最後達到「應無物累」的境界。「所謂定者,動亦定,靜亦定,無將迎,無內外。苟以外物爲外,牽己而從之,是以己性爲有內外也。且以己性爲隨物於外,則當其在外時,何者爲在內?是有意於絕外誘而不知性之無內外也。既以內外爲二本,則又烏可遽語定哉?夫天地之常,以其心普萬物而無心;聖人之常,以其情順萬事而無情。故君子之學,莫若廓然而大公,物來而順應。《易》曰:『貞吉,悔亡。憧憧往來,朋從爾思』。苟規規於外誘之除,將見滅於東而生於西也,非惟日之不足,顧其端無窮,不可得而除也。人之情各有所蔽,故不能適道,大率患在於自私而用智。自私則不能以有爲爲應迹,用智則不能以明覺爲自然。今以惡外物之心而求照無物之地,是反鑒而索照也。《易》曰:『艮其背,不獲其身,行其庭,不見其人』。孟氏亦曰:『所惡於智者,爲其鑿也。』與其非外而是內,不若內外之兩忘也。兩忘則澄然無事矣。無事則定,定則明,明則尚何應物之爲累哉!聖人之喜,以物之當喜;聖人之怒,以物之當怒;是聖人之喜怒,不繫於心而繫於物也。是則聖人豈不應於物哉?烏得以從外者爲非而更求在內者爲是也?今以自私用智之喜怒,而視聖人喜怒之正爲何如哉?夫人之情易發而難制者,惟怒爲甚,第能於怒時遽忘其怒而觀理之是非,亦可見外誘之不足惡,而於道亦思過半矣。」〔註65〕程顥分析,一般人之所以不能定性,「患在於自私而用智」。因爲自私,從自己軀殼起念,視外物與己相異,人我內外截然分開,一切以自我爲中心,不能循理而發,滯於應迹,爲物所累。心本隨感而應,隨感而通,明覺自然;如果私用其智,參之以成見情識,反而使本心之明覺喪失。程顥「定性」功夫實是定心工夫,以心之廓然大公,來實現本心仁體自然朗現。「定性」功夫在胡宏那裏有積極的回應和反響。胡宏說:「心純則性定而氣正。」〔註66〕「性定,則心宰。心宰,則物隨。」〔註67〕胡宏以心、性的不同作用爲出發點,來講定心和定性,從而達到「氣正」「物隨」的修養效果。

程頤對「天人合一」的理解是「以己合天」,著力於對外在之理的窮索,強調格物窮理的功夫。程頤弟子記述:

〔註65〕程顥:《答橫渠張子厚先生書》,《河南程氏文集》卷二,《二程集》,中華書局,1981年版,第461頁。

〔註66〕胡宏:《知言・仲尼》《胡宏集》,中華書局1987年版,第16頁。

〔註67〕胡宏:《知言・義理》《胡宏集》,中華書局1987年版,第30頁。

問：「學何以有至覺悟處？」曰：「莫先致知，能致知，則思一日愈明一日，久而後有覺也。」〔註68〕

問：「忠信進德之事，故可勉強，然致知甚難。」曰：「子以誠敬爲可勉強，且恁地說。到底，須是知了方行得……未致知，便欲誠意，是躐等也。學者故當勉強，然不致知，怎生得行？勉強行者，安能持久，除非燭理明，自然樂循理。」〔註69〕

成德之事在於踐履，踐履不是盲目的行，須是先有覺悟，覺悟有待於致知。若不先致知而欲誠意，則是越過了修養的順序和等階；知不致，理不明，勉強力行，終不能持久。可見，在成德進修上，程頤主知先行後，重致知的基礎性功夫。程頤對格物致知的具體涵義、目的、步驟，如何貫通類推等有較完整系統的闡述。胡宏格基本繼承了程頤格物窮理的功夫論，並有所發揮。

程頤比其兄程顥晚去世20多年，對許多理學命題和概念闡述得更清楚一些。程頤的「體用論」、「理一分殊說」「中和說」對胡宏建立自己的理學體系有直接影響和重要作用。

胡宏對二程思想的繼承，不是對兩人的思想進行簡單疊加和糅合，而是能動地消化吸收，創造性地融進自己的體系。所以，胡宏奠基的湖湘學派，既源於洛學，又有別於洛學的鮮明特徵。

四、胡安國「湖湘學」倫理思想

胡宏的主要思想淵源是二程洛學。其父胡安國是「私淑洛學而大成者」，胡宏「卒傳其父之學」〔註70〕，受到家學的影響尤爲直接、深刻。

首先，胡安國是湖湘學派的開創者，其獨特的學術風格對胡宏及整個湖湘學派影響很大。其一是注重於人倫日用的踐履中體悟道體，由人道而論及天道，高揚人的主體性。他和弟子曾吉甫有一段對話，反映了他道不離物，即事明道的思想：

吉甫嘗問：「今有人居山澤之中，無君臣、無父子、無夫婦，所謂道者果安在？」曰：「此人冬裘夏葛、饑食渴飲、晝作入息，能不爲此

〔註68〕程頤：《河南程氏遺書》卷十八，《二程集》中華書局，1981年版，第186頁。
〔註69〕程頤：《河南程氏遺書》卷三，《二程集》，中華書局，1981年版，1887～1888頁。
〔註70〕《胡安國傳附子胡宏傳》，《宋史》卷四百三十五。

否？」曰：「有之。」曰：「只此是道。」〔註71〕

道不遠人，道即在日常生活中。道雖然是本體，但發見於人倫日用，人們可以在日常生活中把握它。胡宏也說：「道充乎身，塞乎天地，而拘於軀者不見其大，存乎飲食男女之事，而溺於流者不知其精。」〔註72〕這就啟發胡宏將本體建立在人的心性基礎上，而不是以「無極」「太極」「太虛」「天理」爲本體。胡宏由人道及天道，直接將標誌人道範疇的性作爲最高本體。人性是社會屬性和自然屬性的統一體，將性立爲宇宙本體，其優點在於，本體既是客觀的，具有普遍意義；又是主觀的，落實於人的心中，體現於日常生活中，本體並不冷漠、外在，察諸身，體之心，道在其中。

其二，注重義理之學和經世致用相結合。胡安國傾畢生精力著《春秋傳》，是他「感於時艱」，迫於「夷狄亂華」的社會政治狀況和「佛老猖獗」的文化狀況，出於一種民族大義和文化責任感，而作出的選擇與擔當。他說：「《春秋見諸行事，非空言比也。……百王之法度，萬世之準繩，皆在此書。故君子以謂五經之有《春秋》，猶法律之有斷例也。學是經者，信窮理之要矣。不學是經而處大事、決大疑能不惑者，鮮矣。」〔註73〕胡宏強調「體用兼備，有體有用」的爲學之旨可謂有本矣。

其次，胡安國關於心性論和修養論的一些具體觀點對胡宏影響頗深。

胡宏說，其「性無善惡」的思想來自胡安國：「宏聞之先君子曰，孟子所以獨出諸儒之表者，以其知性也。宏謂曰：何謂也？先君子曰：孟子道性善云者，歎美之辭也，不與惡對。」〔註74〕胡安國與胡宏都認爲，作爲本體的性，與現實的人性處於不同層次，是超越善惡的具體評價的，胡宏對此有詳細的闡發。

胡安國「心與理一」「心體不起不滅」的心論對胡宏「性體心用」「性是未發，心是已發」「心以成性」思想的形成影響很大。胡安國以心爲本體，認爲心是與理同一的本體存在，具有心學傾向。他說：

> 四端固有非外鑠，五典天敘不可違。在人則一心也，在物則一理也。
> 充四端可以成性，惇五典可以盡倫，性成而倫盡，斯不二矣。〔註75〕

〔註71〕《宋元學案》卷三十四，《武夷學案》。
〔註72〕胡宏：《知言·天命》，《胡宏集》，中華書局，1987年版，第3頁。
〔註73〕胡安國：《春秋傳序》，《春秋傳》，文淵《四庫全書》第151冊。
〔註74〕朱熹：《宋朱熹胡子知言疑義》，《胡宏集》，中華書局，1987年版，第333頁。
〔註75〕胡寅：《先公行狀》，《斐然集》卷二十五，中華書局，1993年版，第557頁。

在人之心的四端爲人心固有，與在物之理是統一的，心中之理與物中之理是一理。又說心體的不起不滅，永恒存在：

> 四端五典，起滅心也，有所謂自本自根、自古以固存者。夫自本自
> 根、自古以固存者，即起滅心是也。不起不滅，心之體；方起方滅，
> 心之用。體用一源、顯微無間，能操而常存者，動亦存靜亦存，雖
> 百起百滅，心固自若也。〔註76〕

心體是不起不滅的，相當於胡宏講的「寂然不動」；「起滅心」是「心之用」，即「感而遂通」之用。「四端五典」即是心的作用的具體表現。朱熹對胡宏「心是已發」的涵義有所誤解，按照朱熹的「性心情三分」的觀點，已發是情，已不是心。胡宏講「心是已發」具有特殊的涵義，「不起不滅」的心體也屬已發，與性略有別，按照邵雍的話說是「心是性之郭廓」，張載的話說是「合性與知覺有心之名」，程頤的話說是「心比性微有迹」。這些說法尚不能完全達義。胡宏是用「體用」「未發已發」的範疇來表達心性的這種關係的。

在修養方法上，胡安國「察識涵養功夫」和「格物窮理」功夫並舉，胡宏的功夫論深受其父影響。相對來說，胡宏更強調「察識涵養功夫」。胡安國兩種功夫並舉的理論基礎是他對心與理的關係的理解。他說：

> 無所不在者，理也；無所不有者，心也。物物致察，宛轉歸己，則
> 心與理不昧，故知循理者，士也。物物皆備，反身而誠，則心與理
> 不違，故樂循理者，君子也。天理合德，四時合序，則心與理一，
> 無事乎循矣，故一以貫之，聖人也。〔註77〕

心是本體，心雖然是無所不有的，但考慮到現實人的修養階段不同，其本心呈現是不同的，所以，「心與理一」具有不同的層次：對於士來說，需要格物窮理，使心識得理，按照心知去行；對於君子來說，因爲他格物功夫積纍已多，已達到了物物皆備（物理已具於心），所以他的功夫重點是反身而誠，誠心實意地按照心中的理去做，則會樂意去做；對於聖人來說，其心純是天理，不必言循理，從容中道，同於天地。

另一方面，由於胡安國以心爲本體，心爲仁心，所以也主張，求放心，察識本心、涵養本心的功夫。他說：

> 放而不知求者，靜亦亡，動亦亡，燕居獨處，似繫馬而止也。事至

〔註76〕 胡寅：《先公行狀》，《斐然集》卷二十五，中華書局，1993年版，第557頁。
〔註77〕 胡寅：《先公行狀》，《斐然集》卷二十五，中華書局，1993年版，第557頁。

物來，視而不見，聽而不聞矣。是以善學者，動亦察，靜亦察，無時而不察也。持之以敬，養之以和，事至物來，隨感而應，燕居獨處，亦不坐馳，不必言知其精明以待事物之至也。〔註78〕

夫良知不慮而知，良能不學而能，此愛親敬長之本心也。儒者擴而充之，達於天下，立萬世之大經，經正而庶民興邪慝息矣。〔註79〕

對於察識本心涵養本心的功夫，胡安國沒有詳細說明。胡宏後來將察識涵養功夫作為識仁的根本功夫作了重點闡明。

〔註78〕胡寅：《先公行狀》，《斐然集》卷二十五，中華書局，1993年版，第557頁。
〔註79〕胡寅：《先公行狀》，《斐然集》卷二十五，中華書局，1993年版，第557頁。

第二章　胡宏倫理思想的基礎：
本體論和心性論

儒學經過先秦儒學到漢唐經學的發展，使儒學變得繁瑣、庸俗，而且沒有形上智慧，因此在魏晉與隋唐形成玄學與佛學的興盛，如要振興儒學，便要針對佛老，發展出形上智慧，找尋一終極的價值根源，爲世界作一終極解釋，這樣才能力拒佛老。所以宋儒一開始便著重在天道論方面進行論述，爲世界萬事萬物作一終極價值的解釋，這種進路與先秦儒學直指人生的道德實踐方式大有不同，因而成爲宋明理學倫理思想的一大特色。性是胡宏哲學和倫理學中的最高範疇，胡宏是通過性本體的構建來詮釋宇宙和道德本原的。胡宏從《中庸》和《易傳》汲取本體論思想資料，吸收、融合和轉化周濂溪、張載和二程的本體論，通過探討性與天命、天道，性與氣的關係確立起性本論；繼而回歸孟子心性說，通過性體心用、以心著性的框架體系構建了體用不二的心性論，從而爲其道德修養論奠定本體論和心性論基礎。

第一節　性爲天下之大本

通過建構形上本體來解釋宇宙的起源和人類道德的根源是宋明理學家共同致思路進，如太極之於周濂溪，太虛（氣）之於張橫渠，天理（理）之於二程、朱熹，心（本心、良知）之於陸九淵、王陽明。胡宏哲學體系中的最高本體爲性。一些學者極爲重視本體的區別，認爲本體不同功夫路數即不同，根據理學家的本體的不同，將其區分爲不同的派系，即所謂理本派、氣本派、心本派，有的還加上胡宏的性本派。另一些學者則認爲以本體不同爲依據來

劃分理學派別過於簡單化，其實理學家之間的本體論區別並不大，必須透過功夫論來作區別。對理學家的思想作準確的定位確實是個複雜的問題。一者，理學家本人的思想有一個複雜的演變發展過程；二者，思想須通過文本來表達，詮釋者因立場不同會作出不同的解釋和理解。例如，對於張載哲學中的本體是什麼，有截然不同的看法。馮友蘭、張岱年、陳來等人及中國內地的很多中國哲學史教科書認為，張載哲學體系中「氣」是本體，「太虛」「太和」都是氣；牟宗三、蔡仁厚等學者認為，「太虛」是「理」而非「氣」，丁為詳、林樂昌等人亦持此觀點；朱惠芸提出了新觀點，認為張載哲學的最高本體是「太和」，「太和」是「道」，「太和」含「太虛」與「性」兩在。同樣，對於胡宏哲學和倫理學思想體系中何者為最高本體和核心範疇，研究者也有不同觀點。有的人認為是「道」，有的人為是「天命」，有的人認為是「性」。筆者從胡宏思想的整體來看，認為胡宏以「性」為最高本體，「性」本體內涵獨特，這是胡宏哲學和倫理思想的獨特之處。

一、天命為性，性無定體

「性」與「天命」、「天道」是同一層次的概念，本質是一樣的，但既然立言不一樣，亦有區別。胡宏是以「性」為核心，通過闡述「天命」「天道」與「性」的關係來確立「性」的最高本體地位。同時，胡宏闡述了「性」與「氣」，「性」與萬物的關係，確立「性」為「氣」之本，為萬物之本。

（一）性與天命

《中庸》曰「天命之謂性」，《易傳》曰「繼善成性」，原始儒家的意思似乎是「性」出於「命」，「命」先「性」後。二程、朱熹等也是這樣理解的。在胡宏，「天命之謂性」不是「天所命者即性」（當然，如果就第二層次意義上的性來講，胡宏並不反對），實就是「天命即是性，性即是天命」，「性」就是那最高的「天命」本身，這是從第一層次意義上的性來講的。這一點，可以從以下幾個方面來理解。

第一，性為萬物之源，性一分殊。「中者，道之體；和者，道之用。中和變化，萬物各正性命而純備者，人也，性之極也。故觀萬物之流形，其性則異；察萬物之本性，其源則一。」〔註1〕從萬物流行來看，物各有性，萬物性殊；然萬殊之性其本性則源於一性。「中者，性之道乎」，性體中和變化而有

〔註1〕胡宏：《知言·往來》，《胡宏集》，中華書局，1987年版，第14頁。

萬物各正性命，性一而分殊。所以，胡宏說：「天命之謂性。性，天下之大本也。」〔註2〕大本者，最高的終極存在，萬事萬物得以和諧存在的最終根源。

第二，性為形而上者，性無定體。胡宏說：「形而上者謂之性，形而下者謂之物。性有大體，人盡之矣。一人之性，萬物備之矣。論其體，則渾淪乎天地，博浹於萬物，雖聖人，無得而名焉；論其生，則散而萬殊，善惡吉凶俱載，不可掩遏。論至於是，則知物有定性，而性無定體矣。」〔註3〕

性是形而上者，是本體，不可以聞見之知來把握；性本體「渾淪乎天地，博浹於萬物，雖聖人，無得而名焉」。所以性無定體。無定體的性即是第一層次的性，即是天命本身；物的定性是第二層次的性，才是天命下貫落實為萬物的性，「論其生，則散而萬殊，善惡吉凶俱載，不可掩遏」。物的定性雖也是天命，但不是天命全體，是天命之部分。

第三，性是天命全體。「大哉性乎，萬理具焉，天地由此而立矣。世儒之言性者，類指一理而言之爾，未有見天命之全體者也。」〔註4〕

天命無所不在，萬事萬物皆是天命之流行發用；萬事萬物皆有自身存在、運動和變化之理；然萬理皆是性的表現，性具萬理。性是天命的全體，天命流行之全體、實體即是性。性是天命全體與性無定體是相一致的。

第四，「維天之命，於穆不已」。天之性情為乾，乾者健而無息，「始萬物而生之者，乾坤之元也」〔註5〕。天命淵源無窮，賦命不已，生生不息，萬物各正性命，各有分焉，各得其所。「欲修身平天下者，必先知天。欲知天者，必先識心。欲識心者，必先識乾。乾者，天之性情也。乾道變化，各正性命，命之所以不已，性之所以不一，物之所以萬殊也。萬物之性，動殖、小大、高下，各有分焉，循其性而不以欲亂，則無一物不得其所。非知道者，孰能識之？是故聖人順萬物之性，惇五典，庸五禮，章五服，用五刑，賢愚有別，親疏有倫，貴賤有序，高下有等，輕重有權，體萬物而昭明之，各當其用，一物不遺。聖人之教可謂至矣。」〔註6〕於穆之天命以性的形式存在每個人身上，非知道者不能識之。唯有聖人能盡己之性，盡人之性，盡物之性，聖人整個生命即是於穆不已之天命之流行。

〔註2〕　朱熹：《宋朱熹胡子知言疑義》，《胡宏集》，中華書局，1987年版，第328頁。
〔註3〕　胡宏：《釋疑孟》，《胡宏集》，中華書局，1987年版，第319頁。
〔註4〕　胡宏：《知言・一氣》，《胡宏集》中華書局，1987年版，第28頁。
〔註5〕　胡宏：《知言・大學》，《胡宏集》中華書局，1987年版，第32頁。
〔註6〕　胡宏：《知言・漢文》，《胡宏集》，中華書局，1987年版，第41頁。

（二）性與天道

天道具有本根、創生、普遍規則和運動變化過程等含義，胡宏將性作爲天道的實體即道體，從而賦予性以萬物之根源意義、創生意義和普遍遍在義涵。

第一，性與天道皆是天地變化、萬物化生的終極根源。

「至哉！吾觀天地之神道，其時無忒，賦命萬物，無大無細，各足其分。太和保合，變化無窮也。」〔註7〕前面講到最高層次的性與天命同一，是天命實體和全體，由一性之中和變化而有萬殊；此處，胡宏又將天地神道作爲萬物的根源，可見性與道一。不是天命爲一根源，性爲一根源，道又爲一根源，天道、性、命通而爲一，道體、性體、天命實體爲一。

道爲什麼能夠成爲化生萬物的根源呢？因爲道內部包含矛盾運動。「胡子曰：一陰一陽之謂道。有一則有三，自三而無窮矣。老氏謂「一生二，二生三」，非知太極之蘊者也。」〔註8〕又曰：「陽中有陰，陰中有陽，陽一陰，陰一陽，此太和所以爲道也。始萬物而生之者，乾坤之元也。物正其性，萬古不變，故孔子曰：成之者性。」〔註9〕道即太極即性，太極是一，是宇宙的總根源，太極含陰陽二性，有一則有三，有三則產生萬有，而不是像老子所說的「一生二，二生三」。而且進一步分析，「陽中有陰，陰中有陽」，「陽一陰，陰一陽」，二者對立統一，相互包含，相互轉化，由此產生了變化發展的動力。性或太極或太和，本身是最高的本體，「與無物對」，但它自身包含陰陽矛盾對立，因此它不僅僅是「所以然」之理，不動之理，而且是創生、創造的動力，生生不已，「性不能不動，動則心矣」〔註10〕。

第二，道是體用的總名，性是道之體，心是道之用。「非聖人能明道也，有是道則有是名也。聖人指名其體曰性，指明其用曰心。」〔註11〕胡宏強調道有體有用，「合體與用，斯爲道矣」，性是道之體。總括的講，性道爲一不可分，無先後；分開講，道是性的軌道和律則，性是道的擔當者。

第三，率性之謂道，此道包括天道與人道。胡宏說：「子思子曰：『率性之謂道。』萬物萬事，性之質也。因質以致用，人之道也。」〔註12〕

〔註7〕 朱熹：《宋朱熹胡子知言疑義》，《胡宏集》，中華書局，1987年版，第332頁。

〔註8〕 胡宏：《知言·陰陽》，《胡宏集》，中華書局，1987年版，第7頁。

〔註9〕 胡宏：《知言·大學》，《胡宏集》，中華書局，1987年版，第32頁。

〔註10〕 朱熹：《宋朱熹胡子知言疑義》，《胡宏集》，中華書局，1987年版，第337頁。

〔註11〕 朱熹：《宋朱熹胡子知言疑義》，《胡宏集》，中華書局，1987年版，第336頁。

〔註12〕 胡宏：《知言·往來》，《胡宏集》，中華書局，1987年版，第14頁。

又說：「首萬物，存天地，謂之正性。備萬物，參天地，謂之正道。順秉彝，窮物則，謂之正教。」〔註13〕性是萬事萬物的本質，物有物之道，人有人之道，皆是率性而爲之。因物性不同發揮其作用爲人所用，這是人之道，人之道必合天道而後行。人首出萬物，天地之間人爲貴，乃在人得天命之全，故須肯認此人成其爲人之性，即正性；人肯認此備萬物之性，須率性而爲，參贊天地化育，調理萬物，使其各得其所，此乃人之正道；但人往往溺於物不能自覺，故需後天的窮理致知、修養學習，以保證由道而行不逾矩，謂之「正教」。

第四，性與道具有遍在性與超越性。從空間上看，「道充乎身，賽乎天地，而居於軀者不見其大；存乎男女之事，而溺於流者不知其精。諸子百家臆之以意，飾之以辨，傳聞習見，蒙心之官，命之理，性之道，置之茫昧則已矣。悲夫！此邪說暴行所以盛行，而不爲所惑者鮮也。然則奈何？曰：在修吾身。」〔註14〕這裏性道連在一起講，命之理與性之道無所不在，大到天地，小到男女飲食之事，既具有宇宙論的遍在性，又是本體論的形上根據；既具有實然性，又具有應然性。人如果拘於一己之軀的限制，就不能體察道的廣大普遍；如果溺於流俗，就不能在日用中察見道的精微，如此容易被種種邪說蒙蔽牽引而不自知。這就提出了修身的要求。從時間看，「天下莫大於心，患在不能推之爾。莫久於性，患在不能順之爾。莫成於命，患在不能信之爾。」「時之古今，道之古今也。」〔註15〕性與天道，與時同在同久，無始無終。難怪「子在川上曰：逝者如斯乎！」人面對浩浩天道，淵源天命，不由得產生一種敬畏之情，引發一種超越一己之形軀而與天地同流的尊嚴感和使命感。

第五，性是仁義之性，道是仁義之道。「道者，體用之總名。仁其體，義其用。合體與用，斯爲道矣。大道廢，有仁義。老聃非知道者也。」〔註16〕這裏，胡宏直接將天道與人性溝通。因爲人性的本質是仁義，人按本性行事，即是居仁由義，仁是人之安宅，義是人之正路，『「義者，權之行也，仁，其審權者乎！」〔註17〕義是對具體情況作出權衡使行爲中節，而中節的根據是

〔註13〕胡宏：《知言·往來》，《胡宏集》，中華書局，1987年版，第15頁。
〔註14〕胡宏：《知言·天命》，《胡宏集》，中華書局，1987年版，第3頁。
〔註15〕胡宏：《知言·陰陽》，《胡宏集》，中華書局，1987年版，第10頁。
〔註16〕胡宏：《知言·陰陽》，《胡宏集》，中華書局，1987年版，第10頁。
〔註17〕胡宏：《知言·天命》，《胡宏集》，中華書局，1987年版，第3頁。

人內在的仁。所以說『義有定體，仁無定用』〔註18〕。仁義是性，仁體義用，彰顯了道既是根據又是功能、活動、過程的特性。儒家以仁義爲人性的本質的人性觀，以仁義爲道的內容，與道家截然不同。道家的道的根本特性是「純自然性」，純粹自然而然，人的眞實性只在其自然性，人的社會性、歷史性屬於「僞」，屬於退化，所以復性只是去其「仁義之僞」，復其自然本眞之性，即復其「樸」。所以，胡宏批評老聃「大道廢，有仁義」爲不知「道」。

（三）性與氣

胡宏在周敦頤、張載和二程論性氣關係的思想及基礎上，有所損益，發展出了自己獨特的性氣論。

性是萬事萬物的最高本體，性爲形而上者；萬事萬物是性的流行之表現，是形而下者。「形而在上者謂之性，形而在下者謂之物。」〔註19〕從形而上的無形之性到化生形而下的有形之物之間的機理，胡宏引入了性氣關係和氣化原理來說明。他說：「非性無物，非氣無形。性，其氣之本乎！」〔註20〕沒有性，便沒有派生萬物的根據；沒有氣，萬物就沒有具體的形態，也不會有萬物的存在。性與氣的關係是，性是氣變化運行不息的根據和根本，「氣之流行，性爲之主」〔註21〕；氣是性得以流行的載體，是在性的支配和決定下化生萬物的質料。胡宏將性氣關係形象地比喻爲水的源流關係和木的根與生長發育關係：「水有源，故其流不窮；木有根，故其生不窮；氣有性，故其運不息。德有本，故其行不窮。」〔註22〕正因爲有性作爲氣變化運行的根據存在，才有「氣化」和「形化」。「天道保和而太極立，絪縕升降二氣分。天成位乎上，地成位乎下，而人生乎其中。」〔註23〕天道是性與氣的保和太和，亦即是太極，太極立而有氣的絪縕升降變化，天地萬物由此而化生。不僅萬物化生是氣化而成，整個天地的動靜、往來、屈伸、進退、盛衰、窮通、盈虛、消息、寒暑、始終等無窮的變化都是一氣運行不息、生生不已的表現。「一氣大息，震蕩無垠，海宇變動，山勃川湮，人物消盡，舊迹滅亡，是所以爲鴻荒之世

〔註18〕 胡宏：《知言・修身》，《胡宏集》，中華書局，1987年版，第5頁。
〔註19〕 胡宏：《釋疑孟・辨》，《胡宏集》，中華書局，1987年版，第319頁。
〔註20〕 胡宏：《知言・事物》，《胡宏集》，中華書局，1987年版，第22頁。
〔註21〕 胡宏：《知言・事物》，《胡宏集》，中華書局，1987年版，第22頁。
〔註22〕 胡宏：《知言・好惡》，《胡宏集》，中華書局，1987年版，第11頁。
〔註23〕 胡宏：《皇王大紀序》，《胡宏集》，中華書局，1987年版，第163頁。

歟？氣復而滋，萬物化生，日以益眾。」〔註24〕

　　萬物的產生、變化皆是「太和」之氣所爲，而氣化背後的原因和根據是性和道，所以，可以通過觀察萬物的往來變化而知天道變化和天命流行。胡宏說：「觀日月之盈虛，知陰陽之消息。觀陰陽之消息，知聖人之進退。」〔註25〕又說：「陰陽成象，而天道著矣。剛柔成質，而地道著矣。仁義成德，而人道著矣。」〔註26〕這就把萬物之變易與人事變易統一起來了，將萬物之理與倫理道德統一起來了，二者都統一於天命，統一於性。

　　胡宏論性氣關係最獨特之處是，他不用稟氣的差異即氣之清濁、厚薄、駁雜來解釋萬物及人性的差異，雖然他說過「天地之間，有氣化，有形化。人之生，雖以形禪，因天地之精」〔註27〕，承認人稟得陰陽五行之精華，但他是就人與物的差異而言，就一般意義而言的，而不特是用來說明人性與物性之差異的。至於人性與物性差別的原因，胡宏將之歸於「天命流行」的自然結果，在天命流行中，萬物各正性命。特別是在人性論領域，他沒有天命之性和氣質之性的分別，沒有提出人有剛柔、緩急、有才與不才等稟氣有偏的提法，他將人性直接等同於天命之性，而對賦人以形體的氣質，他持積極的看法，所謂「非性無物，非氣無形」。在涉及人倫道德的心性關係時，他說：「萬物生於天，萬事宰於心。性，天命也。命，人心也。而氣經緯乎其間，萬變著見而不可掩。莫或使之，非鬼神而何？」〔註28〕萬物生於天，其實質是萬物生於性，因爲性是天命，是天道本原。對於人來說，宰制萬事的是心。心是什麼呢？心是性的表現和作用。不論是性化生萬物，性表現爲心，還是心宰制萬事以成就性的實現，都離不開氣。所以胡宏說：「氣之流行，性爲之主。性之流行，心爲之主。」〔註29〕

　　在二程非常強調「論性不論氣，不備；論氣不論性，不明，二之則不是」〔註30〕，突出用氣稟來解釋人性、物性之別，人性善惡差別的理學語境裏，胡宏基本不講天命之性和氣質之性的區分，這不是偶然的。或者說，胡宏認爲天命之性和氣質之性的二重人性論已是理學陣營的共識，不必講了，這個

〔註24〕胡宏：《知言·一氣》，《胡宏集》，中華書局，1987年版，第27頁。
〔註25〕胡宏：《知言·天命》，《胡宏集》，中華書局，1987年版，第1頁。
〔註26〕胡宏：《知言·修身》，《胡宏集》，中華書局，1987年版，第6頁。
〔註27〕胡宏：《姜原生稷》，《胡宏集》，中華書局，1987年版，第225頁。
〔註28〕胡宏：《知言·修身》，《胡宏集》，中華書局，1987年版，第6頁。
〔註29〕胡宏：《知言·事物》，《胡宏集》，中華書局，1987年版，第22頁。
〔註30〕程顥、程頤：《河南程氏遺書》卷文，中華書局，1981年版，第81頁。

理由是講不通的。胡宏既然重視論述性氣關係，應該也要論述氣稟之性。筆者認爲，比較合理的解釋是，一是胡宏將性上升到最高本體，性就不僅包括人性的內容，也包括物性；性不僅包括仁義之理性，也包括具體的人本有的生理欲望之性，即所謂「理欲同體」，「性無善惡」，「好惡，性也」，因爲性是天命之全體。二是，胡宏本著儒家強烈的入世濟世情懷，自覺同佛家的出世主張劃清界線，不能將人本有的生理欲望和自然歸之於惡，進而滅情禁欲。若如此，則儒家的價值觀將失去現實的基礎。很簡單，儒家的忠孝也好，成己成物也好，須順人之性和物之性。如人性中只有義理，則義理反而不能得到表現，如果人沒有物質生活上的需求，何需人子奉養有度，「冬溫夏凊」；君主又何需車馬、衣裘、宮室之用。所以，胡宏並不立一個氣質之性，將人之生理情欲歸之於人稟氣而有，認爲氣質之性有善有惡。在胡宏看來，道德其實是人性的中道。三是，胡宏反覆強調，性屬未發，凡人之生粹然天地之心，無適無莫，無善無惡，聖凡同此一性，聖凡在道德修養的起點上是平等的，區別是人是否經過修養和修養的效果怎樣，也就是心是否發而中節。如果人有天地之性和氣質之性兩重性的區分，雖然天地之性爲善，但天地之性一落實爲現實人性，就有氣質之性的善惡區分，實則，人一出生，作爲道德修養基礎的現實的人性就有三六九等了，這就落入了性三品說的窠臼。所以，無論是作爲人生而靜以上的天命之性，還是作爲人出生後實際的人性，均是一性，無善惡可言，只有到得心將性體證出來，並順性而發，才有所謂善。

要強調指出的是，在胡宏的思想體系裏，是不是完全沒有氣質之性的觀念呢？也不是。現實的人性與物性的差異，實質是氣質之性的差異。雖然也可用人稟天地之精、五行之秀來解釋，但這不是胡宏討論的重點。他著力要說明的重點是：第一，稟氣有形後，一方面性的流行得以落實爲人性，因有人性從而有形著人性的人心，但人性、人心畢竟在個體裏了，這就是氣質的局限了。這種局限的表現就是心「拘於有形而不能通」，不能不經修養而自然地體證性、彰顯性，這就提出了修養功夫的必要性。第二，作爲人來說，氣質皆是相同的，不存在影響道德修養難易程度和努力程度的巨大差別，即所謂稟氣偏正、才與不才的差別。這就爲人人皆可經修養成人成聖提供了人性的理論說明。

二、成之者性，物有定性

在「性一」意上的性，性與天道、天命為一，是一如如最高本源、創生之體，淵源無盡，浩浩無息，生生不已，沖漠無朕。因為至誠不息、生生不已，所以無時不生；天道變化，太和保和，萬物各正性命。胡宏說「陽中有陰，陰中有陽，陽一陰，陰一陽，此太和所以為道也。始萬物而生之者，乾坤之元也。物正其性，萬古不變，故孔子曰：成之者性。」〔註31〕萬物之生成即由氣化而形化的過程，即是萬物之性形成和貞定的過程，遂有萬物之性之差別和形之差別。此是分殊之性。「性一」與「性殊」是辯證的統一。一是共同本源，因一，萬物有共同本性，一包含殊；殊是一的體現和實現，因殊展現了一的創造性、無窮性。從價值論和倫理學上看，一是價值總源和指導原則，把握住一，則能一以貫之；殊是具體倫理實踐的根據即「成性」的根據，順萬物之性才能使物各得其所。

（一）萬物之性，各有分焉

第一，生理之性。「目之所可視者，禽獸皆能視也。耳之所可聞者，禽獸皆能聽也。視而知其形，聽而知其聲，各以其類者，亦禽獸之所能也。」〔註32〕物的生理之性是物的主要方面，物與物主要以生理之性相區分，如牛之性與馬之性；動物之性與植物之性。

第二，萬物能部分地體現義理之性。理學家建構的本體，既是宇宙本體又是道德本體，要承擔著解釋宇宙萬物的根據和道德的根源雙重任務；而根據理學家的體用論，「體用一源，顯微無間」，無論是理本體還是性本體，無論是「性即理」還是「理即性」，分殊之性皆有同一本源，作為大本的「性」或「理」會以分殊的形式貞定萬物，使萬物成為自身而與別物區別開來。胡宏的性本體是天命之全體，其某些義理性當然也會在物中得到一定程度的實現。「萬物有有父子之親者焉，有有君臣之統者焉，有有報本反始之禮者焉，有有兄弟之序者焉，有有救災恤患之義者焉，有有夫婦之別者焉。至於知時禦盜如雞犬，猶能有功於人，然謂之禽獸而人不與為類，何也？以其不得其全，不可與為類也。」〔註33〕在胡宏看來，在物中也有類似人類的父子之親、夫婦之別、兄弟之序、君臣之統之序別之關係和救災恤患之義之現象，只是

〔註31〕 胡宏：《知言·大學》，《胡宏集》，中華書局，1987 年版，第 32 頁。
〔註32〕 胡宏：《知言·往來》，《胡宏集》，中華書局，1987 年版，第 14 頁。
〔註33〕 胡宏：《知言·往來》，《胡宏集》，中華書局，1987 年版，第 14 頁。

物不得其全，所以畢竟不能與人同類。這是理學家本體論的共同矛盾，如朱熹也講「豺狼之義」「虎豹之仁」「枯槁有性」。

第三，物性不同，形氣亦不同。「萬物不同理，死生不同狀。」〔註34〕此理包括生理之理和「義理」之「理」，萬物因理不同，所以生死狀態不同。動植之性不同，其形狀亦有很大不同。

第四，萬物之性雖殊，然各個自足。萬物之性存在很大差別，動植之性截然不同。萬物之性可以說存在著「高下」「貴賤」「小大」之別，這是受命之際所得之不同決定的，得之大者爲大，得之小者爲小，這是天命流行的結果，物之不齊之理乃天命本有，是自然而然之理，正體現了性體的「天地鬼神」之奧。從物自身來說，其性是稟天道變化而來，自己完滿地體現和實現了自己，其性完滿自足，故是「正」。物與物之間「高下」「貴賤」「小大」各有分焉而不亂，有別而有序。「胡子喟然歎曰：至哉，吾觀天地之神道，其時無愆，賦形萬物，無大無細，各足其分，太和保合，變化無窮也。」〔註35〕這就是天命、天道和性在物身上的實現。這就是天道之誠。誠則不息，誠則無罔。

（二）人備萬物之性，性之極也

第一，性有大體，人盡之矣。以人性爲最貴，突出人在宇宙中的地位，就是強調人在宇宙的責任。胡宏說：「形而上者謂之性，形而下者謂之物。性有大體，人盡之矣。一人之性，萬物備之矣。」〔註36〕此大體指性體本身。萬物雖有部分義理之性，但不得齊全，唯有人盡之矣。「人也者，天地之全也。而何以知其全乎？萬物有有父子之親者焉，有有君臣之統者焉，有有報本反始之禮者焉，有有兄弟之序者焉，有有救災恤患之義者焉，有有夫婦之別者焉。至於知時禦盜如雞犬，猶能有功於人，然謂之禽獸而人不與爲類，何也？以其不得其全，不可與爲類也。夫人雖備萬物之性，然好惡有邪正，取捨有是非，或中於先，或否於後，或得於上，或失於下，故有不仁而入於夷狄禽獸之性者矣。惟聖人既生而知之，又學以審之，盡人之性，盡物之性，德合天地，心統萬物，故與造化相參而主斯道也。不然，各適其適，雜於夷狄禽獸。是異類而已，豈人之道也哉！是故君子必戒謹恐懼，以無失父母之

〔註34〕 胡宏：《知言・義理》，《胡宏集》，中華書局，1987 年版，第 30 頁。
〔註35〕 朱熹：《宋朱熹胡子知言疑義》，《胡宏集》，中華書局，1987 年版，第 332 頁。
〔註36〕 胡宏：《釋疑孟》，《胡宏集》，中華書局，1987 年版，第 319 頁。

性，自別於異類，期全而歸之，以成吾孝也。」〔註37〕父子、君臣、夫婦、兄弟、昆朋等人倫關係及處理此類關係的道德原則，在胡宏看來是人性分中本有的；相反，物則僅得其中一二而已。人得天地之全，所以，人若失其本性，不能全其性，則必流入禽獸，不能正名為人。這樣，胡宏把人性上升為形上本體，把封建的人倫關係和道德原則和規範作為人性中的先天內容，把道德先驗化了。胡宏把仁義禮智作為人性的本質內容，作為人與物相區別的根本，「魚生於水，死於水，草木生於土，死於土，人生於道，死於道，天經也。」〔註38〕這是繼承了孟子的人性論；但胡宏又將人性提升為天命之性，作為宇宙和道德的本體和本源，則是在新的歷史條件下發展了先秦儒學。

　　第二，生理之性和心理之性皆性所有。「夫人目於五色，耳於五聲，口於五味，其性固然，非外來也。聖人因其性而導之，由於至善，故民之化之也易。」〔註39〕食色之性是人固有，非外來，而且不像荀子所說是惡，胡宏說：「老子曰『不見可欲，使心不亂。』夫可欲者，天下之公欲也，而可蔽之使不見乎？」〔註40〕食色之性是天下公欲，故不能弊之去之。而聖人能夠通過教化引導使之達至至善，這說明人之食色之性與物之生理之性也有很大不同，人之食色之性不但是義理之性的載體，而且遵循這種人固有的自然屬性是通往至善境界的必由之路，能夠使義理之性得到完滿實現。因為人之生理之性畢竟高於萬物：「目之所可覿者，禽獸皆能視也，耳之所聞者，禽獸皆能聽。視而知其形，聽而知其聲，各以其類者，亦禽獸之所能也。視萬形，聽萬聲，而兼辨之者，則人而已。」〔註41〕人之情、欲、憂、怨、才、術等亦為人之性本有，是性之用，可稱為心理之性。一般人，特別是釋家和道家認為人之情、欲、憂、怨、才、術為累、為害、為病，或傷於人的本性，或影響人的境界，或妨礙人的心靈自由。「知言曰：凡天命所有而眾人有之者，聖人皆有之。人以情為有累也，聖人不去情；人以才為有害也，聖人不病才；人以欲為不善也，聖人不絕欲；人以術為傷德也，聖人不棄術；人以憂為非達也，聖人不忘憂；人以怨為非宏也，聖人不釋怨。然則何以別於眾人乎？

〔註37〕胡宏：《知言・往來》，《胡宏集》，中華書局，1987年版，第14頁。
〔註38〕胡宏：《知言・仲尼》，《胡宏集》，中華書局，1987年版，第16頁。
〔註39〕胡宏：《知言・陰陽》，《胡宏集》，中華書局，1987年版，第9頁。
〔註40〕胡宏：《知言・陰陽》，《胡宏集》，中華書局，1987年版，第8頁。
〔註41〕胡宏：《知言・往來》，《胡宏集》，中華書局，1987年版，第14頁。

聖人發而中節，而眾人不中節也。中節者爲是，不中節者爲非。挾是而行則爲正，挾非而行則爲邪。正者爲善，邪者爲惡。而世儒乃以善惡言性，邈乎遼哉！」〔註 42〕胡宏認爲情、欲、憂、怨、才、術爲天命所有，凡人與聖人同，不可以善惡言，不可去，不可病；不同者，聖人發而中節，凡人發而不中節；中節者爲是爲正爲善；不中節者爲非爲邪爲惡。在聖人，義理之性即於情、欲、憂、怨、才、術之發中節而顯，「兩性」同顯而臻於一，乃聖人眞實生命。

第三，義理之性（社會屬性）和生理之性、心理之性（自然屬性）的關係。其一，二者統一於立天下之大本的性本體即天命和天道，性本體含具萬理，渾然一體，沖漠無朕，至誠無息，既是萬化之源又是價值的最高根據，在最高的統一體性本體中無分於義理之性和生理心理之性。然太和之道，有一則有三，自三而化化生生無窮無盡，善惡百行俱載。其二，義理之性和生理之性、心理之性現實地統一在人的生命中，這是天命流行引起氣化形化的過程中形成的，所謂「生則一時俱生」，「中者，道之體；和者，道之用。中和變化，萬物各正性命而純備者，人也，性之極也。」〔註 43〕人之爲貴，乃在於人之性得天命之全，故又可以說人備萬物之性。這樣，天命既賦予了人盡己之性、盡物之性，與天地參的潛力，又賦予了人同樣的責任。「首萬物，存天地，謂之正情。備萬物，參天地，謂之正道。順秉彝，窮物則，謂之正教。」〔註 44〕「萬物備而爲人，物有未體，非仁也。」〔註 45〕其三，義理之性和生理之性、心理之性在人的現實生命中既統一又相區別。「具耳目、口鼻、手足而成身，合父子、君臣、夫婦、長幼、朋友而成世，非有假於外而強成之也，是性然矣。」〔註 46〕耳目、口鼻、手足屬於自然屬性，父子、君臣、夫婦、長幼、朋友屬於社會屬性。仁義禮智信和父子、君臣、夫婦、長幼、朋友是人區別物的本質屬性，因此完善人的社會屬性，期全而歸之，是人的主要使命；人的自然屬性雖然不完全同於動物高於動物，也是性之自然，但在價值層次上低於社會屬性，「江河之流，非舟不濟，人取其濟則已矣，不復留情於舟也。澗壑之險，非梁不渡，人取其渡則已矣，不復留情於梁也。人

〔註 42〕 朱熹：《宋朱熹胡子知言疑義》，《胡宏集》，中華書局，1987 年版，第 333 頁。
〔註 43〕 胡宏：《知言·往來》，《胡宏集》，中華書局，1987 年版，第 14 頁。
〔註 44〕 胡宏：《知言·往來》，《胡宏集》，中華書局，1987 年版，第 15 頁。
〔註 45〕 胡宏：《知言·天命》，《胡宏集》，中華書局，1987 年版，第 4 頁。
〔註 46〕 胡宏：《知言·修身》，《胡宏集》，中華書局，1987 年版，第 6 頁。

於奉身濟生之物皆如是也，不亦善乎！澹然天地之間，雖死生之變不能動其心矣。」〔註47〕其四，「知言曰：好惡，性也。小人好惡以己，君子好惡以道。察乎此，則天理人欲可知。」〔註48〕胡宏講的性不是一種「只存有，不活動的」純理則，而是「既存有，又活動」的道體，具有創生意義，好惡的對象既可以是理，也可以是物，有好惡之心、好惡之情，必有好惡之性。此好惡之性未發只是中，一性渾然，若發必有趨向，順性而發即是道，逆性而發即是私欲。而不是像朱熹指責的那樣「性外有道」。但是，在現實生活中，「惟天命至微，惟人心好動。微則難知，動則易亂」〔註49〕，常人往往發而不中節，「人欲盛，而天理滅矣」。其五，「欲著其微，欲靜其動，則莫過乎學。」〔註50〕人通過努力修養實踐，則可復其性，「人儘其心，則可與言仁矣；心窮其理，則可與言性矣；性存其誠，則可與言命矣。」〔註51〕。最高境界即是聖人境界：「聖人明於大倫，理於萬物，暢於四肢，達於天地，一以貫之。性外無物，物外無性。是故成己成物，無可無不可焉。」〔註52〕聖人境界同於天，「天即孔子，孔子即天」，在聖人，生理之性和義理之性渾然一體，「形色天性」「聖人踐形」，故無棄物。

三、中者性之道，性無善惡

論及性的性質，孔子曰「性相近，習相遠」，而未明言性之善惡。後世論者從孔子說「仁者愛人」「為仁由己」「我欲仁，仁斯至矣」推論孔子是「人性善」論者。世碩認為人性是人生而有的自然性質，自然性質兼含善和惡兩種因素，故「人性善惡混」，養其善性則善長，養其惡性則惡長。告子從「生之謂性」「食色，性也」說性，所以，性像湍水一樣無分於東西一樣，無分於善惡。孟子以「仁義禮智根於心，非外爍」說明人性善「猶水之下」，這是從道德屬性和道德價值來界說人的類本性。荀子則以「生而固有，不事而自然」的自然屬性界說性，人的自然屬性若任其自然發展則必趨於惡，所以，荀子說：「人之性惡，其善者偽」。漢唐時期，無論是董仲舒的「性仁情貪」的「性三品」論、王充氣稟厚薄的「才性三品論」，還是韓愈的「性情三品對應論」、

〔註47〕　胡宏：《知言·文王》，《胡宏集》，中華書局，1987年版，第18頁。
〔註48〕　胡宏：《知言·知言疑義》，《胡宏集》，中華書局，1987年版，第330頁。
〔註49〕　胡宏：《知言·義理》，《胡宏集》，中華書局，1987年版，第29頁。
〔註50〕　胡宏：《知言·義理》，《胡宏集》，中華書局，1987年版，第29頁。
〔註51〕　胡宏：《知言·紛華》，《胡宏集》，中華書局，1987年版，第26頁。
〔註52〕　胡宏：《知言·修身》，《胡宏集》，中華書局，1987年版，第6頁。

李翱的「性善情惡」論，均屬於孟、荀觀點的簡單綜合。「性兩元論」在宋代極為流行。張載首先提出「天地之性」和「氣質之性」的兩元框架來解釋人性的善惡，但張載「合虛與氣，有性之名」的命題對「虛」這個本體是理還是氣界定不是很清楚。程頤以理為本體，理為善，性即理，性無不善，不善者氣也，「氣有善有不善，性則無不善也。人之所以不知善者，氣昏而塞之耳。」〔註53〕後來朱熹又深化了「性二元論」。自宋以降，理學家分性為義理之性和氣質之性二元，義理之性為善，是人性的本然，是人區別於物的本質；氣質之性來源於氣稟，有善有惡，而「氣質之性，君子有弗性者焉」，所以「性善論」成了主流。在大興「性二元論」的宋代，胡宏提出的性本論具有獨特的內涵和品格。要理解胡宏性本論的獨特意蘊，要結合他的「中者性之道」和「性無善惡」兩個論題才能完整。

（一）中者，性之道

胡宏說「中者，所以狀性之體段」，性的基本品格就是「中」。性既包括萬物的共同本體，又包括人、物即生之後各自的性體。人之性得天命之全，故等同天命全體。物之性命相對人來說，受命有偏。中既可以指天命，又可以指人性。物性雖然是偏，但也可以間接折射出天命之「中」。

如何理解中呢？尚中是中華文化的古老傳統。《周易·觀卦》象曰：「中正以觀天下」，《周易·同人卦》象曰：「文明以健，中正而應，君子正也。」此外，「中行」「在中」「中道」「得中」等觀念在《周易》中也是有所見。《尚書·大禹謨》中強調了被儒家稱為「十六字心傳」的執中智慧：「人心惟危，道心惟微，惟精惟一，允執厥中。」將「惟精惟一」與「允執厥中」相提並論，可以與《中庸》的「純一不已」相互發明。《左傳》成公十三年劉康公曰：「民受天地之中以生，所謂命也。」孔子繼承和發展了殷周時期的「尚中」觀念，提出「中庸」說。《中庸》進一步發揮孔子的中庸說，提出了影響深遠的儒家的「中和觀」：「喜怒哀樂之未發，謂之中；發而中節，謂之和。中也者天下之大本也；和也者，天下之達道也。致中和，天地位焉，萬物育焉。」何謂「中」，許慎的《說文解字》解釋道：「中，內也，從口。上下通。」《說文解字段注》進一步解釋道：「中者，別於外之辭也，別於偏之辭也，亦合宜之辭也……雲上下通者，為中直或引而上或引而下皆如其內也。」從字義看，

〔註53〕程頤：《河南程氏遺書》卷二十一下，《二程集》，中華書局，1981 年版，第274 頁。

中的本義是中間、裏面，又是區別內外、偏正、上下的一種界限，引申爲人的內心和內在的本性以及不偏不倚、恰如其分的一種標準。陳榮捷指出，「中」在中國傳統哲學中有六義：曰中央，曰無過無不及，曰中正之道，曰心，曰太極，曰空。〔註54〕

　　胡宏說：「中者，道之體；和者，道之用。中和變化，萬物各正性命而純備者，人也，性之極也。」〔註55〕在胡宏的思想體系裏，中也是道體，即是性體，牟宗三稱之爲中體。中體、道體、性體之關係及性質如何，胡宏用「中者，性之道乎」一語已概括盡。即是說，中既可以是主詞，表示體；又可以是謂詞，表示性質。

　　作爲宇宙本體，中是本然之中。程頤說：「中有甚形體？然既謂之中，也需有個形象。」道體、性體、中體的本然狀態就是不偏不倚，「胡子曰：一陰一陽之謂道。有一則有三，自三而無窮矣。」〔註56〕說明道體內部是一種矛盾對立狀態，但對立面處於天然的統一和諧之中。周子也用一種玄妙的語言來描述道體的狀態：「動而無靜，靜而無動，物也。動而無動，靜而無靜，神也。動而無動，靜而無靜，非不動不靜也。」〔註57〕道體含具萬理，渾然一體，處於「中」，此「中」是本然實然自然狀態，正因爲本身中正不偏，方可以成爲萬事萬物的本體，使萬物各正性命，成爲宇宙的價值本源和價值原則。所以中有具有崇高的價值意義。道體所具的萬理究竟是什麼？歐陽禎人在《先秦如家性情思想研究》〔註58〕一書中追問：「『天命之謂性，率性之謂道，修道之謂教』，循環提升的終點是『天』，這個天到底是義理的，還是自然的？如果僅僅是義理的，其『性』必然偏枯；如果僅僅是自然的，其『性』必然『留連荒亡』而無德性之實。」胡宏的道體、性體是包括義理之性和自然之性兩部分的，而且兩者和諧地處於天命之中，稱之爲「中」。

　　宇宙之「中」體現在人身上，即是人性之「中」，所謂「天降衷於下民」。人性之「中」也可以說是「繼之者中」：「凡人之生，粹然天地之心，道義完具，無適無莫，不可以善惡辨，不可以是非分，無過也，無不及也。此中之

〔註54〕陳榮捷：《儒學「中」的概念之檢討》，《中國哲學論集》，臺北中央研究院中國文哲研究所，1994 年版。
〔註55〕胡宏：《知言·往來》，《胡宏集》，中華書局，1987 年版，第 14 頁。
〔註56〕胡宏：《知言·陰陽》，《胡宏集》，中華書局，1987 年版，第 7 頁。
〔註57〕周敦頤：《通書·動靜第十六》，嶽麓書社，2002 年版，第 35～36 頁。
〔註58〕歐陽禎人：《先秦儒家性情思想研究》，武漢大學出版社 2005 年版，第 26 頁。

所以名也。」〔註 59〕人性得天地之全，人性之「中」與宇宙本體之「中」實無差別。人性之「中」又可以用「未發之中」來指稱，與「已發之和」相區別。「未發之中」是已發的標準，若循性而發即為中節，即是已發之和。程顥說「人生靜而以上不容說，才說性時，已不是性」，胡宏說是「天地鬼神之奧」〔註 60〕。

（二）性無善惡

性無善惡是胡宏「中者，性之道」的另一種表述。不過，胡宏的「性無善惡」論具有特定的內涵，是胡宏論性別具特色的地方。

第一，在本質上不同於告子的「無善無惡」論。性善性惡之爭由來已久，至宋代人性善惡之辨尤為激烈。司馬光撰有《疑孟》一文，對孟子的「性善論」提出非議。胡宏站在維護儒家道統的立場，撰寫了《釋〈疑孟〉》進行迴護。他說：「形而上者謂之性，形而下者謂之物。性有大體，人盡之矣。一人之性，萬物備之矣。論其體，則渾淪乎天地，博浹於萬物，雖聖人，無得而名焉；論其生，則散而萬殊，善惡吉凶俱載，不可掩遏。論至於是，則知物有定性，而性無定體矣。烏得以不變之色，比而同之乎？告子知羽、雪、玉之白，而不知犬、牛、人之性，昧乎萬化之原。此孟子所以不得不辨其妄也。以此教民，猶有以性為惡，而偽仁義者；猶有以性為善惡渾，不能決於去就著。今司馬子徒以孟子為辨，其不窮理之過。甚矣！」〔註 61〕胡宏這裏的批評是比較深刻的，他實際上認為物雖有共性（性無定體），但物與物之間是有本質區別的，即物有定性。所以不能因白羽、白玉、白雪之白有共性「白」而混淆了它們的個性差別。實際上指出了人和物的共性與個性的區別與聯繫，強調類性不是抽象的，而是存在於具體的人和物中的。所以，白羽的白、白玉的白、白雪的白在個性上亦是有區別的。人之性與犬、牛的本質區別在於人的義理之性。人的義理之性與人的生理之性渾然一體構成現實的人。這是因為天命雖然含具義理之性和自然之性，但萬物受命時，只有人稟得天命的全體，而物稟得的主要是自然生理之性，至於義理之性或有一二而不得齊全。所以，不能簡單地以生物自然意義上的「生之謂性」來界定人性，否則，會像告子一樣昧乎萬化之原，得出犬、牛、人之性相同的荒謬結論。在告子，

〔註 59〕 朱熹：《宋朱熹胡子知言疑義》，《胡宏集》，中華書局，1987 年版，第 332 頁。
〔註 60〕 朱熹：《宋朱熹胡子知言疑義》，《胡宏集》，中華書局，1987 年版，第 333 頁。
〔註 61〕 胡宏：《釋疑孟》，《胡宏集》，中華書局，1987 年版，第 319 頁。

「食色，性也」，非以仁義爲性，「性猶杞柳也，義猶杯棬也」〔註62〕，所以「性猶湍水，決諸東方則流東，決諸西方則流西」〔註63〕，無善無惡，沒有定向。胡宏認爲，人性未發時仁義與生理之性爲渾然一體，稱之爲「中」。若順性而發，則中節，爲善；若發而不中節，仁義之性（仁體）亦會以不同的方式流露，若人能夠隨時察識，一定能夠找回「本心」。所以，仁義之性是人的定向盤，不同於告子說自然之性的隨意性、無規定性。胡宏批評了告子的「生之謂性」後，接著又批評了性惡論和性「善惡渾」論。認爲如果持性惡論，那麼教民就必須從外面輸入仁義道德，化性起僞，這就是他律道德，發展下去會走上法家的重法重術道路上去，這與儒家重視道德教化、重視道德自律是大相徑庭的。如果持性「善惡渾」論，那麼老百姓就不知道何去何從，難以決斷。胡宏以義理之性和生理之性的統一爲性體內容的性本論，既不同於告子的「性無善惡」，也不同於「性善惡渾」，更不同於「性惡」論。

第二，不稱「性」善，認爲孟子道性善爲「歎美之辭」。孟子持性善論，盡人皆知。不過，不同的思想家可以因自己理論建構的需要，做出不同的理解。

程顥主張性超越善惡，他說「人生氣稟，理有善惡」，「善故性也，然惡亦不可不謂之性也」，明道雖然說氣稟有善有惡，影響現實人性即所謂「生之謂性」的善惡，但他說的氣稟善惡不具有倫理價值判斷的意義，只是「過」與「不及」的意思」，所以說「善故性也，然惡亦不可不謂之性也」，稟氣有偏正，人性有善惡，實乃天理之自然。他說：「『蓋生之謂性』、『人生而靜』以上不容說，才說性時，便已不是性也。凡人說性，只是說『繼之者善』也，孟子言人性善是也。夫所謂『繼之者善』也者，猶水流而就下也。」〔註64〕他認爲「人生而靜」以上的性是不可言說的，才說性時已不是本然之性了，已落入了氣稟一邊了，即已經是「生之謂性」了。對本然之性，亞聖孟子也是不能言說的，孟子說到人性時已經是氣稟之性了，不能直接說「人性善」，只不過是說「繼之者善」罷了。程顥說「繼之者善」可以從兩個方面來理解：（1）人之生，乃繼天理生生之理而生，能繼此生理就是善，因爲有此繼才展開了生生不息的新里程，換句話說，能生就是繼，就是善。（2）繼此生理後，

〔註62〕《孟子・告子上》。
〔註63〕《孟子・告子上》。
〔註64〕程顥：《河南程氏遺書》卷1，《二程集》，中華書局，1981年版，第10頁。

能在人身上進一步展開實現就是善，否則就是惡。天理落實到人身上後，必不容已地展開和實現自己，這是性理自身實現自身的潛在的動力，這是自身繼繼不已的「善」。但氣稟有偏有正，有精有駁，這是自然的，這會影響到性理是否能順利實現。所以孟子所說的「性善」是落在「繼」字上，而不是就性的內容說的。

程頤論天理論性與程顥有所不同，他說：「性即理也，所謂理，性即是也。天下之理，原其所自，未有不善。」〔註65〕理是純善無惡的，性即是理，所以性無不善。不善的原因在於氣：「氣有善有不善，性則無不善也。人之所以不知善者，氣昏而塞之耳。」〔註66〕程頤認為義理之性是善的，氣質之性是惡的，所以，他認為孟子言人性善是說著理善，本然至善：「孟子所以獨出諸儒者，以能明性也。性無不善，而有不善者才也。性即是理，理則自堯、舜至於途人一也。才稟於氣，氣有清濁。稟其清者為賢，稟其濁者為愚。」程頤用理善性善解釋孟子的性善論，用氣質之性有善有惡說明荀子的「性惡」。

王陽明論性也主張「性無善惡」：「無善無惡者，理之靜，有善有惡者，氣之動。不動於氣，即無善無惡，是為至善。」〔註67〕善惡是氣之發動後才有；氣發動之前，性理是無善無惡的。他對孟子的「性善說」和荀子的「性惡說」是這樣評價的：「性無定體，論亦無定體，有自本體上說者，有自發用上說者，有自源頭上說者，有自流弊處說者。總而言之，只是一個性，但所見有淺深爾。若執定一邊，便不是了。性之本體原是無善無惡的，發用上也是可以為善、可以為不善的，其流弊也原是一定善、一定惡的。……孟子說性，直從源頭上說來，亦是說個大概如此；荀子性惡之說，是從流弊上說來，也未可盡說他不是，只是見得未精耳。眾人則失了心之本體。」〔註68〕他認為，孟子說性善是從源頭上說的，只說了大概，見得不全，而他自己說「性之本體原是無善無惡的」，實際上也是說孟子「道性善」是「無善無惡」的意思。因為源頭上的「性」是「理之靜」，是「至善」。又說，荀子說性惡，也不是全無道理，但只看到了性的流弊，不能識得性之本體，見得不精。

胡宏用「孟子道性善云者，歎美之辭」來表達他不同意孟子的「性善論」。

〔註65〕程顥：《河南程氏遺書》卷22，《二程集》，中華書局，1981年版，第292頁。
〔註66〕程頤：《河南程氏遺書》卷21，《二程集》，中華書局，1981年版，第274頁。
〔註67〕王陽明：《傳習錄上》）。
〔註68〕王陽明：《傳習錄下》。

「或問性。曰：性也者，天地之所以立也。曰：然則孟軻氏、荀卿氏、揚雄氏之以善惡言性也，非歟？曰：性也者，天地鬼神之奧也，善不足以言之，況惡乎？或者問曰：何謂也？曰：宏聞之先君子曰，孟子所以獨出諸儒之表者，以其知性也。宏謂曰：何謂也？先君子曰：孟子道性善云者，歎美之辭也，不與惡對。」〔註69〕胡宏既然認爲孟子超越諸儒的地方在於他「知性」，而孟子明明主張「性善」，胡宏卻借其父親胡安國的口吻將「道性善」解爲「歎美之辭」，何謂也？一方面，胡宏不贊同以善惡言性，認爲性乃天地鬼神之奧，是不能言說的，就像程顥說「人生靜而以上不容說」一樣。另一方面，胡宏的性體內容、層次結構與孟子不同，爲了不與孟子相矛盾，就將孟子「道性善」納入自己的解釋軌道，解作「歎美之辭」。胡宏多處講到「性不可以善惡言」，「世儒以善惡言性，邈乎遼哉」，「天命不囿於是非」，非偶爾及之，所以胡宏是非常強調「性無善惡」的。

（三）胡宏言「性無善惡」的實質

從天命、天道和性的內容、層次看，不可以善惡言說。天命、天道和性具萬理而爲本體，萬理包括了義理和生理，在本體中渾然一體不可區分，只是一性。此一性也不是居於一時、一地、一人、一物，而是無處不在，無時不在，「論其體，則渾淪乎天地，博浹於萬物，雖聖人，無得而名焉」〔註70〕。不可因它含具義理，稱之爲善，亦不可因它含具生理稱之爲惡。它是天地鬼神之奧，生天生地，無影無迹。人之精靈本源於它，物之富有本源於它；人之善惡吉凶本源於它，物之高下不齊本源於它：「論其生，則散而萬殊，善惡吉凶俱載，不可掩遏。」〔註71〕一切涵容覆載。人性是「性之極」，人與物的本質區別在於人的義理之性，生理情欲之性本身無善惡可言，可善可惡，然人性不可分割，生理情欲之性雖然具有潛在妨礙義理之性實現的可能，但它同時是實現義理之性的基礎，二者完全可以實現完美的統一，這種統一的現實就是聖人。聖人身上完全實現了天理，聖人即天。所以，在天理中理應具有義理之性和生理之性，天理的二性統一是聖人義理之性和生理之性統一的根據。正因爲義理之性和生理之性二者具有某種張力，修養才有必要，修身成君子、成聖賢才具有神聖的意義。作爲未發的義理之性和生理之性統一體

〔註69〕朱熹：《宋朱熹胡子知言疑義》，《胡宏集》，中華書局，1987年版，第333頁。
〔註70〕胡宏：《釋疑孟》，《胡宏集》，中華書局，1987年版，第319頁。
〔註71〕胡宏：《釋疑孟》，《胡宏集》，中華書局，1987年版，第319頁。

的性體，不可以善惡言。「凡天命所有而眾人有之者，聖人皆有之。人以情爲有累也，聖人不去情；人以才爲有害也，聖人不病才；人以欲爲不善也，聖人不絕欲；人以術爲傷德也，聖人不棄術；人以憂爲非達也，聖人不忘憂；人以怨爲非宏也，聖人不釋怨。然則何以別於眾人乎？聖人發而中節，而眾人不中節也。中節者爲是，不中節者爲非。挾是而行則爲正，挾非而行則爲邪。正者爲善，邪者爲惡。而世儒乃以善惡言性，邈乎遼哉！」〔註72〕

所謂善惡，是指性體的發用而言，順性而發，爲正，爲善；偏離性體，過或不及爲邪，爲不善。然過或不及本質上不是別的東西，還是性的內容，只不過是性的偏離。物之性主要是自然生理之性，然亦有大小、高低之別，動植等級之差，這是天命流行之自然。相對人稟天命之全，物爲稟天命之偏。人若自棄稟得的天命之正之全，逐物溺於物，則爲惡爲邪。因爲人有體現其全體之性的心，「夫性無不體者，心也」〔註73〕。心不但能體性、識性，還能成性、盡性。不但能盡己之性，盡人之性，還能盡物之性。人備此性此心，如不能全其性命，是自流入物也。物稟得什麼樣的性，就表現什麼樣的性，物本身則無善惡可言。

仁，天心；天無「心」爲「善」。胡宏說：「誠，天命。中，天性。仁，天心。」〔註74〕「誠」是就「天命」於穆不已，誠實無妄處說；「中」是強調「天性」的不偏不倚，無適無莫；「仁」是特指「天心」的生生不已，萬物一體。「天命」「天性」「天心」其實一也。「誠」「中」「仁」是從不同方面指稱宇宙本體。天地本無心，其化生萬物是自然而然，無爲而爲。「變異見於天者，理極而通，數窮而更，勢盡而反，氣滋而息，興者將廢，成者將敗。……德動於氣，吉者成，凶者敗，大者興，小者廢。天豈有心於彼此哉！」〔註75〕胡宏認爲，天地人物雖變化無窮，但不是無「目的」，無規律；也不是循環往復，周而復始，而是「日新」，具有創造性，創新性。「仁者，道之生也」，「仲尼之教，猶天地造化萬物，生生日新，無一氣之不應，無一息之或已也。」〔註76〕這是說「仁」是生道，造化萬物，生生日新，聖人之道猶如天道，「生生萬民」而不息。「一往一來而無窮者，聖人之大道也，謂往而復來、來而復

〔註72〕 胡宏：《知言疑義》，《胡宏集》，中華書局，1987年版，第333頁。
〔註73〕 胡宏：《知言·仲尼》，《胡宏集》，中華書局，1987年版，第16頁。
〔註74〕 胡宏：《知言·漢文》，《胡宏集》，中華書局，1987年版，第39頁。
〔註75〕 胡宏：《知言·陰陽》，《胡宏集》，中華書局，1987年版，第8頁。
〔註76〕 胡宏：《知言·仲尼》，《胡宏集》，中華書局，1987年版，第15頁。

往者，釋氏之幻教也。」〔註77〕胡宏批評釋氏不明「聖人之道」是往來無窮，生生日新，謂釋氏的周而復始的重複論是「幻教」。「天地之心，生生不窮者也。必有春秋冬夏之節、風雨霜露之變，然後生物之功遂。」〔註78〕天地之心是仁體，生生不窮，生生日新，具有潛在的「目的善」；然天本無心，不是有意爲「善」。此「善」故不能等同「善惡」之「善」。

　　無善無惡是至善，性超然於善惡。性不可以善惡言，不是說性是中性的，可以爲善，可以爲惡，無任何規定性；而是說，現實生活中用於倫理價值判斷的具體的善不足以形容性之神奧，更何況說惡了。所以，說性是至善的，應該符合胡宏的本意。胡宏在《知言》一書中，說到「至善」的有這幾處：「聖人因其性而導之，由於至善，故民之化之也易。」〔註79〕「文王之行王政，至善美也，孟子之言王道，更詳約也。」〔註80〕「一陰一陽之謂道，道謂何也？謂太極也。陰陽剛柔，顯極之機，至善以微，孟子所謂可欲者也。」〔註81〕「人之爲道，至大也，至善也。」〔註82〕「至善」既有形容對象盡善盡美的的意思，也可用來指道體、性體的不可言說的形上性、超越性、絕對性。至善的層次高於一般的善，一般的善雖然由至善本體而來，但還是有區別的，不能等同。照體用論講，「用」善，可以推出「體」善；發而中節爲善，未發性體必善。從邏輯一貫來講，也是講得通的。所以朱熹批評胡宏的性無善惡時說：「熹按『聖人發而中節』，故爲善，『眾人發不中節』，故爲惡。『世儒乃以善惡言性，邈乎遼哉』，此亦性無善惡之意。然不知所中之節，聖人所自爲邪？將性有之邪？謂聖人所自爲，則必無是理。謂性所固有，則性之本善也明矣。」〔註83〕就是說，聖人能發而中節，爲善，聖人不能自爲之，聖人也只是率性而行而已；行爲善，所以性必善。朱熹如果按「無善無惡是至善」「至善是無善無惡」來理解胡宏，就不會把胡宏當成告子了。不過，朱熹對胡宏性體包含義理之性和生理之性的內涵是不能同情和理解的，在朱熹，性即理，性只是仁義禮智信，生理之性是義理之性落入氣中以後才有的。本體是個空闊純潔的世界。體察胡宏的用心，一是將本體至善與具體

〔註77〕胡宏：《知言・一氣》，《胡宏集》，中華書局，1987年版，第28頁。
〔註78〕胡宏：《知言・修身》，《胡宏集》，中華書局，1987年版，第6頁。
〔註79〕胡宏：《知言・陰陽》，《胡宏集》，中華書局，1987年版，第9頁。
〔註80〕胡宏：《知言・文王》，《胡宏集》，中華書局，1987年版，第18頁。
〔註81〕胡宏：《知言・漢文》，《胡宏集》，中華書局，1987年版，第41頁。
〔註82〕胡宏：《知言疑義》，《胡宏集》，中華書局，1987年版，第331頁。
〔註83〕朱熹《宋朱熹胡子知言疑義》，《胡宏集》中華書局，1987年版，第334頁。

的道德評價的善相區別；二是突出性本體的客觀形上性、超越性。至善本體是不與惡相對的，決不是惡；善不足以形容它，也不是與善對立的，而是一致的，即順性而發無不善。具體的善惡是非要以性體為標準，而性體本身不能以善惡來評價。胡宏說得很清楚：「人事有是非，天命不囿於是非，超然於是非之表，然後能平天下之事也。或是或非，則在人矣。雖聖人不能免也，久則白。」〔註84〕「天命不囿於是非」是說天命是絕對的，也可以說是至善的，不因人的評價和好惡而改變什麼，人事之是非，只能以天命為評價標準。「雖聖人不能免也」不是說聖人難免有是有非，而是說，聖人能平天下事，一方面要超然於人事的是是非非，完全由道而行之，不夾雜一絲個人私意；另一方面，既然聖人以天道為標準來平天下事，那麼，天下事定有個是是非非。聖人心中，不著私意雜念，寂然不動，感而遂通，是善即善，是惡即惡，是妍即妍，是醜即醜，物各付物，所謂「為仁者能好人，能惡人」，有是非而無是非，有情而無情。

第二節 性體心用

上一節講到，作為最高宇宙本體的性是天命，是天道，是萬物的本源、根據和價值的總根源；性、天命、天道的流行便有萬物分殊，善惡吉凶百行俱載。「性立天下之有」，「性立天下之大本」。人得天地之全，人性是粹然天地之心，是義理之性和生理之性的和合體。性只是中，雖萬象森然已具，卻無適無莫，不可以是非分，不可以善惡辨。然「人者，天地之精也，故行乎其中而莫御。五行，萬物之秀氣也，故物為之用而莫違」〔註85〕，何以見？曰：心。性必表現為心，從心中見，即「性體心用」。

一、道兼體用

（一）道兼體用的旨趣

道兼體用，有體有用才是道，這是胡宏反覆強調的。祈潤興在其與張立文合著的《中國學術通史（宋元明卷）》評價道：「程頤並沒有明確肯定中和與道、性的體用關係。在理學史上，是『湖湘學派』第一次明確將『體用一源』法則貫徹到中和學說，並通過中和體用的和合結構，把握道體的發用流

〔註84〕胡宏：《知言・義理》，《胡宏集》中華書局，1987 年版，第 30 頁。

〔註85〕胡宏：《知言・紛華》，《胡宏集》中華書局，1987 年版，第 26 頁。

行，揭示人性的太極奧秘。」從宇宙的中和之道來說，「中者，道之體；和者，道之用。中和變化，萬物各正性命而純備者，人也，性之極也。故觀萬物之流形，其性則異；察萬物之本性，其源則一。」〔註86〕道體「中」即是性體，性體本身含攝萬理，無適無莫，無善無惡，謂之中。性體的中和變化引起萬物流行。從心性關係來說，「非聖人能名道也，有是道則有是名也。聖人指明其體曰性，指明其用曰心。性不能不動，動則心矣。」〔註87〕性是體，心是用，心性和合才是道。體用兼該，既是天地之道，也是聖人之道，「學聖人之道，得其體必得其用，有體無用，與異端何辨？」〔註88〕聖人之道的體用一貫與佛氏有根本的區別：「桀戎能力索於心而不知天命。故其說周羅包括，高妙玄微，無所不通；而其行則背違而不知天命。滅三綱，體用分離，本末不貫，不足以開物成務，終為邪說。」〔註89〕這裏，胡宏主要批評佛教滅三綱，不足以開物成務。其實，佛教也講「體用不二」，不過佛教是以實在與幻象為體用，認為客觀世界是幻象，現象背後的本體才是真實的。如，三論宗創始人吉藏在他的《二諦義》中認為，「世諦」（現象世界）是「空無自性」的偽相，是用是末；「真諦」是實相，是體是本。聖人之道又與老氏之道相區別：「道者，體用之總名。仁其體，義其用。合體與用，斯為道矣。大道廢，有仁義。老聃非知道者也。」〔註90〕儒家的道是仁義之道，仁體義用，與老子的自然之道大異其趣。胡宏還標示出儒家的體用論與法家的「以法為本，以德為末」相區別：「法制者，道德之顯爾。道德者，法制之隱爾。天地之心，生生不窮者也。必有春秋冬夏之節、風雨霜露之變，然後生物之功遂。有道德結於民心，而無法制者為無用。無用者亡〔劉虞之類〕。有法制繫於民身，而無道德者為無體。無體者滅〔暴秦之類〕。是故法立制定，苟非其人，亦不可行也。」〔註91〕以道德為本、為體，以法制為末、為用，體用兼備，不可偏廢，這是胡宏思想的深刻之處。

　　胡宏道兼體用思想的主旨在兩個方面：其一，從道的客觀實在性來說，儒家的道不是空，不是虛無，有體有用，體必顯為用；有用必有體，用必源於體，用也不是虛幻；合體與用斯為道，道乃是即體即用、生生不息、誠實

〔註86〕 胡宏：《知言·往來》，《胡宏集》，中華書局，1987年版，第14頁。
〔註87〕 朱熹：《宋朱熹胡子知言疑義》，《胡宏集》中華書局，1987年版，第336頁。
〔註88〕 胡宏：《五峰與張敬夫書之四》，《胡宏集》中華書局，1987年版，第131頁。
〔註89〕 胡宏：《燧人氏論》，《皇王大紀》卷一，影印文淵閣四庫全書本，第313冊。
〔註90〕 胡宏：《知言·陰陽》，《胡宏集》，中華書局，1987年版，第10頁。
〔註91〕 胡宏：《知言·修身》，《胡宏集》，中華書局，1987年版，第14頁。

無妄的天地之道。其二，人道源於天道，聖人之道不僅是天道的體現和實現，而且是天道的弘揚，所以聖人之道必有體有用：「中者，道之體；和者，道之用。中和變化，萬物各正性命而純備者，人也，性之極也。故觀萬物之流形，其性則異；察萬物之本性，其源則一。聖人執天之機，惇敘五典，庸秩五禮。順是者，彰之以五服，逆是者，討之以五刑。調理萬物，各得其所。此人之所以為天地也。」〔註92〕聖人以中為體，以和為用；以察萬物本性為體，以「惇敘五典，庸秩五禮。順是者，彰之以五服，逆是者，討之以五刑。調理萬物，各得其所」為用。聖人之道，體用該備，參與天地，幽贊鬼神，至大矣，至善矣。學者，必學聖人之道；學聖人之道，必「有體有用，體用一貫」，否則，乃「口耳之學」而已。為天下者，必學聖人之道，以「有道德結於民心」為體，以「有法制繫於民身」為用，「無體者滅，無用者亡」。

（二）體用範疇的內涵和關係

胡宏對體用範疇「無盡」「無定」的解釋學功能運用靈活，發揮自如，體與用的內涵及其關係比較複雜，要具體分析。

體與用的內涵。第一，體是本體，是根據，是創生的原則；用是發用，是流行，是表現。如天命、性、天道是體，萬物是用。第二，體是原則，是抽象，是全體；用是原則的運用、作用，是具體。如「仁體義用」，「理，天命；義，人心」。第三，靜為體，動為用。如「天主用，地主體」〔註93〕，「陽得陰而生；陰得陽而成。陽者道之用；陰者道之體」〔註94〕。這是因為，在宇宙方面，天動地靜，陽動陰靜，體靜用動，靜藏其用，動顯其體。第四，體是本，用是末。如治國之道，道德是本，法制是末。

體與用的關係。第一，體用一源，體用合一。「體用一源」繼承了程頤的體用論思想。程頤說：「至微者理也，至著者象也。體用一源，顯微無間。」〔註95〕理隱藏在事物的背後，無影無形，深幽難測，故曰「至微」；事物有形有象，顯著在外可見，故曰「至著」。理為體，象為用。就體而言，用含具在理中；就用而言，理體現在用中。體用不離不棄，相互包含。胡宏繼承和發揮了這一思想。他說：「釋氏與聖人，大本不同，故末亦異。何以言之？五典，

〔註92〕 胡宏：《知言・往來》，《胡宏集》，中華書局，1987年版，第14頁。
〔註93〕 胡宏：《人皇氏》，《皇王大紀》卷一，影印文淵閣四庫全書，第313冊。
〔註94〕 胡宏：《天皇氏》，《皇王大紀》卷一，影印文淵閣四庫全書，第313冊。
〔註95〕 程顥、程頤：《易傳序》，《二程集》，中華書局1981年版，第689頁。

天所命也；五常，天所性也。天下萬物皆有則，吾儒步步著實，所以允蹈性命，不敢違約也。是以仲尼從心而不以逾矩爲至，故退可以立命安身，進可以開物成務。聖人退藏於密，而吉凶與民同患，寂然不動感而遂通天下之故，體用合一，未嘗偏也。不如是，則萬物不備。萬物不備，謂反身而誠，某不信也。」〔註96〕五典、五常乃天所命和天所性，是本是體，這是價值本體所在；萬物則是用。有物有則。聖人體用合一，故退可以立命安身，進可以開物成務。體用合一以體用一源爲根據，明體達用，即用顯體，即體即用。第二，體定而用變，體同而用分。體定而用變有兩個方面的含義。其一，明體達用。因爲體是本質、根據、整體，能明體則能承體啓用。用的變化是對體的動態的反映，反映了體的豐富、幽深、博大。如「義有定體，仁無定用」。義以仁爲體，仁本身是不變的，仁是定體；仁以義爲用，仁者因時因地而制宜，義是仁的恰當運用。其二，人爲的離體而妄用。如：「仁者，天地之心也。心不盡用，君子而不仁者，有矣。〔註97〕」體同而用分是指本體的自然流行而有眾多殊相。如「觀萬物之流形，其性則異；察萬物之本性，其源則一」。又如「有情、無情，體同而用分」。有情、無情在佛家用語中分別指有情識的眾生和無情識的萬物。這裏有情借指心。其意是心與物有共同的本體，心與物又是同一本體的不同發用。

二、性體心用的內涵

以上闡述體用範疇的內涵、關係，是爲分析「性體心用」命題提供理論支持。性體心用和心以盡性是胡宏心性論的兩個核心觀點，前者是從本體，從客觀面闡述心性的關係，後者從主觀、主體角度詮釋心的主觀能動性，以開出成性的功夫。

胡宏非常自覺地、熟練地運用體用範疇解釋宇宙的變化和人類社會各種關係。體用的內涵和關係在不同的論題環境裏，有不同的規定，並不是一成不變的。這其實顯示了胡宏的辯證思想。在心性關係中，性是體，心是用，性體心用。這種體用關係比較獨特，不同於一般的體用關係。胡宏是這樣規定這種體用關係的：

> 天地，聖人之父母，聖人，天地之子也。有父母則有子矣，有子則

〔註96〕胡宏：《與原仲兄書二首》，《胡宏集》，中華書局，1987年版，第122頁。
〔註97〕胡宏：《知言・天命》，《胡宏集》，中華書局，1987年版，第4頁。

　　　有父母矣，此萬物之所以著見、道之所以名也。非聖人能名道也，
　　　有是道則有是名也。聖人指明其體曰性，指明其用曰心。性不能不
　　　動，動則心矣。聖人傳心，教人下以仁也。〔註98〕

天地是指天地之道，聖人指聖人之道。有天地之道，就有聖人之道，就如「有
父母則有子」；有聖人之道，就有天地之道，就如「有子則有父母」。此處，
用父母與子的關係是重在說明「有體必有用」「有用必有體」這種體用不離關
係。實則，父母與子的關係還不足以說明天地之道與聖人之道的具體關係。
因爲，儒家的共識是，聖人之道與天地之道實是一道。聖人之道本於天道，
聖人從心所欲不逾矩，動靜皆天；「道可述，不可作。述之者天也，作之者人
也。三王述之，五霸作之，其功德可考矣」〔註99〕聖人弘道，參贊天地化育，
盡己之性，盡物之性，調理萬物，使萬物各得其所，皆是天道一體流行。從
聖人之道是聖人「率性」「盡性」「由仁義行」而言，聖人之道是天道、天命
和性的用，是天地中和之道：「堯、舜、禹、湯、文王、仲尼之道，天地中和
之至，非有取而後爲之者也。是以周乎萬物，通乎無窮，日用而不可離也。」
〔註100〕聖人之道實則是「性體心用」之道。聖人的性來源於天命、天道（同
眾人的性一樣），「方『喜怒哀樂未發』，沖漠無朕，同此大本，雖庸與聖無以
異也。」〔註101〕，聖人盡心成性，充分體現和實現了天命、天道。「性體心用」
就是道，不是聖人能規定什麼是道，道是客觀存在的，是「有而不能無者」，
聖人乃據道的內容和特點爲之命名而已。

　　性不僅是根據，是本質，是潛在，而且是創生原則，「性不能不動，動
則心矣」〔註102〕。性自然發用爲心，體現爲心。「聖人傳心，教天下以仁」
〔註103〕，天道是仁，天道顯爲人心，亦是仁，所以，聖人據道設教，指點
人：人心是天道、天命的發用、顯現，仁是人的本心。若人盡自己的本心即
是仁，即是合天地之道。這是體顯現爲用，用表現體的「體用之道」。性心
體用一源，體用合一斯爲道。此道乃仁義之道，「仁義成德，人道立」。胡宏
性體心用關係的規定是通過「未發」「已發」來論述的。

〔註98〕　朱熹：《宋朱熹胡子知言疑義》，《胡宏集》，中華書局，1987年版，第328頁。
〔註99〕　胡宏：《知言·陰陽》，《胡宏集》，中華書局，1987年版，第8頁。
〔註100〕　胡宏：《知言·天命》，《胡宏集》，中華書局，1987年版，第2頁。
〔註101〕　胡宏：《與曾吉甫書三首》，《胡宏集》，中華書局，1987年版，第115頁。
〔註102〕　朱熹：《宋朱熹胡子知言疑義》，《胡宏集》，中華書局，1987年版，第336頁。
〔註103〕　朱熹：《宋朱熹胡子知言疑義》，《胡宏集》，中華書局，1987年版，第328頁。

（一）未發為性，已發為心

已發未發是宋明理學家用來解釋性心情關係和中和問題的重要範疇。已發未發問題起源於《中庸》：「喜怒哀樂之未發，謂之中；發而中節，謂之和。中也者，天下之大本也；和也者，天下之達道也。」宋明理學家圍繞已發未發進行了深入討論，胡宏對已發未發問題作出了獨特的理解。

> 「心性」二字，乃道義淵源，當明辨不失毫釐，然後有所持循矣。竊謂未發只可言性，已發乃可言心。故伊川曰：「中者，所以狀性之體段」，而不言『狀心之體段』。心之體段，則聖人無思也，無為也，寂然不動，感而遂通天下之故，聖人之所獨。夫聖人盡性，故感物而靜，無有遠近、幽深，遂知來物。眾生不能盡性，故感物而動，然後朋從爾思，而不得其正矣。〔註104〕

胡宏認為未發只可言性，已發才可言心。「未發為性，已發為心」觀點是同「性體心用」相一致的，並且服從這一基本框架的。胡宏對中庸論中和的理解是「中為體，和為用」，而「中」在胡宏看來，不僅是「狀性之體段」，而且「中」本身是性體，「中者，性之道乎」，這是他反覆強調的。既然「喜怒哀樂之未發，謂之中」，那麼未發只能言性。人性是性之極，得天命之全，聖人與眾生同此一性，同此大本，此本體之性沒有表現出來，只是作為人的類本質潛在地存在，是客觀地存有，無適無莫，無善無惡，所以是「中」，是未發。「發而中節，謂之和」，「和」是「中」的用，也就是「性」的用，「和」可以理解為「心」，「心之體段」是「無思無為，寂然不動，感而遂通」。「無思無為，寂然不動，感而遂通」就是「和」的狀態，是與「中」的狀態有區別的。胡宏認為，聖與庸的區別主要在於已發，聖人已發的心是「無思無為，寂然不動，感而遂通」的「和」的狀態，因為聖人「盡性」，明體達用，稱體而發，「體」是「中」，故發而為「和」。眾生不能「盡性」，故感物而動，朋從爾思，失其本心之「和」。就是說，在心這個層次，不論感物與不感物，不論有不有思慮，聖人的心與庸人的心是不同的。因為，聖人的心是本心，眾人的心多少收到污染，本心暫時隱藏了。所以眾人即使不接一物，沒有思慮時，其潛意識也是「逐物逐利」的，所以他們的潛意識一旦表現出來，就不得而正，很難中節。而聖人無論在何種狀態，何時何地，其「無思無為，寂然不動」之心體昭昭恒在，所以，「感物而靜，無有遠近、幽深，遂知來物」。性不能

〔註104〕胡宏：《與曾吉甫書三首》，《胡宏集》，中華書局，1987年版，第115頁。

不發爲心，猶如水不能不形成水流。水與水流不容間隔，不容有時間先後。所以，性心同時具存，沒有無「性」的時態，也沒有無「心」的時態，性無窮，心亦無窮。性無窮，雖發而無間歇，仍有未發待發者；心無窮，心仍然有無窮量待擴充者。

胡宏心性論的基本框架是性體心用，性爲未發、心爲已發，將情和欲收攝於心，所以朱熹根據其性心情三分的義理間架批評胡宏「一個情字」沒有著落。胡宏認爲心與情在內容上一本於性。心與性的體用關係之特殊表現是心與性同質，這與一般的體用關係不同。性的內容全部表現於心；心的內容皆爲性所有。胡宏說：「性譬諸水乎，則心猶水之下，情猶水之瀾，欲猶水之波浪。」〔註105〕性是水，心是水流，情是小的水波，欲是大的波浪。水流、水波、大浪，皆是水。胡宏將情、欲皆收攝進心，以心統指心的一切內容和表現。水與水流，性與心，只是體用關係：無水則無水流，無水流不以見水。實則爲一。胡宏以爲性具萬理，性本體是義理之性和生理之性的統一和合體，那麼性呈現爲心，心與性的本質是一樣的，心也是義理之心和生理之心的統一和合體。反之，從心是情欲的統一體反推，心是水流，性是水，那麼性中自然有情欲。

胡宏論情和欲的觀點，主要包括兩個方面的內容：一是情和欲是性所有，不可去；二是情和欲有流入惡的危險，情和欲有善有惡。

第一，情和欲爲性所固有。「探視聽言動無息之本，可以知性，察視聽言動不忘之際，可以會情。視聽言動，道義明著，孰知其爲此心？視聽言動，物欲引取，孰知其爲人欲？是故誠成天下之性，性立天下之有，情效天下之動，心妙性情之德。性情之德，庸人與聖人同，聖人妙而庸人所以不妙者，拘滯於有形而不能通爾。今欲通之，非致知，何適哉？」〔註106〕現實的已發世界即是視聽言動表現出來的不息世界，視聽言動是人的情感的表現，人們可以從人的視聽言動中體會他的情感，但這種情感以及承載情感的視聽言動的根據則是人的性。性是本源，情是表現。「情效天下之動」是對情的一種肯定，張岱年對此評價道：「如非有情，則一切皆歸於寂然，故謂『情效天下之動』。」〔註107〕此處明顯講到，性與情，庸人與聖人同；眾人發而不中節在於「拘滯於有形而不能通爾」。第二，天理人欲同體異用。胡宏講的

〔註105〕胡宏：《知言·往來》，《胡宏集》，中華書局，1987年版，第13頁。
〔註106〕胡宏：《知言·事物》，《胡宏集》，中華書局，1987年版，第21頁。
〔註107〕胡宏：《中國哲學大綱》，江蘇教育出版社2006年版，360頁。

性是宇宙本根，含具萬理，性是體；心是與性同質的用，情與欲是心的一部分，都來源於性，所以說「天理人欲同體而異用，同行而異情。進修君子宜深別焉」〔註108〕。天理人欲同一本體，即同一性體，具體發用時，有符合理的欲，有偏離理的欲，此欲雖是後天所發，然是有先天根據的，是性中合當有的。情與欲為性所本有的理論意義在於說明，情和欲不可去，只能正情和節欲。

第二，情和欲雖為性中所固有，但常人的情和欲之所發很難中節，這說明情和欲很容易流入惡的危險。「情一流則難遏，氣一動則難平。流而後遏，動而後平，是以難也。」〔註109〕情一旦流動，想抑制就很困難。這也說明，情還是要被抑制的，只是要察之有素，在情還沒流動之際控制他。又說：「一裘裳也，於冬之時舉之，以為輕，逮夏或舉之，則不勝其重。一絺綌也，於夏之時舉之，以為重，逮冬或舉之，則不勝其輕。夫衣非隨時而有輕重也，情狃於寒暑而亂其心，非輕重之正也。世有緣情立義，自以為由正大之德而不之覺者，亦若是而已矣！孰能不狃於情以正其心，定天下之公乎！」〔註110〕這說明發於私心的情是因個人的愛好和利益隨時變動的，若藉口「緣情立義」處事接物，就會危害社會的公正和正義。所以需要「正情」，要對個人的私情予以糾偏，不能用私情來處理社會生活。同樣，欲若偏離中的標準，則流為人欲，人欲是對天理的背離，必為害天理。胡宏說：「人欲盛，則於天理昏。理素明，則無欲矣。」〔註111〕所以對欲要節制，主張寡欲。

（二）寂然不動，感而遂通

心體既是客觀的又是主觀的。胡宏的性心的基本區分是，性偏重從客觀方面說，是客觀性原則，是體，是未發之中；心既從客觀方面說，又從主觀方面說，是主客的統一。胡宏認為這種區分是有意義的。「『心』、『性』固是名，然名者，實之表著也。義各不同，固名亦異，難直混為一事也。」〔註112〕「無思無為，寂然不動，感而遂通」既可以理解為客觀方面，凡是人，有性必有心，心是性的自然呈現，不需人去操控。又可以理解為主觀方面，既然感而遂通，此「感」是人主體對客體的「感」，此「通」是心與物的「通」，

〔註108〕朱熹：《宋朱熹胡子知言疑義》，《胡宏集》，中華書局，1987年版，第329頁。
〔註109〕胡宏：《知言·一氣》，《胡宏集》，中華書局，1987年版，第28頁。
〔註110〕胡宏：《知言·天命》，《胡宏集》，中華書局，1987年版，第2頁。
〔註111〕胡宏：《知言·紛華》，《胡宏集》，中華書局，1987年版，第24頁。
〔註112〕胡宏：《與曾吉甫書三首》，《胡宏集》，中華書局，1987年版，第116頁。

這是一方面；另一方面，人雖有此本心，然此本心是隱還是顯，是放還是求，是盡還是未盡，與人的主觀努力有關。聖人「無思無爲，寂然不動，感而遂通」乃是聖人保持本心，又擴而充之，推而廣之，盡心成性至於命，修爲至極的結果。心有體又有用。「無思無爲，寂然不動」是體，「感而遂通」是用。胡宏認爲「心」相當於《易》。在他看來，《易》是天命和天道的顯現，人們可以通過《易》窺探天命和天道的奧義；同樣，心是性的呈現，人們也可以通過心妙悟性之德。

> 某愚謂：方「喜怒哀樂未發未發」，沖漠無朕，同此大本，雖庸與聖無以異也。而「無思無爲」、「寂然不動」乃是指《易》而言，《易》則發矣。故「無思無爲」、「寂然不動」，聖人之所獨，而非庸人所及也。謂「無思無爲」、「寂然不動」，故「感而遂通天下之故」，更不用擬議也。〔註113〕

將《易經》與《中庸》對舉，相互發明，這是理學家共同的思維方式。胡宏說《易》是發，但沒有明確說明道理。筆者揣摩，可能是因爲《易經·繫辭上傳》第四章曰：「《易》與天地準，故能彌綸天地之道。」所以，《易》是天道的顯現。《易》與心都是天道的顯現和發用，其體段都是「無思無爲，寂然不動，感而遂通天下之故」。

心之體「無思無爲，寂然不動」與心之用「感而遂通天下之故」是同一心的體用關係，不同於已發未發之關係，不能用已發未發來界定心的體用關係，心的體用關係是「寂」與「感」的關係。未發已發只能用來界定性與心的關係。

> 「寂然不動，感而遂通天下之故」與「未發」、「已發」不同，體用一源，不於「已發」、「未發」而分也，宜深思之。〔註114〕

胡宏的意思是，體用的內涵多種多樣，「未發」「已發」只能用來指性與心的關係，而不能適合其他的體用關係。因爲，根據《中庸》文本，「未發謂之中」，「中」是特指天道性命體段的，或者「中」本身即是道體本身，這是一種特指，是固定用法，是不能用來指稱其他層次的「體」的。

「無思無爲」不等同於一種無意識、無知覺的經驗狀態；「寂然不動」也不是動靜相對的靜或不動，而是對心體的一種超驗表述。正因爲心體是「無

〔註113〕胡宏：《與曾吉甫書三首》，《胡宏集》，中華書局，1987年版，第116頁。
〔註114〕胡宏：《與彪德美》，《胡宏集》，中華書局，1987年版，第135頁。

思無為，寂然不動」，所以才能「感而遂通天下之故」。性體不能直接感而遂通，而是發為「無思無為，寂然不動」的心體，「心涵造化之妙，則萬物畢應」，心體的神用即是「感物而通」「萬物畢應」。胡宏對心體的這種獨特理解，有其家學淵源，，胡宏父親胡安國有類似的思想。胡宏說：「惟先君子所謂『不起不滅』者，正以靜亦存，動亦存而言也，與《易》『無思無為』，『寂然不動，感而遂通天下之故』，大意相符。非若二先生指『喜怒哀樂未發』為『寂然不動』也。」〔註115〕胡宏認為，「寂然不動」只能用來表述心體，而不能用來表述「喜怒哀樂未發」之性體，心體是「不起不滅」，「靜亦存，動亦存」，非動非靜，存者存仁體也，存性之所有也。

第三節　心以成性

「知言曰：天命之謂性。性，天下之大本也。堯、舜、禹、湯、文王、仲尼六君子先後相詔，必曰心而不曰性，何也？心也者，知天地，宰萬物，以成性者也。六君子，盡心者也，故能立天下之大本。人至於今賴焉。不然，異端並作，物從其類而瓜分，孰能一之！」〔註116〕胡宏心性對揚，性雖是最高本體，是萬物的本源、根源，但性是未發；所以性必待心來形著、實現。

胡宏性體心用義理間架的一個重要內容是本心的內容與性完全一致，性淵源無窮，心廣大無窮，不存在心小性大之別。性作為天下之大本，於穆不已，源源不斷地流行發用，在人則以人主觀的心的形式不斷呈現；人性是性之極，得天地之全，所以人之心亦是天地之心，此是從客觀面說，從人之稟賦說，這是天命、天道自然流行的結果，人自身添不得一分，減不得一分；人雖稟有天命之性之全，此天命之性又以「知天地，宰萬物」的人之心的形式確證其本身存在，人若不能知其有此性有此心，人仍然只不過是一個被動的客觀存在；孔子說「人能弘道，非道弘人」，人之道就是本於天命天道，盡其「粹然天地之心」，參贊天地之化育，成其天命之性，方證其為人而與天地參。這就是成性的含義。

一、知天地

知是心的重要內涵，是心的最顯著的特質，是人確證其主體存在的標誌，

〔註115〕胡宏：《與僧吉甫書三首》，《胡宏集》，中華書局，1987年版，第116頁。
〔註116〕胡宏：《宋朱熹胡子知言疑義》，《胡宏集》，中華書局，1987年版，第328頁。

人心的其他內容無不以之爲基礎。知的產生必須具備兩個因素，一是心，一是物；「以心觀心」，是一種特殊的心與物關係。在這兩種關係中，心與物相對待，心與心相對待，皆確證心的主體性存在。事物沒有心，所以無法產生知，「物不能體我」。知有不同的層次，每一層次都是心的不同呈現，都相互聯繫，相互滲透。

（一）見聞之知

見聞之知相當於感覺和知覺。人皆可憑其耳目獲得見聞之知，因爲人不僅有耳目，人皆有其心。「目之所可視者，禽獸皆能視也。耳之所可聞者，禽獸皆能聽也。視而知其形，聽而知其聲，各以其類者，亦禽獸之所能也。視萬形，聽萬聲，而兼辨之者，則人而已。」〔註117〕動物也有簡單的感覺知覺，但人有心，心有思慮的功能，所以人的感覺知覺滲透著理性成分，亦可滲透著道德理性成分，所謂「非禮勿言聽視動」。人的感覺知覺作用雖是淺層次的、低層次的心的作用，但亦有重要作用。感覺知覺是人與外界溝通的媒介，是理性之知的基礎，是引發德性之覺的條件，所謂「惻隱之心」雖是本心具有的、內在的，但若不觸於事物，沒有感覺知覺，亦不會自動產生。確證人心的感覺知覺能眞實反映外物，也就是確證外物是眞實的，人心是眞實的。胡宏說：「人心應萬物，如水照萬象。」〔註118〕又說：「有聚而可見謂之有者，知其有於目，故散而不可見者謂之無。有實而可蹈謂之有者，知其有於心，故妄而不可蹈者謂之無。」〔註119〕這說明，人心能正確認識反映事物，人的見聞之知是不可少的。他說：「夫耳目者，心之所以流通也。若夫目形具而不能見，耳形具而不能聞，則亦悉用夫耳目之官哉！內雖有大公至正之心，孰與宣之；外雖有蒙蔽欺繹之事，孰與知之。是一身遂廢，坐而待弊也。」〔註120〕耳目之官是見聞之知的中介，若無見聞之知，既無法知曉外事，也無法表達內在的大公至正之心。同時，胡宏又認爲，見聞之知畢竟是低層次的，見聞之知有待發展爲理性之知和德性之知。他說：「人以其耳目所學習，而不能超乎見聞之表，故昭體用以示之，則惑矣。惑則茫然無所底止，而爲釋氏所引，以心爲宗，心生萬法，

〔註117〕胡宏：《知言·往來》，《胡宏集》，中華書局，1987年版，第14頁。
〔註118〕胡宏：《知言·大學》，《胡宏集》，中華書局，1987年版，第34頁。
〔註119〕胡宏：《知言·好惡》，《胡宏集》，中華書局，1987年版，第12頁。
〔註120〕胡宏：《與吳元中》，《胡宏集》，中華書局，1987年版，第108頁。

萬法皆心，自滅天命，固爲己私。小惑難解，大礙方張，不窮理之過也。」
〔註121〕人若不能超乎見聞之表，不能獲得理性之知，發明德性之知，則不
能明理見性，見善不明，心無所止，遇事迷惑，不得其正。反映了儒家重
視德性之知的特點。張載亦說：「誠明所知乃天德良知，非見聞小知而已。」
〔註122〕

（二）理性之知

　　胡宏除了重視德性之知外，對理性之知也頗爲重視。理性之知即理性認
識，是對事物規律和本質的認識，高於感性認識。包括胡宏在內的大多數儒
家思想家認爲，沒有所謂純粹的理性之知，他們講的理性之知是從屬於德性
之知的，或者說是德性之知的一部分，理性之知的目的是更好地促進道德實
踐。儘管如此，分析地看，他們也有一定意義上的理性之知。胡宏說：「馬牛，
人畜也。御之失道，則奮其角蹄，雖有猛士，莫之敢攖；得其道，則三尺童
子用之，周旋無不如志焉。天下分裂，兆民離散，欲以一之，固有其方，患
在人不仁，雖與言而不入也。」〔註123〕若只講御牛馬之道，則此道只是認識
掌握御牛馬一的方法和規律，與道德認知、道德實踐無涉，屬純粹的理性之
知。然胡宏認爲，道只是一個道，道是相通的，駕馭之道與治理之道是道的
不同表現而已。人若發明固有的仁心，則能由此道通彼道。「知幾，則物不能
累而禍不能侵。不累於物，其知幾乎！」〔註124〕幾是事物的萬變之趨勢，知
幾之知既可以是理性之知，又可以是德性之知，實質是二者的統一。若知幾
僅僅是理性之知，那麼知幾的目的就只是自身趨福避禍，這不符合儒家的仁
義之道，所以，「知幾」的「知」，必含有德性成分，是以人之德性認知事物
之性理，使萬物各得其所，盡己之性，盡物之性。

（三）德性之知

　　德性之知是心知的主要方面，是以心知心，以心知性；更進一步講，是
性知其自身，這是從根源意義上講，因爲，心是性的流行發用；若準確地說，
是已發用的性觀照自身。德性之知是本心對性、理、仁的一種覺，牟宗三稱
之爲逆覺，有的學者稱之爲一種道德的直覺，此種覺先驗地存在，不學而能，

〔註121〕胡宏：《知言·陰陽》，《胡宏集》，中華書局，1987年版，第9頁。
〔註122〕張載：《正蒙·誠明》，《張載集》，中華書局，1978年版，第20頁。
〔註123〕胡宏：《知言·好惡》，《胡宏集》，中華書局，1987年版，第12頁。
〔註124〕胡宏：《知言·好惡》，《胡宏集》，中華書局，1987年版，第12頁。

不慮而知。「誠者天之道也。心涵造化之妙，則萬物畢應。」〔註125〕心是先天的道德本體，有感萬物而通之妙。又說：「自觀我者而言，事至而知起，則我之仁可見矣。事不至而知不起，則我之仁不可見也。自我而言，心與天地同流，夫何間之？」〔註126〕人心的德性之知即事而發動，顯為仁用；事不至而德性之知不起，本心之仁隱而不顯，實則無時不在，與天地同流，無間無息，隨感而發。德性之知雖先驗地存在人的心中，但只是一顆種子，還需要人的澆灌、養護，才能茁壯成長。一般人不能自覺有此德性之知，或不能精心灌溉、滋養，所以安於見聞之知，不能明理，不能見性，難免有禽獸之累。胡宏說：「視萬形，聽萬聲，而兼辨之者，則人而已。視形色而知其性，聞聲音而達其義，通乎耳目之表、形器之外，非聖人則不能與於斯矣。斯道不明，則中國冠帶之君有時而為夷狄。楊朱、墨翟之賢而有禽獸之累，惟安於耳目形器，不知覺之過也。君子履安佚之地，當安佚之時，戒謹恐懼，不敢須臾怠者以此。」〔註127〕聖人能夠超於見聞之表，擴充其德性之知，知性達義，故無物之累。所以君子進修要須臾不忘本心，戒謹恐懼，以其德性之知克其聞見之弊。胡宏說：「心無不在，本天道變化，為世俗酬酢，參天地，備萬物。人之為道，至大也，至善也。放而不知求，耳目聞見為己蔽，父子夫婦為己累，衣裳飲食為己欲，既失其本矣，猶皆曰我有知，論事之是非，方人之短長，終不知其陷溺者，悲夫。故孟子曰：學問之道無他，求其放心而已矣。」〔註128〕德性之知是本心固有的，是知的根本，人若放其心，則失其根本；根本既失，則耳目聞見有益的知識成了遮蔽自己感通萬物的障礙；父子夫婦倫理之常成了累身之物；衣裳飲食正常的需求成了陷溺其心孜孜以求外物的物欲。心至大、至善，人可以其本心的德性之知遍體萬物，遍潤萬物。

　　見聞之知、理性之知和德性之知三者是統一的：見聞之知和理性之知統稱為知識之知，或稱為智；德性之知也可稱為仁。胡宏認為德性之知是根本，在談到知識之知時，最後必歸結為以德性之知為鵠的：「有是心則有知，無是心則無知。巧言令色之人，一失其心於浮偽，未有能仁者也。」〔註129〕聖人是仁智合一。見聞之知、理性之知和德性之知的統一在聖人身上得到完美的

〔註125〕胡宏：《知言·中原》，《胡宏集》，中華書局，1987年版，第44頁。
〔註126〕胡宏：《知言·好惡》《胡宏集》，中華書局，1987年版，第12頁。
〔註127〕胡宏：《知言·往來》，《胡宏集》，中華書局，1987年版，第14頁。
〔註128〕朱熹：《宋朱熹胡子知言疑義》，《胡宏集》，中華書局，1987年版，第331頁。
〔註129〕胡宏：《知言·好惡》，《胡宏集》，中華書局，1987年版，第11頁。

體現：「惟聖人既生而知之，又學以審之，盡人之性，盡物之性，德合天地，心統萬物，故與造化相參而主斯道也。」〔註130〕聖人生而知之的知包括德性之知和知識之知，聖人又能學以審之，通過學習和實踐來開發擴充德性之知和知識之知，由此下學而上達，盡人之性，盡物之性，達到德合天地的境界。

二、宰萬物

心之主宰也是表徵主體的重要方面。心之主宰與心之知緊密聯繫在一起，心之知是基礎。心之主宰是指心的抉擇、定向和主宰的作用。包括三個方面的內容。

（一）心的自律自制

心具有活動性，所謂「心宰萬物，順之則喜，逆之則怒，感於死則哀，動於生則樂。欲之所起，情亦隨之，心亦放焉。故有私於身，蔽於愛，動於氣，而失之毫釐，繆以千里者矣。眾人昏昏，不自知覺，方且為善惡亂，方且為是非惑」〔註131〕，所以心必須自律自制。「氣感於物，發如奔霆，狂不可制。惟明者能自反，惟勇者能自斷」〔註132〕。胡宏等理學家講的修養功夫均離不開心的這種自律自製作用，如「求放心」，「操則存，捨則亡」，「戒謹於隱微，恭敬乎顛沛，勿忘也，勿助長」，「志於道」，「內有主」，「反身而誠」等都是講心的自我確立方向、自我主宰。

（二）心對性的主宰

性是天下的大本，萬物皆性所有。但人的性只有通過人的心才能夠呈現、實現。胡宏說：「氣主乎性，性主乎心。心純，則性定而氣正。氣正，則動而不差。動而有差者，心未純也。」〔註133〕在宇宙論方面，在客觀方面，性是萬物的本源，所以氣的流行由性作主；在道德實踐方面，人所稟有的性的實現，要由人的心來作主。人若能發揮心的自主自律的功能，克去己私，使本心充分呈現，也就是性能充分體現，就是性定；性定則能主宰氣，這樣人就能動靜皆合理。在客觀方面，性是心的主宰；在主觀方面，心是性的主宰。惟心能主宰性，所以，胡宏強調要在心上作功夫，盡心成性。

〔註130〕胡宏：《知言・往來》，《胡宏集》，中華書局，1987 年版，第 14 頁。
〔註131〕朱熹：《宋朱熹胡子知言疑義》，《胡宏集》，中華書局，1987 年版，第 332 頁。
〔註132〕胡宏：《知言・事物》，《胡宏集》，中華書局，1987 年版，第 22 頁。
〔註133〕胡宏：《知言・仲尼》，《胡宏集》，中華書局，1987 年版，第 16 頁。

（三）心對物的主宰

心對物的主宰包括知萬物（前小節已述）、調理萬物、成就萬物、利用萬物。「人備萬物，賢者能體萬物，故萬物爲我用。物不備我，故物不能體我。」〔註134〕人備萬物，是人備萬物之性，且人有天地之心，所以人能體萬物之性，「萬物萬事，性之質也。因質以致用，人之道也」〔註135〕，如雞犬知時禦盜，爲人所用，有功與人。調理萬物、成就萬物是聖人之道，「聖人之道若何？曰聖人者，以一人理億兆人之德性，息其爭奪，遂其生養者也」〔註136〕，「聖人執天之機，惇敘五典，庸秩五禮。順是者，彰之以五服，逆是者，討之以五刑。調理萬物，各得其所。此人之所以爲天地也」〔註137〕，「聖人理天下，以萬物各得其所爲至極」〔註138〕。聖人宰制天下是秉持「中和」之道，通過五典、五禮、五服、五刑的恰當運用，而使萬物各得其所的。

三、惟仁者能盡心成性

人心能知天地，能宰萬物，但人怎能夠將其心發揮到極致，窮盡其心而能成性呢？因爲仁是心的本質。「知言曰：彪居正問：心無窮者也，孟子何以言盡其心。曰：惟仁者能盡其心。」〔註139〕作爲本然之心來說，心是仁，是活體，是一個生生之心，創造之心，或者說心體是仁體，仁體是心體。心之知、心之主宰以及情欲皆是心的生生之表現和運用。心之體是寂然之體，是不起不滅的實體，是能創造能化生的仁體；心體感而有心之知、心之主宰等妙用，有情欲等外在表現，若本心不失，則心之妙用可使情欲發而中節，即達乎「心妙性情之德」。心之仁本於天道，天道之仁表現於人即人之仁心。

（一）仁心是天地生物之心

仁者，天地之心。〔註140〕

天地之心，生生不窮者也。〔註141〕

天地只是生生不窮，從天地生物處見得天地之心，天地生物之心就叫做仁，

〔註134〕胡宏：《知言·事物》，《胡宏集》，中華書局，1987年版，第22頁。
〔註135〕胡宏：《知言·往來》，《胡宏集》，中華書局，1987年版，第14頁。
〔註136〕胡宏：《知言·中原》，《胡宏集》，中華書局，1987年版，第44頁。
〔註137〕胡宏：《知言·往來》，《胡宏集》，中華書局，1987年版，第15頁。
〔註138〕胡宏：《知言·事物》，《胡宏集》，中華書局，1987年版，第21頁。
〔註139〕朱熹：《宋朱熹胡子知言疑義》，《胡宏集》，中華書局，1987年版，第335頁。
〔註140〕胡宏：《知言·天命》，《胡宏集》，中華書局，1987年版，第4頁。
〔註141〕胡宏：《知言·修身》，《胡宏集》，中華書局，1987年版，第6頁。

仁道就是天道。天地之心生萬物，人得天命之全，是其中最靈秀者，「天命為性，人性為心」，天道流行下貫於人表現為性，性又表現為心，性體心用，體用不二，天地之心即表現為人心，所以人心也是天地之心，是仁心。胡宏說：「乾元統天，健而無息，大明終始，四時不忒，雲行雨施，萬物生焉。察乎是，則天心可識矣。是心也，陛下怠之則放，放之則死，死則不能應變投機，而大法遂不舉矣。」〔註142〕胡宏將天地生物之心等同於君主之心、人之心。又說：「何謂仁？心也。……仁，人心也。」〔註143〕仁是天心，仁又是人心。圓融地講，天心人心是一個心，都是一個仁道；分析地講，人心是天心的具體表現，人心是天心的用。所以說：「仁者，人所以肖天地之機要也。」〔註144〕「仁者，心之道乎。」〔註145〕人因為有仁心，所以能夠效法天地的創造。胡宏講「仁者，心之道」是扣緊心上言仁，相對前輩學者來說，是一種發展，楊時以「天地萬物為一體」言仁，不免如朱熹所批評的視物如己之病；謝良佐以心對物之知覺言仁，不免使仁與物相夾雜之嫌。「仁者，心之道」也是「仁者，心之德」的意思，「道」比「德」的意思更寬廣一些。朱熹在此基礎上，進一步將仁界定為「仁者，愛之理，心之德」。

「夫生之者，人也；人仁，則生矣！生則天地交泰，乾坤正，禮樂作，而萬物具生矣！」〔註146〕人心來源於天地生物之心，以仁道與天地相貫通，所以人心的仁的基本含義是希望萬物生生不息，促成萬物生生不息。「天地之生生萬物，聖人之生生萬民，固其理也。」〔註147〕人能生，是因為人有仁心。仁心的運用廣大無限，可使天地泰，乾坤正，禮樂作，而萬物俱生。這是從人參贊天地化育的角度而言的。

（二）仁心是人異於禽獸之良心

良心是人之天命之性的發用，是人區別於禽獸之所在。「富貴，一時之利；良心，萬世之彝。……不然，乃以一時之利失萬世之彝，自列於禽獸，寧貧賤而為匹夫，不願王公之富貴也。」〔註148〕良心即仁心，人若因貪圖富貴而

〔註142〕胡宏：《知言·復義》，《胡宏集》，中華書局，1987年版，第39頁。
〔註143〕胡宏：《上光堯皇帝書》，《胡宏集》，中華書局，1987年版，第83頁。
〔註144〕胡宏：《知言·紛華》，《胡宏集》，中華書局，1987年版，第25頁。
〔註145〕胡宏：《知言·天命》，《胡宏集》，中華書局，1987年版，第1頁。
〔註146〕胡宏：《皇王大紀序》，《胡宏集》，中華書局，1987年版，第165頁。
〔註147〕胡宏：《知言·陰陽》，《胡宏集》，中華書局，1987年版，第10頁。
〔註148〕胡宏：《知言·仲尼》，《胡宏集》，中華書局，1987年版，第16頁。

喪失良心，不但有損他人和社會，而且也是對天理對人性的損害，與禽獸無異。「故有不仁而入夷狄禽獸之性者矣。」〔註149〕

（三）仁心體萬物，愛萬物

「萬物備而爲人，一物有未體，非仁也。萬民合而爲君，有一民不歸吾仁，非王也。」〔註150〕「人之生，父天母地，天命所固有也，方孩提，未免於父母之懷，及少長，聚而嬉戲，愛親敬長，良知良能在，而良心未放也。」〔註151〕仁心是生生萬物的心，所以體萬物，愛萬物是仁心的應有之意。愛是對具體對象的情感，仁則超越具體對象，是心的德性。孟子說：「仁者無不愛」，「仁者以其所愛及其所不愛」〔註152〕。萬物皆在仁心的遍潤之中，仁心體萬物而不遺。

（四）仁心是「忠恕」之心

「惟仁者能一以貫天下之道。是故欲知一貫之道者，必先求仁，欲求仁者，必先識心。『忠恕』者，天地之心也。人而主忠行恕，求仁之方也。施諸己而不願，亦勿施於人，即主忠行恕之實也。」〔註153〕如果說，仁心生生萬物，體萬物、愛萬物，比較抽象，那麼說仁心是忠恕之心比較好理解的，施諸己而不願，亦勿施於人，即主忠行恕之實也。程顥說：「以己及物，仁也。推己及物，恕也。忠恕一以貫之。忠者天理，恕者人道。忠者無妄，恕者所以行乎忠也。忠者體，恕者用，大本達道也。」〔註154〕忠是天理是誠，忠則自然及物；恕則是人推己及物。

（五）仁心明萬理，平萬事

「仁者之心如鑒，妍者來則妍，醜者來則醜，方其妍也。烏得不謂之妍也？方其醜也，烏得不謂之醜？」〔註155〕仁心如鑒，知妍知醜，而本心未嘗動也。

〔註149〕胡宏：《知言・往來》，《胡宏集》，中華書局，1987年版，第14頁。

〔註150〕胡宏：《知言・天命》，《胡宏集》，中華書局，1987年版，第4頁。

〔註151〕胡宏：《復齋記》，《胡宏集》，中華書局，1987年版，第152頁。

〔註152〕《孟子・盡心上》。

〔註153〕胡宏：《論語指南》，《胡宏集》，中華書局，1987年版，第305頁。

〔註154〕程顥、程頤：《河南程氏遺書卷第11》，《二程集》，中華書局，1981年版，第124頁。

〔註155〕胡宏：《論語指南》，《胡宏集》，中華書局，1987年版，第304頁。

（六）仁心是形而上的無限心

仁心不是血肉之心，也不是像朱熹所說的是「氣之靈」的認知之心。血肉之心和認知之心會隨著人體的消亡而消亡，有死生。而仁心、本心是與天地之心一體的本體心，是不起不滅的。

> 或問：心有死生乎？曰：無死生。曰：然則人死，其心安在？曰：子既知其死矣，而問安在邪！或曰：何謂也？曰：夫惟不死，是以知之，又何問焉。或者未達，胡子笑曰：甚哉，子之蔽也。子無以形觀心，而以心觀心，則知之矣。〔註156〕

朱熹正是站在以心觀心的角度來批評胡宏「心無死生」的，他說：「『心無死生』，則幾於釋氏輪迴之說矣。天地生物，人得其秀而最靈。所謂心者，乃夫虛靈知覺之性，猶耳目之有見聞耳。在天地，則通古今而無成壞，在人物，則隨形氣而有始終。知其理一而分殊，則亦何必爲定心無死生之說，以駭學者之聽乎？」〔註157〕朱熹理解的心是形氣心、認知心，所以是隨形氣而有始終。不過他承認天地之心是「通古今而無成壞」的。胡宏講的人之心是本心，是同於天地之心的仁心，所以與天地相始終。〔註158〕

「以心觀心」概括地說是講「心是超越的，形而上的」的意思，分析來講，第一層意思：要以心的本來面目來認識那被觀的心，即「無以形觀心」，心的本來面目或本心是「超越的心，形而上的心，不死的心」，不是那形氣之心。第二層意思：去觀的心亦是「超越的心，形而上的心，不死的心」，不是那形氣之心，都是同一個心，才能說是「以心觀心」。只有超越的心才能觀超越的心。合而言之，心是一個心，「以心觀心」是心觀自身。

總之，人性得天地之全，是性之極，首出萬物；性體心用，人心是天地之心，仁是人心的本質。人應當明確自己在天地中的獨特地位，明確自己的責任，充分發揮知天地、宰萬物的本心，成己成物。人在儘其本心的道德實踐過程中，本性如如得到呈現。最高的境界就是聖人境界，心全幅朗現性，性全體呈現爲心，與萬物一體，與天地合一。

〔註156〕胡宏：《知言疑意》，《胡宏集》，中華書局，1987年版，第333頁。
〔註157〕朱熹：《宋朱熹胡子知言疑義》，《胡宏集》，中華書局，1987年版，第333頁。
〔註158〕朱熹：《宋朱熹胡子知言疑義》，《胡宏集》，中華書局，1987年版，第333頁。

第四節　胡宏心性論與其他心性論之比較

一、程顥：「一本論」的圓融的「心性爲一」

「一本論」是程顥哲學思想的顯著特徵，也是他的圓熟的哲學智慧之表現。根據牟宗三的說法，「一本」就是「無論是從主觀面說或從客觀面說，總只是這『本體宇宙論的實體』之道德創造或宇宙生化之立體地直貫」。〔註 159〕程顥說：「只心便是天」〔註 160〕，「只此便是天地之化，不可對此個別有天地」〔註 161〕。心的道德創造活動即是天道本體的道德創造活動和生化活動，是同一種活動。程顥不注重性氣之分，主張「性即氣，氣即性」，「理有善惡」，「惡亦不可不謂之性」，從而不注重體用之分，講心性的圓融合一。所以說：「天人一本，不必言合」，「窮理盡性以至於命，三事一併了」。程顥「性即氣，氣即性」，「理有善惡」的思想，對胡宏影響較大，胡宏更進一步，從來不講天命之性與氣質之性的區分，強調性氣合一，肯定氣的積極作用，不講稟氣的清濁厚薄純雜精粗，不把生理情欲之性歸因於氣稟。將「吉凶善惡」歸之於「一性」的變化流行。但性之未發只是中，是道德實體和宇宙生化實體的統一體。程顥講心性圓融合一，胡宏講性體心用，二者又有別。

二、程頤：「性體心用」與「心兼體用」未臻於一

程頤論心性模棱兩可，一方面講性心一元，另一方面講性、心、情三分。先看心即性。他說：「心也、性也、天也，非有異也。」〔註 162〕又說：「一人之心，即天地之心；一物之理，即萬物之理；一日之運，即一歲之運。」〔註 163〕此處看，心與性、天通而爲一，均爲本體，同程顥論心無甚分別。另一方面，程頤又認爲心是形氣之心，是實然的心，有心性情三分之格局。

> 問：仁與心何異？曰：心是所主言，仁是就事言。曰：若是，則仁

〔註 159〕牟宗三：《心體與性體》中冊，上海古籍出版社，1999 年版，第 16 頁。
〔註 160〕程顥、程頤：《河南程氏遺書》卷二上，《二程集》，中華書局，1981 年版，第 15 頁。
〔註 161〕程顥、程頤：《河南程氏遺書》卷二上，《二程集》，中華書局，1981 年版，第 15 頁。
〔註 162〕程顥、程頤：《河南程氏遺書》卷二十五，《二程集》，中華書局，1981 年版，第 321 頁。
〔註 163〕程顥、程頤：《河南程氏遺書》第二上，《二程集》，中華書局，1981 年版，第 12 頁。

是心之用否？曰：固是。若說仁者心之用，則不可。心譬如身，四端如四肢；四肢固是身所用，只可謂身之四肢。如四端故具於心，然亦未可便謂之心之用。或曰：譬如五穀之種，必得陽氣而生。曰：非是。陽氣發動處卻是情也。心譬如穀種，生之性便是仁也。〔註164〕

根據牟宗三的觀點，「心譬如穀種」的講法，是程頤論心的主要傾向。生之性是仁，穀種是心，陽氣萌動是情；生之性是所以然之理，具於穀種之中；陽氣萌動是穀種之所發；穀種具生之性發為陽氣。性心情就是這種「心統性情」的三分結構。程頤雖未明確提出「心統性情」，但朱熹非常看重這一義理間架，《朱子語類》卷五有云：「程子曰，心譬如穀種，其中具生之理是性，陽氣發動處是情。推而論之，物物皆然。」

程頤又云：「孟子曰：『盡其心，知其性。』心即性也。在天為命，在人為性，論其所主為心，其實只是一個道。苟能通之以道，又豈有限量！」〔註165〕。前面似乎說心性天是一道，後面又說心待通之以道，實則心不即是道。

關於未發已發、體用問題，程頤的思想經歷了一個變化發展過程。起初他認為，「凡言心者，皆指已發而言」〔註166〕。經過與學生辯論，程頤修改了自己的觀點，提出：「心一也，有指體而言者，寂然不動是也；有指用而言者，感而遂通天下之故是也。」〔註167〕程頤心兼體用的思想沒有明確把心之體規定為性，把心之用規定為情。但在程頤思想體系中，注重體用二分，以性、理、道為本體，以情、氣、陰陽為本體的作用，結合「心譬穀種」的論斷，是可以推出心之體是性，心之用是情的結論的。但同樣是「心兼體用」，胡宏先講「性體心用」，再區分「心兼體用」。相對性來說心是具體的，不是抽象的，所以心是已發，是用。心之體是寂，是斂藏；心之用感而遂通天下之故，感而靜。胡宏的性心情的關係是一條鞭式的：「性譬諸水乎，則心猶水之下，情猶水之瀾，欲猶水之波浪。」〔註168〕這種體用是本質內容一致的體用，性

〔註164〕程顥、程頤：《河南程氏遺書》卷第十八，《二程集》，中華書局，1981年版，第183～184頁。
〔註165〕程顥、程頤：《河南程氏遺書》卷第十八，《二程集》，中華書局，1981年版，第204頁。
〔註166〕程頤：《與呂大臨論中書》，《河南程氏文集》卷九，《二程集》，中華書局，1981年版，第609頁。
〔註167〕程頤：《與呂大臨論中書》，《河南程氏文集》卷九，《二程集》，中華書局，1981年版，第609頁。
〔註168〕胡宏：《知言・往來》，《胡宏集》，中華書局，1987年版，第13頁。

與心的區別是根據與表現，抽象與具體，潛藏與作用的區別，心與情、欲的區別是，心是總說，心是寂體；情欲是心的具體內容，是心的顯著表現。關於性、心、情的關係，在實質上，胡宏更接近程顥的「一本論」；在形式上，胡宏繼承了程頤的「體用論」。這是從思想史的發展脈絡上說，實則胡宏在汲取前輩思想成果的基礎上，進行了創新。與之對照，朱熹在前人思想基礎上，創立了成熟的「心統性情」說。

三、朱熹：「心統性情」說

朱熹的「心統性情」說經歷了一個發展過程。在「丙戌之悟」後的一段時間裏，朱熹持與胡宏大致相同的「性體心用」說，他說：「中庸未發、已發之義，前此認得此心流行之體，又因『程子言凡言心者皆指已發而言』，遂目心爲已發，性爲未發」〔註169〕。與「性體心用」說相應的修養方法是「先察識，後涵養」。朱熹在修養實踐中感到這一修養方法有所不足，缺卻平日涵養一段工夫，遂探索新的中和說。以「己丑之悟」爲標誌，朱熹逐漸形成了成熟的「心統性情」說。「心統性情」說包括兩個方面的內容。

一是心兼性情。

> 一心之中自有動靜，靜者性也，動者情也。〔註170〕
>
> 心兼體用而言，性是心之理，情是心之用。〔註171〕
>
> 未發只是思慮事物之未接時，於此便可見性之體段，故可謂之中，而不可謂之性也；發而中節，是思慮事物已交之際，皆得其理，故可謂之和，而不可謂之心。心則貫乎已發未發之間，乃大易生生流行，一動一靜之全體也。〔註172〕

上面三段話的核心思想是：（一）心貫乎動靜，以靜爲心之體，以動爲心之用。（二）心兼體用：心之體是理是性，心之用是情；性是體，情是用。「性者，理也。性是體，情是用。性情皆出於心，故心能統之。」〔註173〕（三）心兼已發未發。未發已發是心的兩種狀態，未發時可見性之體段，可謂之中，然不可直謂之性；已發時可見情之顯，可以謂之和，不能謂之心。聯繫到修養

〔註169〕朱熹：《與湖南諸公論中和第一書》，《朱文公文集》六十四。

〔註170〕朱熹：《朱子語類》卷九十八。

〔註171〕朱熹：《朱子語類》卷五。

〔註172〕朱熹：《答林擇之》，《朱文公文集》卷四十三。

〔註173〕朱熹：《朱子語類》卷九十八。

功夫，強調既要在靜時未發時涵養，動時已發時察識。

二是心主宰性情。

第一，心主宰性。當心未發時，性具於心，心的主宰作用主要是涵養和存養，，使心氣保持安定、純淨，這樣善的本性不會喪失。他說：「未感物時，若無主宰，則亦不能安其靜，只此便昏了天性。」〔註174〕第二，心主宰情。當心已發，性表現情時，要用心來控制情，使之順性而發，發而中節。他說：「心宰則情得正，率乎性之常而不可以欲言矣，心不宰則情流而陷溺其性，專爲人欲矣。」〔註175〕

朱熹心性關係的義理間架與胡宏大異其趣。胡宏的體系中，性是與天道、天命等同的最高本體，性具萬理，性不僅包括義理之性而且包括生理之性。性是體，是未發中；心是用，是已發，心是性的形著、呈現，心的內容完全是性的內容，換句話說，心是已發的性。心兼體用，心之體是寂，心之用是感物而通，而靜。朱熹的體系中，理是最高本體，性即理，性的內容就是仁義禮智。性理墜入氣質中即成氣質之性，氣質之性是現實的人性，理純善無惡，不善則來源於氣質。性與心的關係相當於理與氣的關係。心主要是實然之心，屬於氣，是一虛靈不昧之體。「所知覺者是理，理不離知覺，知覺不離理」、「性便是心之所有之理」「心便是理之所會之地」「所覺者心之理，能覺者氣之靈」。又說：心將性做餡子模樣。性與情的關係是：「四端，情也，性則理也。發者，情也，其本則性也，如見影知形之意。」〔註176〕性是仁義禮智，情是惻隱、羞惡、辭讓、是非，以及喜怒哀樂等情感；性是靜、未發、體，情是動、已發、用。朱熹也用水來比喻性心情的關係：「心譬水也。性，水之理也。性所以立乎水之靜；情所以行乎水之動；欲則水之流而至於濫也。」〔註177〕對比胡宏的性心情之關係：「性譬諸水乎，則心猶水之下，情猶水之瀾，欲猶水之波浪。」朱熹是典型的心兼性情，胡宏是一條鞭式的性體心用。心兼性情中的心是氣，性是理；性體心用中的心與性內容相同，只是一個是體，一個是用。

〔註174〕朱熹：《答林擇之》，《朱文公文集》卷四十三。
〔註175〕朱熹：《答何倅》，《朱文公文集》卷六十四。
〔註176〕朱熹：《朱子語類》卷五。
〔註177〕《晦翁學案》，《宋元學案》。

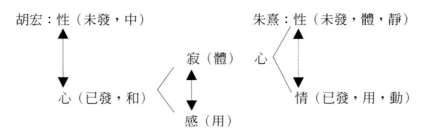

胡宏：性（未發，中）　　　朱熹：性（未發，體，靜）

寂（體）　　心

心（已發，和）　　　　　　　　情（已發，用，動）

感（用）

四、陸王：心性同質同層、心性是一

　　陸九淵、王陽明的理學體系以心為最高本體，他們論性、論理，皆是為了論證心既是宇宙本體，又是認識主體、倫理本體，心涵攝天道、性命和理於一體，心即是理和心即是性不是圓頓地說同一，而是實質同一，而且，心即是理和心即是性同時成立。（1）心即理。陸王提出的「心即理」與朱熹的「心與理合」是相對立的。在朱熹，本體理是最高範疇，具有超越性和絕對性，是形而上者，但只是理，是不動的理；主體心是實然的認知之心，本身不是理，是理之所會，是包容理的場所。「心與理一」不是真正的為一，而是通過心本體去認知理本體，才能使心通之以理，實則「釋心與理為二」。陸九淵講「本心」，王陽明進一步將本心發展為良知。陸九淵說：「蓋心，一心也；理，一理也。至當歸一，精義無二，此心此理，實不容有二。故夫子曰：『吾道一以貫之。』孟子曰：『夫道一而已矣。』又曰：『道二，仁與不仁而已矣。』如是則為仁，反是則為不仁。仁即此心也、此理也。」〔註178〕心與理歸一，不容有二，心即是天理即是仁，宇宙本體、道德本體與主體心實為一體。王陽明說：「理豈外於吾心邪？晦庵謂人之所以為學者，心與理而已。心雖主乎一身，而實管乎天下之理；理雖散在萬事，而實不外乎一人之心。是其一分一合之間而未免已啟學者心理為二之弊。」〔註179〕王陽明進一步將本心界定為良知：「心之本體即天理也，天理之昭明靈覺，所謂良知也。」〔註180〕良知即是心之本體，良知即是天理。（2）心即性。陸九淵突出心的地位，強調先立乎大者，發明本心即是學問修養之綱領，較少論及性，不過心性合一的思想是非常明顯的。他認為心性是「一般物事」，心性內涵相同，心性皆善。他說：「今之學者讀書，只是解字，更不求血脈。且如情、性、心、才，都只

〔註178〕陸九淵：《與曾宅之》，《陸九淵集》卷一，第4～5頁。
〔註179〕王陽明：《傳習錄中》，《答顧東橋書》，《王文成公書》卷二，第28頁。
〔註180〕王陽明：《傳習錄中》，《答顧東橋書》，《王文成公書》卷二。

是一般物事，言偶不同耳。」〔註181〕陸九淵認爲儒家之血脈在於求理於本心，發明本心即性、理、道即在其中，「萬物森然方寸之間，滿心而發，充塞宇宙，無非此」〔註182〕，求區分心、性、情、才只是「解字」，是枝葉，不及根本。他認爲心是仁義之心，性是仁義之性，心性皆善，二者等同，是人之所以爲人的本質所在。「心與理一」是王陽明的立言宗旨，不過這一宗旨通過「心即性，性即理」的框架來論證的。他說：「心之體，性也。性即理也。」〔註183〕「仁、義、禮、智也是表德。性一而已，自其形體也，謂之天；主宰也，謂之帝；流行也，謂之命；賦予人也，謂之性；主於身也，謂之心。心之發也，遇父便謂之孝，遇君便謂之忠，自此以往，名至於無窮，只一性而已。猶人一而已，對父謂之子，對子謂之父，自此以往，至於無窮，只一人而已。人只要在性上用功，看得一性字分明，即萬理燦然。」〔註184〕天、帝、命、心都是一性，見性就是明理。陽明認爲古人論性不盡相同，只是「所見有淺深；「今之論性者，紛紛異同」只是「說性」而非「見性」。若眞見得性，「見性者無異同之言」，無論本體、發用，源頭、流弊，都只是一個性。「看得一性字分明，即萬理燦然」，性即理，心之體即性，所以，心即理。「緣天地之間，原只有此性，只有此理，只有此良知，只有此一件事耳。」（3）心爲宇宙本體。陸王的心本體論是徹底的一元論，心即理，心即性，心即天，心是整個宇宙的本體，萬事萬物都以心爲終極根源。陸九淵說：「四方上下曰宇，往古來今曰宙。宇宙便是吾心，吾心即是宇宙。千萬世之前，有聖人出焉，同此心同此理也；千萬世之後，有聖人出焉，同此心同此理也。東南西北海有聖人出焉，同此心同此理也。」〔註185〕陸九淵把宇宙與心劃等號，用主體涵攝客體，消融主客體的界限，將主體的心提升爲絕對普遍的宇宙本體。王陽明以良知爲宇宙的本體，爲天地萬物存在的根據。他說：「人的良知就是草木瓦石的良知，若草木瓦石無人的良知，不可以爲草木瓦石矣。豈惟草木瓦石爲然，天地無人的良知，亦不可爲天地矣。」又說：「天地萬物俱在我良知的發用流行中，何嘗又有一物超於良知之外。」〔註186〕陸王心性一元的心本論

〔註181〕陸九淵：《語錄下》，《陸九淵集》卷三十五，第444頁。
〔註182〕陸九淵：《陸九淵全集》卷三十四，第423頁。
〔註183〕王陽明：《傳習錄中》，《王文成公全書》卷二。
〔註184〕王陽明：《傳習錄上》，《王文成公全書》卷一。
〔註185〕陸九淵：《陸九淵集》卷二十二，第273頁。
〔註186〕王陽明：《傳習錄下》，《王文成公全書》卷三。

要求其修養論的根本原則是發明本心和致良知。陸九淵說：「吾之學問與諸處異者，只是在我全無杜撰，雖千言萬語，只是覺得他底在我不曾添一些。今有議吾者云：『除了先立乎大者一句，全無伎倆。』吾聞之曰：『誠然。』」〔註188〕王陽明自稱其「良知之說，從百死千難中得來」，是「究竟話頭」「致良知」是「學問頭腦」、「一語之下洞見全體」的功夫。他說：「吾心之良知，即所謂『天理』也。致吾心良知之『天理』於事事物物，則事事物物皆得其理矣。……是合心與理而為一者也。」〔註187〕

胡宏的心性論與陸王的心性論相比，各有特色，其相同之處多於相異之處。從胡宏看，心與性的本質內容相同，心本於性而發，性是義理之性和生理之性的統一體，心也具有義理和生理的內容；心是本心、仁心，心無不仁，仁是心的本質，本心兼具體用，「不起不滅」，「寂然不動」，「感而遂通」；本心知天地，宰萬物，無死生，與天地同流；心以成性，盡心即是成性，心性歸於一。胡宏所論本心的內容、性質是與陸王基本一致的。在功夫論上，亦有相通之處。胡宏講「欲為仁，必先識仁之體」，講「求放心」，講「一有見焉，操而存之，存而養之，養而充之，以至於大，大而不已，與天地同矣」，講「萬物皆備於我，反身而誠」等本於孟子，直接承繼程顥，與陸王的發明本心和致良知的修養論極為相近。陸王不注重天命之性和氣質之性的區分，注重心的統一性和完整性，反對天理人欲相分，都非常接近胡宏，而與朱熹距離較遠。不過，胡宏的性體心用論是心性二元論，與陸王的心性一元還是有一定間隔。胡宏必先立一普遍客觀的性體，以為心之綱紀；性體心用，心是仁心，在質上同於性，但層次上是體用關係，雖然心也可成為本體，「天下有三大：大本也，大幾也，大法也。大本一心也。大幾萬變也。大法三綱也」〔註189〕，但胡宏不離開性單獨講心，強調心性對揚，心性相互規定。他說：「事物屬於性，君子不謂之性也，必有心焉，而後能治。裁制屬諸心，君子不謂之心也，必有性焉，然後能存。」〔註190〕胡宏認為，若無性的綱紀，只講「以心為宗」，「心生萬法」，難免流入異端：「有情無情，體同而用分。人以其耳目所學習，而不能超乎見聞之表，故昭體用以示之，則惑矣。惑則茫然無所底止，而為釋氏所引，以心為宗，心生萬法，萬法皆心，自滅天命，固為己

〔註187〕陸九淵：《語錄上》，《陸九淵集》卷三十四。

〔註188〕王陽明：《傳習錄中·答顧東橋書》，《王文成公書》卷二，第20頁。

〔註189〕胡宏：《知言·漢文》，《胡宏集》，中華書局，1987年版，第42頁。

〔註190〕胡宏：《知言·紛華》，《胡宏集》，中華書局，1987年版，第25頁。

私。小惑難解，大礙方張，不窮理之過也。彼其誇大言辭，顛倒運用，白謂至極矣，然以聖人視之，可謂欲仁而未至，有智而未及者也。夫生於戎夷，亦間世之英也，學之不正，遂爲異端小道。惜哉！」〔註191〕在胡宏看來，體用兼備，性體心用，才是聖人之道。陸九淵基本不講體用，不過從思想內容看，他講的心是有體有用的。王陽明講心兼體用，心統性情，在形式上與朱熹同，內容上實不同；與胡宏所論在形式和內容上有同有不同。他在《答石潭內翰》書中說：「夫喜怒哀樂，情也。既曰不可謂未發矣。喜怒哀樂之未發，則是指其本體而言，性也。……喜怒哀樂之與思與知覺，皆心之所發。心統性情。性，心體也；情，心用也。」〔註192〕王陽明的體系中，心即性，心性皆是體，是同一個體；喜怒哀樂與思維與知覺皆是心之用或性之用。心之用不僅包括情，還包括思維與知覺。心統性情不是朱熹所說的心、性、情三分結構，而是只有一個體用結構，即心與性同一，同是一個本體；其用是情。換句話說，心體情用與性體情用是一回事。在朱熹的體系中，心與性爲二，心只是認識主體，是實然的形氣之心，性爲心之體的含義是性具於心，心包攝性，而不是心性爲一。性爲情之體，只是形式的爲情之綱紀，性不能直接發爲情，要通過心才能發爲情。從內容看，性與情同；從生發結構看，性只是理，不能動；能動的是心，性要通過心發爲情，心與情的關係最近。朱熹的心統性情必須要說「心之體是性，心之用是情」、「性是體，情是用」「心兼性情，心兼體用」三個方面才能完備。如單說一個方面，可能會與王陽明的「心統性情」說相混淆。在胡宏的思想體系裏，心是本心，是仁心，心兼體用，當心是寂然之體時，情與欲與知覺思維皆是心的內容，處於寂然未顯狀態；當心感物而通時，情與欲與知覺思維由隱到顯。此一節，心體情用，心兼體用，在內容和形式上皆同於王陽明的心兼體用。但胡宏講的心必結合性以性爲之綱紀才能成爲本心。性與心的關係既是體用關係又是未發已發的關係，心還不能完全等同於性。所以，相對陸王心性完全爲一，胡宏性體心用的義理尚有一間未達。從思想史看，從性體心用到心性爲一是符合邏輯的發展的。

〔註191〕胡宏：《知言·陰陽》《胡宏集》，中華書局，1987年版，第9頁。
〔註192〕王陽明：《答石潭內翰》，《王文成公全書》卷四。

第三章 胡宏倫理思想的核心：
理欲觀和義利觀

　　理欲之辨和義利之辨是理學家倫理思想中的重要組成部分，是他們本體論、心性論的深化和成果，旨在爲現實生活和道德修養提供具體的價值原則。理欲關係是指社會法則特別是道德理性與人的生理欲求、物質欲求的關係問題。義利問題是道德規範、政治原則和物質利益、實際功利的關係問題。所以，理欲關係和義利關係經常交叉在一起。求義與謀利是人類兩大基本生存方式和存在目的。義利觀是社會倫理思想體系的重要組成部分，也是整個意義體系和物質利益體系的總和。在中國倫理思想史上，義利問題尤爲重要，在中國歷史上曾出現了三次義利之辨的高潮，即春秋戰國的義利之辨、兩漢前期以鹽鐵會議爲中心的義利之辨及兩宋時期的義利之辨。這幾次高潮都與當時經濟領域以及經濟所引起的社會變革、思想變革有緊密的、深刻的內在聯繫。兩宋時期，義利之辨與理欲之辨交融在一起，不僅使義利之辨激發，而且使義利之辨更趨理論化、系統化，使義利之辨達到了一個新的理論水平。理學家的義利觀具有鮮明的時代特點，主要表現是將義利觀和理欲觀奠定在本體論和宇宙論基礎之上使儒家重義輕利的義利觀獲得了堅實的理論基石並具有神聖性和崇高性；義、理本體化、絕對化，義利問題成爲人生的首要問題，義利關係、理欲關係緊張化、絕對化；去利存義、滅欲窮理成爲完善人格的道德修養功夫，道德修養內傾化。與理學家重義輕利的義利觀相對的是功利主義學派的義利觀。在這樣的一種義利觀的大氛圍中，胡宏的義利觀總體上是重義輕利的價值取向，但胡宏對理學諸儒的義利、理欲絕對對立觀作

了修正，提出「天理人欲同體異用，同行異情」的理欲觀，並進而影響到他的義利觀，表現出溫和的傾向，具有務實的品格，這使他的義利觀介於公利學派與理學主流學派之間。胡宏的義利觀和理欲觀是他倫理思想的重要特色，影響深遠，具有重要的意義。

第一節　理欲之辯

理欲之辨在中國思想史上由來已久。孔、孟不以理欲對舉，但並非沒有理欲觀念。孔子說：「君子謀道不謀食，君子憂道不憂貧。」「君子喻於義，小人喻於利」〔註1〕孔子為理欲關係定了基調。孟子說：「心之所同然者何也，謂理也、義也」〔註2〕，並提出寡欲以存理：「養心莫善於寡欲；其為人也寡欲，雖有不存焉者寡矣；其為人也多欲，雖有存焉者寡矣。」〔註3〕最早明確、詳細闡述理欲之辨的是《禮記‧樂記》：

> 人生而靜，天之性也；感於物而動，性之欲也。物至知知，然後好惡行焉。好惡無節於內，知誘於外，不能反躬，天理滅矣。夫物之感人無窮，而人之好惡無節，則是物至而人化物也。人化物也者，滅天理而窮人欲者也。

《樂記》以靜為人之天性，以感物而動為欲；將天理、人欲對舉，指出了好惡無節人化為物的危害性。宋儒對此高度稱讚，將理欲之辨進一步系統化、理論化。「天理是善，人欲是惡，理欲對立，明理滅欲」，成了宋代理學家理欲之辨的主要精神。在理欲、義利、公私和王霸關係中，理學家們更重視理欲關係，因為理欲關係是從主體的內在結構方面，從更深層次來說明人的價值追求及其所包含的矛盾。天理在理學家那裏是指宇宙的不可依易的必然法則、人的本然之性和人生當然之則，三者只是一個理。理是形上先驗本體，至善無惡。欲是指人欲、物欲、情欲，來源於形氣之私，故人欲與天理相對為惡。二程說：「視聽言動，非理不為，即是禮，禮即是理也。不是天理，便是私欲。」〔註4〕程頤說：「餓死事極小，失節事極大」〔註5〕二程弟子謝良佐

〔註1〕《論語‧里仁》。
〔註2〕《孟子‧告子上》。
〔註3〕《孟子‧盡心下》。
〔註4〕程顥、程頤：《河南程氏遺書》卷15，《二程集》，中華書局，1981年版，第144頁。

認為天理與人欲，此消彼長，此進彼退：「天理與人欲相對，有一份人欲，即減一份天理；有一份天理，即減一份人欲，人欲肆，天理滅矣。」〔註6〕朱熹更強調理欲的對立和衝突：「人之一心，天理存則人欲亡；人欲勝，則天理滅，未有天理人欲夾雜者。」〔註7〕天理、人欲不容共存、絕對對立，所以朱熹指出，為了成聖，為了存天理，對待人欲要像殺敵一樣，「克之、克之而又克之」，將人欲徹底消滅乾淨，「革盡人欲，復盡天理」〔註8〕。「存天理，去人欲」成了那個時代的價值主調。

　　胡宏提出「天理人欲同體異用，同行異情」的理欲觀，將理與欲整合在同一本體中，指出理欲不同僅在本體發用和流行中不同，要「進修君子深別焉」，給予了人欲一定的合理位置，在嚴辨理欲的理學氛圍中，刮起了一股清風。胡宏「理欲統一」觀是對理學陣營中「存理去欲」、「理欲對立」觀的糾偏，而不是反動。

一、理欲同體、同行

　　在理欲的關係上，胡宏認為，它們首先是統一的，即統一於性體。

　　　　天理人欲，同體而異用，同行而異情，進修君子，宜深別焉。〔註9〕

性體就是本體，理欲同體也就是同一本體。理欲同體是與胡宏本體論、心性論一致的，是本體論、心性論的自然衍化。胡宏以性為宇宙的最高本體。這與程朱以理為最高本體，其意蘊不同。在程朱，他們將倫理綱常上升為宇宙本體。朱熹說，天理是純粹潔淨空闊的世界，「實然只一天理，更無人欲」〔註10〕，人欲產生於後天的氣化世界，是後天氣質的產物。胡宏將人性範疇上升為本體，人性是道德理性和自然生理屬性的統一體，作為世界本原的性體，是萬物產生和存在的根據。性內在於萬物，使萬物成其為本身而存在。萬物是通過生命活動和運動變化發展的過程來表現自己本性的。這種表現各有條理，所以「萬物不同理，死生不同狀」〔註11〕萬物之生命活動條理源於本性，又表現

〔註5〕程顥、程頤：《河南程氏遺書》卷第22，《二程集》，中華書局，1981年版，第301頁。

〔註6〕謝良佐：《上蔡語錄》卷二。

〔註7〕朱熹：《學・力行》，《朱子語類》卷十三。

〔註8〕朱熹：《學・力行》，《朱子語類》卷十三。

〔註9〕朱熹：《宋朱熹胡子知言疑義》，《胡宏集》，中華書局，1987年版，第330頁。

〔註10〕朱熹：《宋朱熹胡子知言疑義》，《胡宏集》，中華書局，1987年版，第330頁。

〔註11〕胡宏：《知言・義理》，《胡宏集》，中華書局，1987年版，第30頁。

本性。性一分殊，萬物之性源於共同的性本體。所以性具萬理。同時形而上的本體必須落實於具體的人、物中，才得以表現。所以，一切現實的人性、物性都有其本體之性的根源；本體必以具體感性存在爲基礎。胡宏以性爲本體，其重心還在於人性論。人的一切屬性，道德屬性——仁義禮智，一切生理屬性——食色情欲，均有其所本，都根源於性本體，表現性本體。胡宏說：

> 貴賤，命也。仁義，性也。〔註12〕

又說：

> 夫人目於五色，耳於五聲，口於五味，其性固然，非外來也。聖人因其性而導之，由於至善，故民之化之也易。老子曰「不見可欲，使心不亂。」夫可欲者，天下之公欲也，而可蔽之使不見乎？〔註13〕

仁義固然是人的本性，五色、五聲、五味之性也非外來，爲本性固有，其語勢同於孟子肯認仁義禮智「我固有之，非外鑠也」。欲是性，「性譬諸水乎，則心猶水之下，情猶水之瀾，欲猶水之波浪」〔註14〕，波浪焉得非水，欲是性的表現形式；欲是性，人人得有欲，所以是天下之公欲，是自然而當然。理欲同體，不是說，理和欲作爲兩個獨立的實在、實體共處於一性之中，然後各自表現出來；而是說，本體的性是人既有仁義禮智的道德屬性，又有食色情欲需求的來源和根據，作爲未發之性，雖萬理具焉，又渾然一體。所謂「沖漠無朕，萬象森然已具」。以「中」形容性的性狀、體段則可；以「好個性」讚歎這一「天地鬼神之奧體」則可；而「世人以善惡言性，邈乎邈哉」。胡宏「理欲同體」觀也與他「性氣合一」觀邏輯一致。在胡宏，性與氣不是兩者獨立存在又同處於一體的關係，性是作爲氣的根據存在的。太和之道就是性與氣的一體不分而，通過氣化來化生萬物的：「胡子曰：一陰一陽之謂道。有一則有三，自三而無窮矣。老氏謂『一生二，二生三』，非知太極之蘊者也。」〔註15〕又說：「陽中有陰，陰中有陽，陽一陰，陰一陽，此太和所以爲道也。始萬物而生之者，乾坤之元也。物正其性，萬古不變，故孔子曰：成之者性。」〔註16〕在本體處，在源頭處，性與氣是合一的存在，那麼理欲在源頭處以同一個本體的形式存在也是可以理解的。

〔註12〕 胡宏：《知言·中原》，《胡宏集》，中華書局，1987年版，第48頁。
〔註13〕 胡宏：《知言·陰陽》，《胡宏集》，中華書局，1987年版，第9頁。
〔註14〕 胡宏：《知言·往來》，《胡宏集》，中華書局，1987年版，第13頁。
〔註15〕 胡宏：《知言·陰陽》，《胡宏集》，中華書局1987年版，第7頁。
〔註16〕 胡宏：《知言·大學》《胡宏集》，中華書局1987年版，第31頁。

　　在本體處，胡宏主張「性氣合一」的性一元論，在「成之者性」——人出生後，作爲現實的人性來說，胡宏也主性一元論，而不主張「天命之性」和「氣質之性」的「性二元論」。在張載和二程大講「天命之性」和「氣質之性」的理學氛圍裏，胡宏卻很少提及和區分這兩個概念，這不能不說，胡宏的性概念有特定內涵，不同於「性即理」。明確了這一點，那麼就可以說，「天理人欲同體異用」，同體就是同一「性體」，如果說，性即理，只是仁義禮智，那麼人欲豈能與之同一本體。天地之大德曰生，仁者，天地生物之心，仁義禮智被稱爲善德，就是因爲它是天地生物育物成物的內在德性。天命萬物以性，使萬物各正性命，萬物得以流行，天命本身得以流行；萬物「繼善性」成爲自我，成全自我，以承天命，以成天德。欲不在性中，萬物以何者爲性，萬物何得以生育長養。如只有「仁義禮智」，世界豈不是淪爲枯寂。又，儒家強調內聖外王，成己成人，成己成物；成人成物亦不過是使萬物各得其所，不知萬物之性，萬物基本的需求欲望都不加以肯定，何談參贊天地之化育。

　　朱漢民深刻地指出：「理欲所以能『同體』，還在於所謂『天理』的道德規範本身總是同社會群體的物質利益相關的，故而，從終極的本原來說，『天理』並不是『人欲』的絕對對立者。」〔註17〕就是說，作爲以道德原則爲實質內容的天理，不能不與利益相聯繫，可以說它與私欲是相對立的，但它作爲理，作爲善，必是維護社會整體利益的，說它與公利公欲爲一體的，應不爲過。

　　在胡宏看來，作爲統一體的性，既包括仁義禮智等道德理性，又包括感性欲望。孟子稱道德理性爲大體，稱感性欲望爲小體，以大體統小體。胡宏沒有這樣提出大體小體之分，他還注意區別了人與其他生物之間的「生之謂性」。「目之所可視者，禽獸皆能視也。耳之所可聞者，禽獸皆能聽也。視而知其形，聽而知其聲，各以其類者，亦禽獸之所能也。視萬形，聽萬聲，而兼辨之者，則人而已。〔註18〕」其實，這裏表明，目視耳聽等「生之謂性」中，也具有類的差別，人的感性中蘊藏著理性，理性從感性中見。又如：「夫婦之道，人醜之者，以淫欲爲事也，聖人安之者，以保合爲義也。接而知有禮焉，交而知有道焉，惟敬者爲能守而勿失也。語曰：樂而不淫，則得性命

〔註17〕朱漢民：《湖湘學派與湖湘文化》，湖南大學出版社，2009年版，第179頁。
〔註18〕胡宏：《知言・往來》，《胡宏集》，中華書局，1987年版，第15頁。

之正矣。謂之淫欲者，非陋庸人而何？」﹝註19﹞夫婦之道，本爲性所有，是人性中應有之義，不可謂之「非性」，爲「淫欲之事」；以保和爲義的夫婦之道，也能使人性與動物性區別開來。

對胡宏「理欲同體異用，同行異情」的觀點，朱熹、張栻、呂祖謙集體進行了討論，見之於《知言疑義》。朱熹堅決反對：「熹按此章亦性無善惡之意，與『好惡，性也』一章相類，似恐末安。蓋天理，莫知其所始，其在人，則生而有之矣，人欲者，梏於形，雜於氣，狃於習，亂於情，而後有者也。然既有而人莫之辨也，於是乎有同事而異行者焉，有同行而異情者焉。君子不可以不察也。然非有以立乎其本，則二者之幾微曖萬變，夫孰能別之？今以天理人欲混爲一區，恐未允當。」朱子站在理本論的角度，以爲天理本有，人欲爲後起，二者決不能同體。但後來朱熹接受了「理欲同行異情」的提法。呂祖謙曰：「天理人欲同體而異用者，卻似未失。蓋降衷秉彝，固純乎天理，及爲物所誘，人欲滋熾，天理泯滅，而實未嘗相離也。同體異用，同行異情，在人識之耳。」呂祖謙的意思是理欲同一人體，人爲物誘則天理失。張栻對「理欲同體」敏感，選擇性地接受了「同行異情」。今之學者對「同體」的「體」有不同意見。勞思光認爲「理欲同體」的「體」不應是「本體」，在本體論系統中，理欲是不可同體的；胡宏的原意應是「理欲統一於天道」，這在「天道觀」中尚講得通，不過如此一來，「天道」的價值意義將不復存在。﹝註20﹞可見，勞思光是否定「理欲同體」的。朱漢民認爲「同體」是「同一性體」：性體就存在形而下的感性情欲之中；感性情欲也必然體現形而上的性體。﹝註21﹞陳來與牟宗三的觀點是一致的，認爲「同體」是「同一事體」，天理和人欲雖屬同一事體，但具體表現卻有不同的功用﹝註22﹞。筆者認爲，根據胡宏性本體的內容和特點，「同體」應是「同一本體」。既然同一本體，也就同一心體，同一人體；而同一事體實則是同行，是本體的發用。事體本身不是理，也不是欲，是理和欲的承載著。同一事體，既可以是欲，也可以是理，全在心之發而中節與否。順理而發，形式上是欲的，欲即是理，如夫婦之道，保和爲義；由私心而發的，表面上是行善做好事，也不能稱之爲善。

﹝註19﹞ 胡宏：《知言·陰陽》，《胡宏集》，中華書局，1987 年版，第 17 頁。
﹝註20﹞ 勞思光：《中國哲學史》第三卷，香港友誼出版社，1980 年，第 359～360 頁。
﹝註21﹞ 朱漢民：《湘學原道錄》，中國社會科學出版社，2002 年，第 85 頁。
﹝註22﹞ 陳來：《宋明理學》，遼寧教育出版社，1995 年，第 153 頁。

二、理欲異用、異情

異用、異情表現在：第一，內涵不同。欲有不同層次，在胡宏的論述裏，包括這幾個方面：（1）一般的物欲，目於五色，耳於五聲，口於五味，「其性固然，非外來也」；（2）富貴，「富貴，人之所大欲，貧賤，人之所大惡」，這亦是人之常情；（3）功名，「今之學者求人知」，「有好功名而輕爵祿之臣，是人也，名得功成而止矣」，建功立業，聞達於世。天理主要指仁義禮智。如果將欲不限於物欲，理解為廣義的人生需求，那麼仁義禮智是人生的最高層次的欲。實則，既然天理人欲相對而提，畢竟不同，它們是人性的不同層次。第二，價值層次不同。欲與個體感性需要相關聯，具有特殊性，即使是「天下之公欲」也是如此。「夫人生於世，用物以成其生耳，其久能幾何，而世人馳騖不反也」〔註23〕，「江河之流，非舟不濟，人取其濟則已矣，不復留情於舟也。澗壑之險，非梁不渡，人取其渡則已矣，不復留情於梁也。人於奉身濟生之物皆如是也，不亦善乎！澹然天地之間，雖死生之變不能動其心矣」〔註24〕。天理是天下之公理，具有普遍性，與社會群體相關聯。胡宏主張天理的價值高於人欲，「富貴，一時之利；良心，萬世之彝」〔註25〕。第三，人欲有流入惡的危險。「人欲盛，則於天理昏。理素明，則無欲矣。」〔註26〕

因為天理人欲同體、同行，所以其異用異情難別難識，「進修君子宜深別矣」。基於此，胡宏從現實的角度出發，針對不同對象，提出了不同的修養方法。對於普通老百姓，因為「雖堯舜之民比屋可封，能使之由而已，亦不能使之知也」，「甚哉，知之難也」，所以「因其性而導之，由於至善，故民之化之也易」。〔註27〕對於進修君子，應該讓他們做窮理盡性和以理導欲的工夫，「窮理盡性以成吾仁，則知天下無大事，而見天下無固物。雖有怒，怒而不遷矣。雖有欲，欲而不淫矣」〔註28〕。對於大臣和君主，則提出，「人君欲救偏信之禍，莫先於窮理，莫要於寡欲。窮理寡欲，交相發者矣」〔註29〕，「寡欲之君，然後可與言王道。無欲之臣，然後可以言王佐」〔註30〕。

〔註23〕胡宏：《知言・陰陽》，《胡宏集》，中華書局，1987年版，第8頁。
〔註24〕胡宏：《知言・文王》，《胡宏集》，中華書局，1987年版，第18頁。
〔註25〕胡宏：《知言・仲尼》，《胡宏集》，中華書局，1987年版，第116頁。
〔註26〕胡宏：《知言・紛華》，《胡宏集》，中華書局，1987年版，第24頁。
〔註27〕胡宏：《知言・陰陽》，《胡宏集》，中華書局，1987年版，第8頁。
〔註28〕胡宏：《知言・紛華》，《胡宏集》，中華書局，1987年版，第25頁。
〔註29〕胡宏：《知言・紛華》，《胡宏集》，中華書局，1987年版，第26頁。
〔註30〕胡宏：《知言・好惡》，《胡宏集》，中華書局，1987年版，第10頁。

三、理欲之辨與王霸之辨

　　胡宏不僅從個人修身這個角度明理欲之辨，更從歷史角度，國家天下興亡這個角度明王霸之辨，以勸諫統治者行王道，施仁政。胡宏說：「天理絕而人欲消者，三代之興王也。假天理而濟人欲者，五霸是也。以人欲行而暗與天理合者，自兩漢以至於五代興王盛主也。」〔註31〕夏商周三代，是胡宏心中理想的治世。三代之興王特指夏禹、商湯、周文王，泛指三代的英明君王，如周武王等。「道可述，不可作。述之者天也，作之者人也。三王述之，五伯作之。其功德可考也。」〔註32〕三王德合天地，所行即是道，由仁義行，非行仁義。「克儉於家者，舜之所以美大禹也」〔註33〕；「湯、武之有天下，而無我取人之嫌」〔註34〕；「文王之行王政，至善美也」。「三代之盛，王行一不義，殺一不辜而得天下不為」，「三王之所以王者，以其能制天下之田里，政立仁施，雖匹夫匹婦，一衣一食如解衣衣之，如推食食之，其於萬物誠有調羹之法，以佐贊乾坤化育之功，非如後世之君，不仁於民也。」〔註35〕在三王身上，不存在天理人欲的對立，純乎天理，天理人欲相融為一，「雖匹夫匹婦，一衣一食如解衣衣之，如推食食之」，所以說「天理絕而人欲消」。五霸是「假天理而濟人欲」，假借天理來滿足自己稱霸的私欲。對五霸假借仁義以濟私欲，胡宏做了具體分析，而不是簡單否定。「今有人假人之器以為用，方其用也，謂之非己用可乎？為己用矣，謂之文具而實不從可乎？用之未歸，以至於沒身，孰知非己有乎？五霸假仁義而不歸，則既有之矣，其得罪於三王，何也？以有為而為之也，此王霸之所以分乎！」〔註36〕五霸假借仁義猶如假人之器，本非己有，當他們資仁義以用時，不能說不是自己的就不能用；五霸借用仁義直至沒身，也算得上「既有之矣」。五霸之事功屬歷史事實，在胡宏看來也在於他們「唯其執之，不致中道而廢，是以得成霸者之名耳」。然而，胡宏還是從動機上，從理欲相分之幾微上，對王與霸做了區分：「二帝三王施仁政、定天下之功，盡道而已，非有利天下之心也。五霸仗義結信，摟諸侯，獎王室，謀自強大，非有正天下之心也。」「其得罪於三王，何也，以

〔註31〕胡宏：《與樊茂實書》，《胡宏集》，中華書局，1987年版，第124頁。
〔註32〕胡宏：《知言・陰陽》，《胡宏集》，中華書局，1987年版，第8頁。
〔註33〕胡宏：《知言・大學》，《胡宏集》，中華書局，1987年版，第32頁。
〔註34〕胡宏：《知言・紛華》，《胡宏集》，中華書局，1987年版，第24頁。
〔註35〕胡宏：《知言・文王》，《知言》，中華書局，1987年版，第18～19頁。
〔註36〕胡宏：《釋疑孟》，《胡宏集》，中華書局，1987年版，第323頁。

有爲而爲之也，此王霸之所以分乎！」〔註37〕所謂「無爲之爲，本於仁義，善不以名而爲，功不以利而動，通於造化，與天地相始終。」〔註38〕動機上是否出於天理，也關係到事功的大小遠近：「三王正名興利者也，故其利大而流長；五霸假名爭利者也，故其利小而流近。」〔註39〕一方面肯定王霸的區別，一方面也不否定霸的功利。五霸表面上是仁義的，仁義是器，是工具，做霸主是鵠的；兩漢至五代興王聖主則明目張膽地炫耀文治武功，但他們在客觀上維護了國家的穩定，使國家得到了強大，老百姓在一定程度上改善了生存處境，如歷史上的「文景之治」「光武中興」「貞觀之治」「開元盛世」等。這種客觀上推動歷史發展的效果，在某種程度上是符合天理的，雖然不是這些興王盛主主觀上自覺地符合天理，所以說是「暗合」。這與興王盛主爲鞏固自己的統治，注意總結歷史上統治者的經驗教訓，做出一些政治改良有關。所以，胡宏總結道：「存一分天理而居平世者，必不亡；行十分之人欲而當亂世者，必不存。」〔註40〕提醒統治者，在平世也要存天理，積善德；在亂世更不能人欲滔天，爲所欲爲。胡宏這裏似乎在勸諫當時南宋小王朝統治者，即使不能像三代興王一樣純乎天理，也要像歷史上的興王盛主有所作爲。這當然是引申出來的意思，實際上胡宏在批評當時的統治者連五霸和興王盛主都趕不上。

雖然在總體上胡宏是尊王賤霸的，但對霸的功業沒有簡單否定。胡宏看到，在理與欲的關係上，不是簡單的對立，而是一種「同體異用同行異情」的關係。

四、胡宏理欲之辨的意義

胡宏理欲之辯自有它的理論意義和現實意義。胡宏理欲觀是對前人各種理欲觀的總結，具有合理的因素和積極的意義。「天理人欲同體異用，同行異情」的命題，爲欲的合理性、正當性提供了本體上的論證。理欲同體是與胡宏立性爲天下之大本的本體論的立言宗旨一貫的，胡宏以性爲本體，目的就是將「形而上與形而下」貫通統一起來，主體與客體貫通統一起來，內聖與外王貫通統一起來，有體有用，與佛道以現實人生爲虛無，主張去欲、滅

〔註37〕胡宏：《釋疑孟》，《胡宏集》，中華書局，1987年版，第323頁。
〔註38〕胡宏：《知言·好惡》，《胡宏集》，中華書局，1987年版，第11頁。
〔註39〕胡宏：《知言·紛華》，《胡宏集》，中華書局，1987年版，第26頁。
〔註40〕胡宏：《與樊茂實書》，《胡宏集》，中華書局，1987年版，第124頁。

欲的價值觀區別開來，也與那些高談性命之學、無利人濟物之實、「有體無用」的學問區別開來。而「異用」「異情」又為人們提出了修養的必要性，指明了修養的方向。胡宏「寡欲」的主張主要是針對統治者而言的，針對一般老百姓，胡宏主張導其欲而止於至善。對整個社會來說，統一理欲，協調理欲是社會健康發展的必要條件。後之學者，看到了胡宏理欲觀的合理性，肯定和發揮了「天理人欲同體異用，同行異情」的思想，如魏了翁、王船山等。

第二節　義利之辯

以二程、朱熹、陸九淵為代表的宋代的理學家繼承了孔孟先秦儒家的重義輕利觀，並將義利之辨奠定在本體論和宇宙論和心性論基礎之上，嚴辨義利，將義上升到形上本體高度，將利等同於形下的私利和私欲，就把義利截然對立起來，使義的價值意義神聖化。他們對與害相對的一般意義上的利並不反對。二程說：「利者，眾之所同欲也。專欲利己，其害大矣。」〔註41〕程頤說：「利害者，天下之常情也。人皆知趨利避害。」〔註42〕利是人共同欲求的，趨利避害是人之常情。朱熹也說：「利不是不好」，「利，誰不要」〔註43〕。但一提到主體主動追求的有利於自己的功利，則皆歸於不善，與義相對。真得秀說：「對義言之，則利為不善，對害言之則利非不善」〔註44〕程頤說：「只營衣食卻無害，惟利祿之誘最害人。」〔註45〕對於維持生計的利是與害相對的，不能就害去利；一講到利祿，就是與義相對的，是最害人的：「不獨財利之利，凡有利心，便不可。如做一事，需尋自家穩便處，皆利心也。」〔註46〕不但追求利祿的動機是私心，在做一件事情時，存一點自身的穩便就是利心，這都是與義相背離的。義是與私利絕對對立的：「大凡出義則入利，出利則入義。天下之事，惟義利而已。」〔註47〕朱熹認為義即「天理之所公」，為善之

〔註41〕 程顥、程頤：《河南程氏粹言》卷1，《二程集》，中華書局，1981年版，第1187頁。

〔註42〕 《河南程氏遺書》卷17，《二程集》，中華書局，1981年版，第176頁。

〔註43〕 《朱子語類》卷21。

〔註44〕 《西山讀書記》卷8，《橫浦學案》，《宋元學案》卷40。

〔註45〕 程顥、程頤：《二程集・河南程氏遺書》卷15，中華書局，1981年版，第166頁。

〔註46〕 程顥、程頤：《二程集・河南程氏遺書》卷16，中華書局，1981年版，第173頁。

〔註47〕 程顥、程頤：《河南程氏遺書》十一，《二程集》，中華書局，1981年版，第124頁。

本；利即「人欲之私」〔註48〕，為惡之根，私與利隨形氣而生，「有個不好底根本」〔註49〕。張載、二程、朱熹等雖然認為義利相對時，利是指私利，義是指公利，但他們講的公利又有「利國」「利民」之別，認為「利國」也不善。張載說：「利於民則可謂利，利於身利於國皆非利也。」〔註50〕朱熹認為宋神宗發奮收復疆土，報仇雪恥也屬功利目的，應該加以反對。

　　總的來說，胡宏的義利觀屬於理學陣營的，重義輕利是其主導思想，但相對來說胡宏對義利關係的一些具體提法要相對溫和一些，對義利絕對對立關係作了修正。這主要是胡宏的本體論與其他理學家不同，再加上胡宏更關注南宋王朝收復疆土，雪恥復仇的現實需要。胡宏的義利觀涉及個人的價值取向、價值選擇，道德的起源和本質，社會目標的內涵和實現途徑等方面，下面分別闡述。（注：賈新奇認為：傳統倫理學中的「義利之辯」不僅涉及個人道德選擇問題，還包括道德的本質，社會目標及其實現途徑問題。這無疑拓寬了義利問題研究的視野，深化了傳統義利思想的研究。本文在研究胡宏的義利觀時，將以此模型為借鑒。）〔註51〕

一、個人價值取向和價值選擇

　　價值取向是主體價值觀念、價值標準的集中反映，標明選擇價值的方向。價值選擇是主體根據自己的價值取向，對各種具體價值關係做出取捨的決定。價值取向指導和規定著加值選擇的方向，影響著價值選擇主體的選擇決心和意志；價值選擇的執行體現了主體的價值取向。義、利相提並論時，義利代表著兩種不同的價值系統、價值方向和價值原則。義是指道德價值、道義價值；利是指物質利益價值和功業、功名等價值。義利之辨的核心問題是二者誰最重要，誰具有更根本的意義，誰統帥誰。在中國歷史上，一般說來，儒家重義輕利，墨家義利並重，法家崇利簡義，道家和佛家義利雙棄。

（一）義本利末

　　天下萬事本諸仁義。胡宏首先從本體論的高度論證了仁義是性，是道，是天下的根本，確立了仁義的最高價值地位。性是天下的大本，萬物皆性所

〔註48〕朱熹：《四書集注》，嶽麓書社，1987年版，第292頁。

〔註49〕朱熹：《朱子語類》卷62。

〔註50〕張載：《語錄中》，《張載集》，第323頁。

〔註51〕賈新奇：《論傳統倫理學中義利問題的類型》，《陝西師範大學學報》（哲學社會科學版），2009年第6期，第51～56頁。

有。而仁義又是性的內容，仁義就是人道。道規定著人的生死：「魚生於水，死於水，草木生於土，死於土，人生於道，死於道，天經也。」〔註52〕人由道而得以生，離道而死。道是人的根本。正像水之於魚，土之於草木。至於飲食、車馬、衣裘、宮室之用，也是道中合有的濟生之物，若離道而求之必不能享。「飲食、車馬、衣裘、宮室之用而道所以有濟生者，猶龜有蘋藻泥沙，草木有風雷雨露也。如使魚而離水，雖有蘋藻泥沙，則不能生矣；如使草木而離土，雖有風雷雨露，亦不能以生。今人也而離道，飲食雖豐，裘服雖鮮，車馬雖澤，宮室雖麗，其得而享諸？」〔註53〕雖然，人離卻濟生之物會導致生命的死亡，離道不見得立刻導致生命的死亡，但人離人道已非人矣，是人的價值的死亡。沒有仁義，遲早必自致禍害，飲食、車馬、衣裘、宮室之用均不得享。胡宏進而得出天下萬事必本於仁義的結論：「士所以立身，大夫所以立家，諸侯所以立國，天子所以保天下，必本諸仁義也。」〔註54〕

義是衡量一切行為的標準。「義者，權之行也，仁，其審權者乎！」〔註55〕義是衡量行為的標準，義意味著別和分，意味著利益的劃分、區分；這種區分劃分又是統一的，統一於仁，因為仁意味著普遍的愛，意味著萬物一體。所以胡宏反覆強調「仁體義用」：「義有定體，仁無定用。」〔註56〕從本體論來看，仁義是性的內容，仁義既是天道，又是人道。仁義表現於現實即是當時社會的道德原則、道德規範以及人們內在的普遍的道德意識即當然之則。胡宏等理學家講的義實質上是指封建社會的「三綱」「五常」。符合三綱五常的就是義，否則就是不義。封建社會秩序和倫理道德原則是義的具體內容。所以義有定體。具體事務具體行為是變化的，在用道德原則和規範來衡量是非善惡時，需權變，權變的依據是仁。所以，仁是義的根據，仁無定用。具體衡量一個人及其行為的善惡是非時，胡宏講了三條標準。一是從動機上區分。動機從有為之為和無為之為上分辨。「有為之為，出於智巧。血氣方剛，則智巧出焉。……或知功之可利而銳於立功，或知名之可利而進以求名，或知正直之可利而勉於正直，或知文詞之可利而習於文詞，皆智巧之智也。上好恬退，則為恬退以中其欲；上好剛勁，則為剛勁以中其欲；上好溫厚，則為溫厚以

〔註52〕 胡宏：《知言・仲尼》，《胡宏集》，中華書局，1987年版，第17頁。
〔註53〕 胡宏：《知言・仲尼》，《胡宏集》，中華書局，1987年版，第17頁。
〔註54〕 胡宏：《知言・天命》，《胡宏集》，中華書局，1987年版，第3頁。
〔註55〕 胡宏：《知言・天命》，《胡宏集》，中華書局，1987年版，第3頁。
〔註56〕 胡宏：《知言・修身》，《胡宏集》，中華書局，1987年版，第5頁。

中其欲；上好勤恪，則爲勤恪以中其欲；上好文雅，則爲文雅以中其欲，皆智巧之巧也。」相反，「無爲之爲，本於仁義。善不以名而爲，功不以利而勸，通於造化，與天地相終始，苟不至德，則至道不凝焉。」〔註57〕有爲之爲，在動機上就指向利，有的直接指向功，有的直接指向名，有的表面上是勉於正直，習於文詞，或爲溫厚，或爲勤恪，或爲文雅，實則不是出於誠心實意，背後的動機和目的是爲名爲利。這都是智巧，是有爲之爲，其有爲是爲一己私利。無爲之爲是不以名而爲，不以利而動，只看道義如何，合道義的就行，「行道德而不捨」；不合道義的，「寧貧賤而爲匹夫，不願王公之富貴也」〔註58〕。二是手段上區分。在國家治理上，胡宏區分了「道義手段」和「勢力手斷」。認爲，兩者的效果是很不一樣的。「天下有二難：以道義服人難，難在我也；以勢力服人難，難在人也。由道義而不捨，禁勢力而不行，則人心服，天下安。」〔註59〕因爲道義符合人的本性，只要我順應人的本性而行，人自然心悅誠服。勢力外在於人的本性，以勢力服人就在取決於人家的態度和選擇了，雖然表面上可能屈於勢力而服，內心不見得誠服。這就在於命了。胡宏對這層意思作了性與命之分的解釋，認爲性可必，命不可必。三是從效果上區分。從大方向上胡宏承繼了孔孟傳統儒家及宋代前輩理學家重義輕利、注重動機不注重功效的義利觀，主張本於仁義的「無爲之爲」，不以名爲，不以利動。這是胡宏與功利學派的區別。但具體到評價王霸之分和歷史人物時，胡宏又不絕對否認功利，相反，能從功利的大小和影響做出較客觀的評價，曲折地肯定功利和道義的統一性，顯示出胡宏在主要用道德觀評價考察歷史事件歷史人物時，也具有一定的歷史觀的合理因素。

（二）義利和合

第一，志謀天下利、萬世利。胡宏講謀公利講得鮮明、理直氣壯：「一身之利，無謀也，而利天下者則謀之。一時之利，無謀也，而利萬世者則謀之。存斯志，行斯道，躬耕於野，上以奉祀事長，下以慈幼延交遊，於身足矣。易曰：不家食，吉。是命焉，烏能舍我靈龜而逐人之昏昏也？」〔註60〕程頤、朱熹等人一定意義上將義利之別等同於公私之別，認爲義是公，利是私，但

〔註57〕　胡宏：《知言‧好惡》，《胡宏集》，中華書局，1987年版，第11～12頁。
〔註58〕　胡宏：《知言‧仲尼》，《胡宏集》，中華書局，1987年版，第16頁。
〔註59〕　胡宏：《知言‧義理》，《胡宏集》，中華書局，1987年版，第31頁。
〔註60〕　胡宏：《知言‧紛華》，《胡宏集》，中華書局，1987年版，第24頁。

他們並不直接講公就是公利，釋「公」為仁、為禮、為天理，注重將利等同於私義、私利，利即是惡。這一點，張岱年一語中的：「儒家並不反對公利，然而亦不講公利，其所注重，乃在發揮人之所以為人者。」〔註61〕胡宏這裏顯然標明了重公利輕私利的傳統儒家價值取向，值得注意的是胡宏直接講有志於謀天下之利，萬世之利，一方面表明他並不忌諱講利，披露了他堅持主張「體用兼備」為聖人之學，反對空談仁義的為學旨趣；另一方面將利與義聯繫起來、統一起來，指出公利即是義，即是道。義並不是完全抽象的，它實際上是指向利的，只不過胡宏認為它指向公利而已。聯繫當時的現實，胡宏講的公利既指天下民眾的利益，因為胡宏等理學家均有強烈的民本思想；另一方面也指宋王朝的長治久安的統治階級利益，尤其是勸諫南宋王朝要從仁義出發，經國遠圖，施仁政，收復失地，血仇國恥，迎還二聖。

第二，功德盡聖人之蘊。聖人是儒家的理想人格，是人類最高道德的化身和體現，成聖是儒家修養的最高目標，那麼聖人是不是忽視事功或不屑於事功或沒有事功呢？胡宏的看法是否定的，在他看來，聖人是德與功的完滿體現。他批評莊子說：「莊周乃曰：『聖人之道，真以治身，其緒餘土苴以治天下。』豈其然乎？」〔註62〕莊周認為聖人之道的精髓只在於自身的修養，而不在於治理天下，將修身與治理天下，道德與事功完全割裂開來。胡宏將德與功統一的理論基礎是其本體論。一方面，因為天命之謂性，天命無窮，至誠無息，息則無道矣。他說：「『維天之命，於穆不已』，聖人知天命存於身者，淵源無窮，故施於民者溥博無盡，而事功不同也。知之，則於一事功可以盡聖人之蘊；不知，則一事功而已矣，不足以言聖人也。」〔註63〕聖人事功是聖人法天之道而不私己，至誠無息的體現，所以聖人施與百姓的恩澤溥博無盡，這與一般的事功是不同的。另一方面，天人一體，道不離物，物不離道，性外無物，物外無性，可離非道也，所以聖人之道必體現在事功之中。「事本乎道，道藏乎事，天生人，人成天。三皇尸其體，五帝妙其用，禹、湯、文、武成其功，孔子、孟軻傳其學。軻之死，雖未有得其傳者，惟皇上帝降衷於下民，若有恒性，誰能出不由戶，何莫由斯道也。」〔註64〕聖人事

〔註61〕 張岱年：《中國哲學大綱》，中國社會科學出版社，1982年版，386頁。
〔註62〕 胡宏：《知言‧陰陽》，《胡宏集》，中華書局，1987年版，第9頁。
〔註63〕 胡宏：《知言‧陰陽》，《胡宏集》，中華書局，1987年版，第9頁。
〔註64〕 胡宏：《皇王大紀論‧西方佛教》，《胡宏集》，中華書局，1987年版，第323頁。

功形態不一樣，大小也不一樣，但他們共同的地方是均以各自的事功體現了同一的天命和天道。

根據功德統一的聖人史觀，胡宏認為歷代聖王之所以被人懷念和推崇，其實與他們有不朽的功業讓百姓受其恩惠分不開的。「自燧人氏而上，則三皇之世也。包羲、神農、黃帝、堯、舜，是五君者，有先天地開闢之仁，後天地製作之義，人至於今受其賜。故孔子曰：『包羲氏沒，神農氏作；神農氏沒，黃帝、堯、舜氏作。』」〔註65〕而對於孔子沒有提及上古的少吳、顓頊、高辛三位帝王的原因，胡宏也從他們的事功不足方面作了解釋：「黃帝之後，少吳、顓頊、高辛皆嘗帝天下矣。孔子所以越而遺之，必稱堯舜者，以三君居位，僅可持其世而已，未嘗有製作貽萬世故也。則五帝之名以定矣。」〔註66〕三皇五帝與少吳、顓頊、高辛的區別在於前者「有製作貽萬世」，後者只能「持其世」。所以，胡宏提出聖賢的差別及聖人境界是：「窮則獨善其身，達則兼善天下者，大賢之分也。達則兼善天下，窮則兼善萬世者，聖人之分也。」〔註67〕

（三）當爵祿而不輕，行道德而不捨

胡宏認為，爵祿富貴是利，本身並不是惡，而是所有人共同欲求的對象：「富貴，是人之所大欲；貧賤，是人之所大惡。」〔註68〕欲富貴惡貧賤是人之本情，人之本性。因為，胡宏是主張理欲同體異用，同行異情的。在本體論上主張理欲同體，就給了欲和利一定的位置，說明了欲和利存在的合理性；而在宇宙論或發生論上，主張理欲異用、異情，就指出了道德價值的崇高性、優位性，和道德修養的必要性，修養的目的就是使性中之理發於中節，由中致和。利欲既是性中本有的，便不可完全否定，應該通過修養以義制利，使利合義，達於至善。

有德而富貴，安於富貴便是中道。胡宏說：「人君雖不可勞人而佚己，亦不當薄己以厚人。貴為天子，富有天下，其奉養有度，自不致於薄也。」〔註69〕這是針對大禹這樣的有德天子而言的，認為天子富有天下，奉養有度是合乎中道的，天子應該安於中道。「大禹貴為天子，富有天下，而菲飲食，

〔註65〕胡宏：《皇王大紀論·皇帝王霸》，《胡宏集》，中華書局，1987年版，第222頁。
〔註66〕胡宏：《皇王大紀論·皇帝王霸》，《胡宏集》，中華書局，1987年版，第222頁。
〔註67〕胡宏：《知言·紛華》，《胡宏集》，中華書局，1987年版，第26頁。
〔註68〕胡宏：《知言·仲尼》，《胡宏集》，中華書局，1987年版，第17頁。
〔註69〕胡宏：《皇王大紀論·大禹菲惡》，《胡宏集》，中華書局，1987年版，第236頁。

惡衣服，卑宮室，不享其奉，無乃非中道耶？」〔註70〕大禹爲什麼有德而不享其奉呢？胡宏對大禹的行爲作了深層次的解釋，認爲大禹是出於孝心不忍而爲之，因爲大禹的父親因治水而獲罪，禹因治水而獲功，禹懷念父親不忍心享其奉：「吁！鯀堙洪水，得罪於天下，以殛死者也。禹平水土，得天下心，以有天下者也。父以此誅，己以此王，雖身得享其奉，而有所不忍，故菲惡卑陋，不以天子爲尊榮也。夫古之人愛其親，有深長之思如此哉！故孔子重贊之日：『吾無間。』然有天下而不與，於此見之矣。」〔註71〕雖然物質享受和孝親都是出於人性，但兩相比較，但大禹選擇了孝親而放棄了應有的物質享受，這是大禹在特殊情況下所體現的中道。

爵位儀章，德之飾也。胡宏認爲，爵位儀章是德的一種外在表徵，應該與德相稱。「爵位儀章，德之飾也。有德，則爲等威，君子之所欲。無德，則器物而已矣，君子賤焉。」有德，爵位儀章就是相應的德望和聲威，那也是君子所想要的；無德，爵位儀章只是器物而已，君子輕視僅僅是器物的爵位儀章。真正的君子絕不輕視爵祿的，只看道義如何：「當爵祿而不輕，行道義而不捨者，君子人歟？君子人也。」〔註72〕這樣的君子就不是代表道義的抽象人格，而是真正體現了性命與道的活生生的生命。他們一方面當爵祿而不輕，另一方面無其位亦安之：「有其德，無其位，君子安之；有其位無其功（疑當爲德），君子恥之。君子之遊世也以德，故不患乎無位；小人之遊世也以利勢，故患得患失，無所不爲。」〔註73〕君子處世以德爲上，小人處世以利爲上，在君子那裏，「爵位功名，得之不以爲重，失之不以爲輕」〔註74〕，而小人只能是患得患失，因此而無所不爲。

富可厚恩，貴可廣德。有德而富貴者不但安於富貴就是中道；而且因爲有德之人能夠以其富貴推恩廣德，造福於人，所以富貴在有德之人是具有很高的價值的，是與義內在統一的。胡宏說：「富可以厚恩，貴可以廣德，是君子之所欲。」〔註75〕對於無德而富貴者而言，富貴招致的害處有時要大於貧賤。「有德而富貴者，乘富貴之勢以利物；無德而富貴者，乘富貴之勢以殘身。

〔註70〕 胡宏：《皇王大紀論・大禹菲惡》，《胡宏集》，中華書局，1987 年版，第 236 頁。
〔註71〕 胡宏：《皇王大紀論・大禹菲惡》，《胡宏集》，中華書局，1987 年版，第 236 頁。
〔註72〕 胡宏：《知言・往來》，《胡宏集》，中華書局，1987 年版，第 11 頁。
〔註73〕 胡宏：《知言・好惡》，《胡宏集》，中華書局，1987 年版，第 10 頁。
〔註74〕 胡宏：《知言・往來》，《胡宏集》，中華書局，1987 年版，第 11 頁。
〔註75〕 胡宏：《知言・好惡》，《胡宏集》，中華書局，1987 年版，第 11 頁。

富貴，人之所大欲；貧賤，人之所大惡。然因貧賤而修益者多，因富貴而不失於昏淫者寡，則富貴也，有時而不若貧賤矣。」〔註 76〕所以，富貴與義同行即是善，與不義同行即是惡。

二、道德的起源和本質

第一，關於道義的起源、內容和標準。胡宏繼承《易傳》《中庸》的思想，特別是深受周敦頤、張載、二程哲學本體論的影響，通過構建形上本體來論證人類道德的來源和封建道德原則的合法性、合理性、必然性，增強人們遵循封建道德的自覺性、自律意識。認為「性立天下之有」，「義理，群生之性」，道德來源於性本體，人類的道德生活通過「盡心成性」來實現。也就是說道德不是人根據利益的需要制定的，道德是天命之性，是人的本性所固有的，即「率性之謂道」。

第二，關於道德的本質。道義具有最高價值，道義與人類或人的根本利益、人類的整體利益、長遠利益是自然統一的。這裏包括兩層含義。第一，「以義為利」，義即是利。從個體看，人只要心懷仁義，由仁義行即安，而不在乎利害得失。「有其德，無其位，君子安之。有其位，無其功，君子恥之。君子之遊世也以德，故不患乎無位；小人之遊世也以利勢，故患得患失，無所不為。」〔註 77〕因為，仁義是人之為人、區別於其他生命的本質，居仁由義，毋失父母之性，正名為人，是人最高的內在價值。此價值足乎己，無待於外。從社會整體角度看，社會整體利益、長遠利益即是義。這是儒家的共識。儒家孜孜以求，切切於世，無非是以實現王道理想社會為鵠的。胡宏反覆倡導要復三代之治，社會理想和目標即是義和利的高度統一。第二，道義能夠帶來利益，包括個人利益和整體利益。「人之道，奉天理者也。自天子達於庶人，道無一也。得其道者，在身身泰，在家家泰，在國國泰，在天下天下泰。失其道，則否矣。人道否，則夷狄強而禽獸多，草木蕃而天下墟矣。」〔註 78〕

就個人來說，「處己有道，則行艱難險厄之中無所不利；失其道，則有不能堪而忿欲興矣。是以君子貴有德也。」〔註 79〕「下之於上德，不待聲色而後化。人之於其類，不待聲色而後從，禍福於善惡，不待聲色而後應。」

〔註 76〕胡宏：《知言·仲尼》，中華書局，1987 年版，第 222 頁，第 17 頁。
〔註 77〕胡宏：《知言·好惡》，《胡宏集》，中華書局，1987 年版，第 10 頁。
〔註 78〕胡宏：《知言·漢文》，《胡宏集》，中華書局，1987 年版，第 42 頁。
〔註 79〕胡宏：《知言·好惡》，《胡宏集》，中華書局，1987 年版，第 11 頁。

〔註80〕雖然儒家認為修德未必有福，但有德之人即使身處厄窮之中亦能挺立人格，物來順應，不怨天，不尤人，心與天地同流，胡宏說：「窮則獨善其身，達則兼濟天下，大賢之分也；達則兼濟天下，窮則兼善萬世，聖人之分也」〔註81〕。相反，敗德必致禍患。「勤於利欲，則放肆而日怠，終不能保其身矣。禹、湯、文、武，丹朱、桀、紂可以為鑒戒矣。貴為天子，富有天下，尚不能保其身，而況公卿大夫士庶人乎？」〔註82〕

從治天下來說，只有本於道義，由仁義行，才能得天下；只有道義得到普遍遵循，國家才能得到很好的治理，政權得到長久的鞏固。「為天下者，必本於理義。理也者，天下之大體也，義也者，天下之大用也。理不可以不明，義不可以不精。理明，然後綱紀可正，義精，然後權衡可平。綱紀正，權衡平，則萬事治，百姓服，四海同。夫理，天命也，義，人心也。天下有二難：以道義服人難，難在我也；以勢力服人難，難在人也。由道義而不捨，禁勢力而不行，則人心服，天下安。」〔註83〕「小道任術，先其得，後其利，智己而愚民者也。聖人由道而行，其施也博，其報也厚，其散也廣，其聚也多，貪欲不生而天下通焉。」〔註84〕通過聖人之道與小人的術的對比，見出道義能夠帶來長遠的利益。

第三，充分肯定經濟基礎和經濟利益對道德生活、倫理教化和社會安定有重要的促進作用。他說：「一氣大息，震蕩無垠，海宇變動，山勃川湮，人消物盡，舊迹亡滅，是所以為鴻荒之世歟？氣復而滋，萬物生化，日以益眾，不有以道之則亂，不有以齊之則爭。敦倫理，所以道之也。飭封井，所以齊之也。封井不先定，則倫理不可得而敦。堯為天子，憂之而命舜。舜為宰臣，不能獨任，憂之而命禹。禹周視海內，奔走八年、辨土田肥瘠之等而定之，立其收多寡之制而授之，定公、侯、伯、子、男之封而建之，然後五典可敷而兆民治矣。此夏后氏之所以王天下也。」〔註85〕胡宏不僅將「敦倫理」與「飭封井」相提並論，而且提出「封井不先定，則倫理不可得而敦」。這就充分肯定了封建井田這項政治經濟政策及其產生的政治經濟利益對社會穩定和

〔註80〕胡宏：《知言‧文王》，《胡宏集》，中華書局，1987年版，第19頁。
〔註81〕胡宏：《知言‧紛華》，《胡宏集》，中華書局，1987年版，第26頁。
〔註82〕胡宏：《知言‧義理》，《胡宏集》，中華書局，1987年版，第30～31頁。
〔註83〕胡宏：《知言‧義理》，《胡宏集》，中華書局，1987年版，第29頁。
〔註84〕胡宏：《知言‧陰陽》，《胡宏集》，中華書局，1987年版，第7頁。
〔註85〕胡宏：《知言‧一氣》，《胡宏集》，中華書局，1987年版，第27頁。

社會教化的決定性作用。「胡子曰：文王之行王政，至善美也，孟子之言王道，更詳約也。然不越制其田裏，導之樹畜，教之以孝悌忠信而已。自五霸之亂以至於今，田裏之弊無窮，樹畜之業不修，孝悌之行不著，忠信之風不立，治道日苟，刑罰日煩。非有超百世英才之君臣、與文王、孟氏比肩者，其孰能復之？養民惟恐不足，此世之所以治安也，取民惟恐不足，此世之所以敗亡也。」〔註86〕胡宏認為，文王的王政和孟子主張的王道，是「制其田裏，導之樹畜，教之以孝悌忠信」並行的，不能偏廢。養民、惠民、教民才得以安天下。

三、關於社會目標及其實現途徑問題

義主要是指公利和長遠利益（個人的正當合理的利益當然也包括在內），符合公利和長遠利益的，當然是義。同是公利和長遠利益在不同的思想家那裏，其內涵會不同，甚而區別很大。分析這種區別，有利於更準確的把握思想家們的思想和理論特點。胡宏說：「一身之利，無謀也，而利天下者則謀之。一時之利，無謀也，而利萬世者則謀之。」〔註87〕胡宏講的天下之利和萬世之利主要是指復三代之王政，那是胡宏理想的社會，「非有超百世英才之君臣、與文王、孟氏比肩者，其孰能復之？」〔註88〕所謂的三代王道之治，就是「上下辨，民志定，教化行，風俗美」，「智愚可擇，學無濫士，野無濫農，人才各得其所，而游手鮮矣。君臨卿，卿臨大夫，大夫臨士，士臨農與工商，所受有分制，多寡均而無貧苦者矣。人皆受地，世世守之，無交易之侵謀。無交易之侵謀，則無爭奪之獄訟。無爭奪之獄訟，則刑罰省而民安。刑罰省而民安，則禮樂修而和氣應矣」〔註89〕。從社會成員來說，上下辨，各受分制，各得其所，多寡均而無貧賤，能夠得到實惠；從社會整體來說，風俗美，禮樂修而和氣應，天下安定和諧。而且這樣的社會長治久安，長興不衰，也符合統治者的長遠利益。這樣的理想社會既是利的，利於天下蒼生，利於統治階級的根本利益和長遠利益；又是義的，它符合天命天道，是仁義禮智信的充分實現。儘管胡宏反覆強調要復三代之王政，有點不符合歷史潮流，有點迂腐，但他的謀天下之利、謀萬世之利的儒者情懷卻是顯而易見的。不過，

〔註86〕胡宏：《知言‧文王》，《胡宏集》，中華書局，1987年版，第18頁。
〔註87〕胡宏：《知言‧紛華》，《胡宏集》，中華書局，1987年版，第24頁。
〔註88〕胡宏：《知言‧文王》，《胡宏集》，中華書局，1987年版，第18頁。
〔註89〕胡宏：《知言‧陰陽》，《胡宏集》，中華書局，1987年版，第8頁。

這裏需要仔細分析的是，胡宏追求的理想社會的基本特徵或者說主要特徵是「義」，「社會利益關係公平合理，社會生活安定和諧，人們普遍具有良好的德行。物質財富的多少等因素雖並非完全闕如，卻處於次要地位」〔註90〕。這種突出理想社會「義」的特徵的思想，有其一脈相承的思想淵源，是儒家義利思想的特徵。孔子說「有國有家者，不患寡而患不均，不患貧而患不安」〔註91〕，《禮記‧禮運》云：「大道之行也，天下爲公，選賢與能，講信修睦。故人不獨親其親，不獨子其子，使老有所終，壯有所用，幼有所長，矜寡孤獨廢疾者皆有所養。男有分，女有歸。貨惡其棄於地也，不必藏於己；力惡其不出於身也，不必爲己。是故謀閉而不興，盜竊亂賊而不作，出外戶而不閉。是謂大同。」「大同」社會的主要特徵是各安其分，風俗淳美，和諧安定。與儒家形成對比的是，法家講的公利主要是富國強兵，增強國家實力。韓非說得很有代表性：「上古競於道德，中世逐於智謀，當今爭於氣力」〔註92〕。氣力就是不同於道德和智力的國家實力，即軍事實力和經濟實力。在儒家看來，公開地、明目張膽地主張利無論是公利還是私利，很有可能削弱道義而助長君主的私欲。統治階級是貪得無厭的，統治者經常以國家利益爲藉口，爲滿足稱霸的私欲，開疆裂土，窮兵黷武，橫征暴斂，加重人民的負擔，使人民得不到休養生息和安居樂業。所以，孟子說：「王何必曰利？亦有仁義而已矣。」〔註93〕因爲統治者的私利私欲很難受到限制，統治者行一己私欲對天下造成的危害不可估量。胡宏明確提出「一身之利，無謀也，而利天下者則謀之。一時之利，無謀也，而利萬世者則謀之」，這是一個進步，一身之利和一時之利不謀對統治者也是適用的，他看到了統治者的私欲私利與天下之利的尖銳矛盾。胡宏反對野戰略地，擴張勢力，主張文德教化，他說：「以野戰略地之功譬狗，以文墨議論之功爲人，此堯、舜、禹、湯、文、武尙德不尙戰之心也。」〔註94〕在胡宏看來，秦帝國兵力不可謂不強，土地不可謂不廣，然迅即滅亡的根本原因是失其道：「周室衰，諸侯更霸數百年，及秦累世窮兵極勢而後定天下。天下已定，其十三歲而亡，何也？曰：秦之亡也久矣。

〔註90〕 賈新奇：《論傳統倫理學中義利問題的類型》，陝西師範大學學報（哲社版），2009 年第 6 期，第 51～55 頁。

〔註91〕 《論語‧季氏》。

〔註92〕 王先愼：《韓非子集解》，上海書店，1986 年版。

〔註93〕 《孟子‧梁惠王上》。

〔註94〕 胡宏：《知言‧復義》，《胡宏集》，中華書局，1987 年版，第 36 頁。

秦自用孝公、商鞅之法，勢日張而德日衰，兵日振而俗日弊，地日廣而民心日益散，秦之亡也久矣。」〔註95〕所以，胡宏講的天下之利和萬世之利具有較強的道義色彩和人本主義色彩，比較注重各得其所，各有所養，注重保證一般老百姓的基本生活，這是值得肯定的。

胡宏認為，三代之所以能「仁覆天下」，主要得益於「封建井田」這兩個仁政之本，「聖人理天下，以萬物各得其所為至極。井田封建，其大法也。」井田封建制是義與利的統一，是即義即利，以義含利，利在義中的。封建是順天理之公，不封建是行一己之私欲，「故封建也者，帝王所以順天理，承天心，公天下之大端大本也，不封建也者，霸世暴主所以縱人欲，悖大道，私一身之大孽大賊也」，「分天下有德有功者以地，而不敢以天下自私」。通過封建，實現「農夫受田百畝，諸侯百里，天子千里；農夫食其力，諸侯報其功，天子享其德」〔註96〕的天下之利，而且天下可以長治久安，有歷史為證，「是以虞、夏、商、周傳祀久長，皆千餘歲」，「井法不立，諸侯不建，天下蕩蕩無綱紀也。後世不改其轍，欲如周獲天年，終難矣哉」〔註97〕。胡宏並沒有迂腐到認為封建井田在後世可以恢復，但他的核心思想是主張統治者以天下為己任，「法天而不私己」，實行仁政，「仁覆天下」，老百姓安居樂業。仁覆天下，仁義之道得以行，而天下之利得以興，行義即有利；若天下之利不興，則道義幾息矣，興利就是弘道。

南宋小王朝偏安一隅不思進取，二聖播越國仇未雪，內憂外困，官吏腐敗無能，百姓流離失所，民不聊生，胡宏心急如焚。面對現實，為救時弊，胡宏的義利之辨表現出較強的現實性，注意聯繫國家治理和現實政治來談義利關係，沒有停留在一般的理論闡述和哲學思辨上，體現了他理學思想的「體用該貫」的旨趣和原則。

胡宏提出的「大本、大幾、大法」三大道，是從義利和合的角度來談天下治理的。

大本是一心。此一心是天地之心，是仁心、本心、良心，是生生萬物之元。胡宏提出通過「正君心」來實現天下一心，「一正君心而天下定」。正君心是義，天下定是利是功，義而後有功。正君心首先要察識良心本心，自信

〔註95〕胡宏：《知言・文王》，《胡宏集》，中華書局，1987年版，第20頁。
〔註96〕胡宏：《知言・修身》，《胡宏集》，中華書局，1987年版，第5頁。
〔註97〕胡宏：《知言・文王》，《胡宏集》，中華書局，1987年版，第20頁。

有其良心而不昧，以天下為己任，具體來講，就是「察天理，存良心，以身先群下，深憂如大舜，自任如周武，不遷於姑息之仁，不懾於強暴之威，立復仇之心，行討亂之政」〔註98〕。其次，要「體元」，施仁政以保養天下為事而不以自奉養，則得「民心」，「天下之黎民趨戴之矣」。胡宏對什麼是民心，作了詳盡的論述，夫民心是「眾所願者」，民心無常，得所願則歸。「臣聞堯授舜以天下，其付託丁寧之言曰：『眾非元后何戴，后非眾罔與守邦。欽哉！慎乃有位，敬修其可願。』夫眾所願者，飽食暖衣，仰有所事，俯有所育而已。后體元而仁覆天下，則眾得所願而趨戴之；后不體元，為政不仁，無以保天下，則民擇仁厚而歸之。其心豈有常也！故大禹力平水土，拯民之墊，以有天下；桀不能守，滅德作威，而民歸於商；稷降播種，以救民饑，至文、武而有天下；幽、厲不能守，肆行暴虐，而民歸於五伯。」〔註99〕大禹治水，稷降播種，皆實有功於民；五伯雖為霸，猶能明大義，亦賢於幽、厲。胡宏毫不客氣地批評了宋高宗：「陛下即位，勵精圖治，九年於茲。若之何民猶未安，而天猶未應乎？臣深探其本，蓋陛下體元之功未加焉。是以聽善不明，擇善不審，執善不固……雖有愛民之心…….大命不能承流宣化，實惠不施於民。」〔註100〕胡宏認為「國本固，則寇可息；寇可息，則家可保」，「民為邦本，本固邦寧」，養民教民才是「經國遠圖」，不能忘此根本而急於近切小利。

大法即「君臣之法，父子之法，夫婦之法」，也稱三綱。胡宏認為，有大法，然後可以治理天下。三綱概括了封建社會的家庭基本關係、國家的基本關係以及家國之間的關係，家是國的縮小，國是家的放大，君臣關係是父子關係的推衍。在以三綱為治理國家的綱紀上，胡宏同於此前的儒家思想家，突出三綱的天理地位，也是胡宏等理學家批評道佛兩家特別是佛家的重要方面。胡宏在強調扶持三綱時，也引入了義利關係的討論。

三綱是國家治理之綱領，三綱振則人紀修，天地泰，禮樂興，萬民太平，社會和諧。他論述道：「夫婦有法，然後家道正。父子有法，然後人道久。君臣有法，然後天地泰。泰者，禮樂之所以興也。禮樂興，然後賞罰中而庶民安矣。」〔註101〕這裏需要明確的是，三綱是天下大法，行大法則國家治，這是大法的綱紀作用，綱立目張；這不是說三綱是手段，只具有工具價值，三

〔註98〕胡宏：《上光堯皇帝書》，《胡宏集》，中華書局，1987 年版，第 86 頁。
〔註99〕胡宏：《上光堯皇帝書》，《胡宏集》，中華書局，1987 年版，第 94～95 頁。
〔註100〕胡宏：《上光堯皇帝書》，《胡宏集》，中華書局，1987 年版，第 95 頁。
〔註101〕胡宏：《知言·漢文》，《胡宏集》，中華書局，1987 年版，第 43 頁。

綱本身是天下大道，具有自身獨立價值。「人皆生於父，父道本乎天，謂人皆天之子可乎？曰不可。天道，至大至正者也。王者，至大至正，奉天行道，乃可謂天之子也。」〔註102〕

　　與三綱對立的是「用智術，行利勢」。胡宏總結歷史，得出的結論是，用二者治理天下的結果大相徑庭。秦逞其智力，滅六國，君天下，然其父子君臣莫有當於理者，所以迅即而亡。漢鑒秦弊，留意三綱，政治醇簡，用智術而不專，行利勢而不放縱，王道雖微缺，而正論未衰也，所以終漢之世無侵陵之禍。至於曹魏、晉、宋、齊、梁、陳、隋，得尊位者皆本於篡弒，以三綱爲虛假，以智術爲綱紀，以利勢爲權柄，天下不能統一，人民處於戰亂之中，終不能申明大義。唐太宗創業，不乏英雄之略，然三綱不立，家道內亂，綱紀不張，終致安史之亂，藩鎮跋扈，國家禍亂連連。繼而，胡宏批評王安石變法是不僅廢掉了祖宗法令，而且連祖宗之道也廢掉了。王安石輕用己私，不能興教化，正人心，息邪說，而是行青苗、建市易、置保甲、治兵將之法，而有富國強兵，窺伺邊隅之計。與民爭利，興利尚功，忘義悖道，棄誠懷詐，僞長眞喪，上下相蒙，三綱廢壞，神化之道泯滅，綱紀盡廢。遂使盜賊起於內，鄰敵橫於外，中原陷沒，二帝被擄，皇都南遷。從歷史來分析，當時政治殆廢，風俗惡薄，有很多原因，不能全歸結爲王安石變法。胡宏深感「三綱絕息，人道大壞」，將北宋滅亡的原因歸結爲國家興利忘義，三綱廢缺，三綱廢缺又是由興利忘義造成的，因此振三綱，明神道，是治國最根本的，國之禍亂非將卒不精、兵甲不利、饋餉不豐、城池不深之過也。他在《上光堯皇帝書》中，引用孟子的話說：「故孟子曰：『城郭不完，兵甲不多，非國之災也。田野不闢，貨財不聚，非國之害也。上無禮，下無學，賊民興，喪無日矣。』臣是以願陛下深念三綱，潛心神化，明修政事，大革風俗，使卓然與熙寧之政相反，則中國之道立，而邊鄙之叛逆可破也。」

　　如何振三綱，胡宏著重闡述了如何處理君臣關係，其核心思想是君臣相交以「義」不以「利」。君臣之義是「夫君臣相與之際，萬化之源也」。在胡宏看來，君臣之義君主處於主導方面，他引用孟子的話說：「君仁，莫不仁。」〔註103〕在臣子方面，「守身以仁，以守身之道正其君者，大臣也」〔註104〕。

〔註102〕胡宏：《知言・漢文》，《胡宏集》，中華書局，1987年版，第40頁。
〔註103〕胡宏：《知言・往來》，《胡宏集》，中華書局，1987年版，第13頁。
〔註104〕胡宏：《知言・陰陽》，《胡宏集》，中華書局，1987年版，第8頁。

二帝三王的君臣關係是最值得效法的：「臣聞二帝三王心周無窮，志利天下，而己不與焉。故能求賢如不及。當時公卿大夫體君心，孜孜盡下，以進賢為先務。是時上無乏才，而山林無遺逸之士。士得展其才，君得成其名，君臣交歡，而無纖芥形迹存乎其間。」〔註105〕強調君臣所作所為本於仁義，不以名而為，不以利而動。人君不能以富貴誘其臣，臣子不能以富貴懷其君。否則，上下交爭利，君誘其臣以名器，利勢之臣得以冒進，忠貞之士不得而用，如此，綱紀文章掃地，禍亂釁隙滋生。人君正確的做法是，立至公之心，篤求賢之志，優臣下之理，選用賢才，按實功罪，誅賞必行。如果做到這樣，臣子對待君主，下級對待上級，就像子弟保護父兄樣忠誠，哪有兵不強的，哪有賊不能破的，哪有強暴不能治理的？如此，國家中興就有希望了。

大幾，萬變也。幾在形與未形之間，變化無窮。胡宏說：「天下之變無窮也，其大幾有四：一曰救弊之幾，二曰用人之幾，三曰應敵之幾，四曰行師之幾。幾之來也，變動不測，莫可先圖，必寂然不動，然後能應也。」〔註106〕胡宏強調為學要有體有用，本末一貫。幾是事務變化之機，以寂然不動之心見幾而應之以道，感而遂通，才能使萬物各得其所，參贊天地化育之功。有體無用，不得道義之全，臨事茫然。胡宏從君主得天下、治天下的角度，將天下萬變之幾歸為救弊之幾，用人之幾，應敵之幾，行師之幾四類。前面講的一心是天下之大本，強調君主一心繫天下興衰安危正心之必要，正心是君主體元，施仁政仁覆天下的根本。三綱是天下之綱紀，是天下共尊之大法，綱紀不振，則物以類應，臣干君，賤干貴，子不聽於父，弟不聽於兄，邊隅不聽於中國，天下萬事倒行逆施，人欲肆而天理滅矣。由正君心、振三綱落實下來，人君還必須應大幾，與大幾聯繫的是具體的救弊、用人、應敵、行師之道，也就是理天下，施仁政的具體原則和方略，在這些具體的仁政方略中，也貫穿著胡宏義利之辯的思想方法和原則。

胡宏將三綱王道與用人置官、富國強兵的關係比作「天險」和「地險」，「天險」雖是體，是本，「地險」是用，是末；但無「地險」，「天險」亦不可持。他在《上光堯皇帝書》中說：「昔魏武侯浮西河而下中流，顧謂吳起曰：『在德不在險。君若不修德，舟中之人皆敵國也。』魏氏失於不知本，吳起失於不知末。夫道有污隆，勢有強弱，因時外事，體用不遺，本末並行，然

〔註105〕胡宏：《上光堯皇帝書》，《胡宏集》，中華書局，1987年版，第82頁。
〔註106〕胡宏：《知言·漢文》，《胡宏集》，中華書局，1987年版，第43頁。

－108－

後爲得也。是故聖王明於天險、尊卑之分，貴賤之等，定天下之制，而姦邪莫能越；明於地險、山川、丘陵以爲阻，城郭溝池以爲固，而暴客莫能幹；險設如是，然後能守其國矣。不然，天險廢亂，雖潼關何有於秦？地險不修，雖仁義何有於趙？」胡宏在前面引用孟子的話強調正君心、振三綱、修禮儀、明教化在治理國家中的根本地位，而認爲城郭不完、兵甲不多、田野不闢、貨財不聚，非國之害也，不是否定城郭、兵甲、田野、貨財等富國強兵之策，而是爲了突出「本」和「體」，實際上，胡宏主張體用一源，顯微無間；本末一貫，承體起用。具體來講，就是以仁義之心，施仁義之政，城郭、兵甲、田野、貨財等國家治理的具體方面要符合仁義，要以仁義爲加值取向，興利除害，民被恩澤，成中興之業。

　　例如，富國強兵要以闢土地，養人民爲本。胡宏並不反對富國強兵，尤其是當國家內外受敵之際，足食足兵是急務。但胡宏認爲，富國強兵要以養民爲本。養民的要義是：（一）闢土地，募民屯田，鼓勵百姓耕種，避免田地荒蕪。他說，屯田有三利：富國強兵，一也；消弭群盜，二也；行師省轉輸之勞，三也。（二）輕繇薄賦，讓利於民以養民富民。胡宏說：「三代之時，稅以出粟，賦以供車，無關事之征，無鹽銅之利……何三代不盡利而富，後世盡利而窮乎？」〔註107〕天下財賦取之於民，然取之民者畢竟有限，不能科斂無度，否則必傷及國家根本。他借唐劉晏的話說明理財以養民爲先：「理財當以養民爲先，戶口眾多，稅賦自廣。」〔註108〕（三）改革兵制，兵起於鄉遂，隱兵於農，減輕百姓負擔。（四）罷廢冗濫之官，使各食其力。

　　此外，胡宏講到了革軍政練兵之道，要求人君深自刻勵，優恤將士，與同甘苦；用忠義、武勇之士爲帥；申以階級之法，加強考校，汰其庸儒；禁扳換，勤訓習，對訓練士兵成績突出者，特加獎擢；出從征伐，唯才是用；立功者不拘官資，或賞以金帛，或賞以官爵，或封之以國土；有犯令者，親貴必誅，賞罰嚴明。論及整頓吏治，胡宏將官吏腐敗的原因歸結爲君心多欲，上下交爭利，不愼名器，科品冗濫，改易頻煩，存空名而不責實效。這種分析無疑是大膽而深刻的。爲此，胡宏希望人君「內正其心，篤求賢之志，優臣下之禮，選用賢才」。論知人，胡宏說：「治天下之亂者，必以知人爲本」，並以漢高帝、魏武帝知人之審且明，任人之賢且明爲例，說明知人任賢對於

〔註107〕胡宏：《上光堯皇帝書》，《胡宏集》，中華書局，1987年版，第96頁。
〔註108〕胡宏：《上光堯皇帝書》，《胡宏集》，中華書局，1987年版，第99頁。

治理天下的重要性，勸諫君主以至誠待物，以謙虛持己，收天下之耳目爲己之耳目；收天下之謀策爲己之謀策，遍用天下之英賢，如此，則不患無漢高帝之明，蕭何、荀彧之臣矣。政令有經，紀綱可正，而寇賊可滅，中興可望矣。論及易俗，胡宏對當時的社會風俗 深表憂慮：「近世以來行義凋損，政事殆廢，風俗惡薄，人民囂頑。子弟變父兄者有之，爲王臣而從盜賊者有之，爲諸生而獻敵庭者有之，卒弑其守者有之，民殺其令者有之，執親之喪而謀從王事者有之 ，以卑賤而徼許者有之。上下習以爲常，恬不知怪，而三綱絕息，而人道大壞，亂之所由作，兵之所由起也。」〔註109〕對此，胡宏認爲，「當今之務在乎革異風俗」，「大變革之者，其功大；小變革之者，其功小；不變革者，必淪胥以亡」。胡宏提出變革風俗的具體對策是：「則當立至公之心，彰禮儀之門，謹人倫之政，嚴上下之分，以消悖逆；用賢能，杜私謁，絕貨賂，務實去華，信賞必罰，以消背畔；不開越訴之端，以消徼許；干進者黜之，恬退者拔之，以崇廉恥；鼓天下之人，翕然並興於義，而不可以利嬰其心。」〔註110〕

從以上胡宏對理想社會目標的描畫和實現途徑的選擇，以及對現實社會提出的改革和治理措施，如正君心、扶持三綱、用兵、屯田、知人、選才、正風俗等方方面面皆貫穿了義利之辨，中心思想明確，即以義爲綱紀，但每事指向利。但這個利是國家的利、民族的利、長遠的利，所以是與義相合的。胡宏「有體有用」的思想得到彰顯，表明胡宏以天下利益、長遠利益爲義，在此，義和利完全是統一的。

〔註109〕胡宏：《中興業·易俗》，《胡宏集》，中華書局，1987年版，第208頁。
〔註110〕胡宏：《中興業·易俗》，《胡宏集》，中華書局，1987年版，第208頁。

第四章 胡宏倫理思想的旨歸：
功夫論與人格論

第一節 修養功夫論

儒家哲學是完善生命的學問。理學家建構本體論不是為了知識的興趣，而是從本體引出道德，引導人們過有意義的生活。這就必然由本體而及功夫。一般來說，本體決定功夫，有什麼樣的本體論，就有什麼樣的功夫路數；功夫即本體，下學而上達。胡宏心性對揚，性雖是最高本體，是萬物的本原、根源，但性是未發；所以性必待心來形著、實現。心雖是形而上的，普遍絕對的，但心不能單獨說是本體，必以性和天地之心為根源，心是性或天地之心的發用流行。但心這種發用流行完全不同於物作為性或天地之心的發用流行，心即是性即是天地之心，是同質的體用關係，是性和天地之心本身的一種明覺、妙用。胡宏講修養論，既講「欲識仁之體，必先識心」，又講「夫人非生而知之，則其知皆緣事物而知」；既講居敬，又講明理。胡宏的功夫論是一種二重性的功夫論，這是由他的本體論和心性論的特點決定的。

一、察識涵養以識仁

求仁、為仁是理學家的道德修養目標。胡宏說「人盡其心，則可與言仁矣」〔註1〕。此處「人盡其心」實有兩義：一是盡力推廣本心；二是窮盡即完全實現本心。胡宏的弟子彪居正對「窮盡」本心提出疑問。「彪居正問：心無

〔註1〕 朱熹：《宋朱熹胡子知言疑義》，《胡宏集》，中華書局，1987年版，第324頁。

窮者也，孟子何以言盡其心。」在彪居正看來，心是廣大無邊的，如何能夠完全實現、窮盡其本心呢？胡宏認為仁者能盡其心。因為仁者乃天地之心，生生無窮，體萬物不遺，「萬物備而為人，一物有未體，非仁也。」〔註 2〕；仁者能夠「臨機發用而後見，不可預指」〔註 3〕「成己成物，無可無不可」〔註 4〕。彪居正於是又問如何為仁，胡宏說，欲為仁，必先識仁之體。於是什麼是「仁之體」成了討論的關鍵。「曰：其體如何？曰：仁之道弘大而親切，知者可以一言盡，不知者雖設千萬言亦不知也。能者可以一事舉，不能者雖指千萬事亦不能也。曰：萬物與我為一，可以為仁之體乎？曰：子以六尺之軀，若何而能與萬物為一。曰：身不能與萬物為一，心則能矣。曰：人心有百病一死，天下之物有一變萬生，子若何而能與之為一？居正竦然而去。」〔註 5〕在胡宏這裏，「仁之體」是指仁之體段，仁之大體。命之體段是「誠」，性之體段是「中」，心之體段是「仁」。進一步講，仁之體段是什麼呢？程顥講仁之體段是「萬物一體」；程頤講仁之體段「惟公近之」，又說「不可遽以公為仁」；謝良佐「以覺訓仁」。胡宏指點說「仁之道弘大而親切」，所謂「弘大」，與「公」與「萬物一體」義近；所謂「親切」是指人之心自覺「仁」為己有，實有諸心，而不離心言仁。是故，「親切」義近「覺」。胡宏默識仁體，實有得於二程和謝良佐，並有所開新。胡宏明確指出，「弘大而親切」也是指點語，不可執認。所以，當弟子秉承大程子以「萬物一體」為「仁之體」時，胡宏馬上發難：「子以六尺之軀，若何而能與萬物為一」。弟子繼以心能與萬物一體，胡宏繼續為難：「人心有百病一死，天下之物有一變萬生，子若何而能與之為一？」老師平時跟學生不是講「心無死生」嗎？所以弟子丈二和尚摸不著頭腦，「竦然而去」。胡宏一連串的問難，實則啟發弟子：仁不是口誦心記之學，乃人之不容已的覺物、潤物之心，是人之生命所流出，要自知其味。於是，接下來便引出師生察識涵養識仁功夫的討論。

（一）察識涵養於良心萌蘗之際

　　彪居正「竦然而去」之後，似乎有所省悟。「他日某問曰：人之所以不仁者，以放其良心也。以放心求心可乎？曰：齊王見牛而不忍殺，此良心之苗

〔註 2〕　胡宏：《知言·天命》，《胡宏集》，中華書局，1987 年版，第 4 頁。
〔註 3〕　胡宏：《知言·大學》，《胡宏集》，中華書局，1987 年版，第 33 頁。
〔註 4〕　胡宏：《知言·修身》，《胡宏集》，中華書局，1987 年版，第 7 頁。
〔註 5〕　朱熹：《宋朱熹胡子知言疑義》，《胡宏集》，中華書局，1987 年版，第 335 頁。

裔，因利欲之間而見者也。一有見焉，操而存之，存而養之，養而充之，以至於大，大而不已，與天地同矣。此心在人，其發見之端不同，要在識之而已。」〔註6〕

這段話充分提示了察識涵養功夫的要旨：第一，指出了人之所以為人的根本價值，說明人皆可成聖的內在根據。仁是人心的本質，人之所以不仁，是人不自覺其仁，放其良心。第二，肯定了求放心、察識良心之苗裔是識仁的下手功夫。仁心流入習心後，良心似乎隱而不顯，主要靠習心主宰日常生活；但人之一點良知良能仍會透過形質之限、私欲之蔽閃出靈光，表現為人之心惻然有覺。人人都有良心萌蘗之際，只是具體表現有所不同而已。孟子講的乍見孺子入井所起的惻隱之心，齊王見牛不認殺的不忍隱之心皆是不同境遇裏的良心之端倪。雖然是良心端倪，但體用一源，顯微無間，識得端倪便可確認良心為人本有，方自信有功夫可作。第三，一旦察識良心苗裔，立即存養擴充。良心苗裔表現為惻然有動，惻然有覺，但會轉瞬即逝，所以要立即提起斯心，加以存養擴充，使之不會隨日常生活中的情與氣之流動而消失。存養之道是「勿忘也，勿助長也」〔註7〕，亦即存養時提起一個「敬」字和「誠」字，不要有私意夾雜期間。擴充的方法是將存養之心推至於事事物物和人倫日用，通過實踐進一步檢驗、察識、存養。第四，隨時察識，隨時涵養，持之以恒，使良心充實廣大，自我肯認，自我主宰，日用間當體而發，率性而為，達到心性為一，即與天地合一的修養境界。第五，察識先於存養。察識的雖是仁之端倪，是良心之萌蘗，但若不察識，涵養功夫無所施。從邏輯上講，察識先於涵養；從時間上講，察識與涵養分不得先後。剛有察識之心，便已是涵養了一分。察識涵養不間斷，功夫循序漸進，才有識仁體可言。

胡宏以齊王不忍殺牛為案例來說明察識涵養功夫的理論與操作方法，在《上光堯皇帝書》中，胡宏運用這一方法規勸皇帝識仁心，推仁政，這是該功夫的具體運用。當然，其方法對皇帝所起的實際效果，另當別論。「陛下亦有朝廷政事不干於慮，便娛智巧不陳於前，妃嬪佳麗不幸於左右時矣。陛下試於此時沉思靜慮，方今之世，當陛下之身，事孰為大乎？孰為爭乎？必有歉然而餒，惻然而痛，坐起徬徨，不能自安者，則良心可察，而臣言可信。坐大延而朝群臣，守是心而推之於事；退殿而幸便嬖，亦守是心而推之於事；

〔註6〕　朱熹：《宋朱熹胡子知言疑義》，《胡宏集》，中華書局，1987年版，第335頁。
〔註7〕　朱熹：《宋朱熹胡子知言疑義》，《胡宏集》，中華書局，1987年版，第335頁。

入燕寢而御妃娘，亦守是心而推之於事。凡無益於良心者，勿可爲也。念茲在茲，持之以久，優柔自進。」胡宏建議皇帝沉思靜慮，自我反思、反省：當今國事政事、家事「孰爲大乎？孰爲爭乎？」皇帝必然有歉然而餒、惻然而痛、坐起徬徨，不能自安等良心發見，由此良心端倪呈露，皇帝應自信察識功夫可信，從而守是心推至於事事物物，持之以久，優柔自進。

需要爲察識涵養功夫論進行辯解的是，所察識的是仁之端倪，而不就是仁之體。仁之體是仁之大體、仁之體段，一次察識，不可能遽然識得仁之大體。胡宏反覆強調，功夫要循序漸進，察識涵養並行，不可偏廢，功夫到一定火候時，才能識「大體」。「人之道，須見大體，然後可以察己之偏，而習於正。乍見孺子入井之時，孟子舉一隅耳，若內交，若要譽，若惡其聲，此淺陋之私，甚易見也。若子文之忠，文子之清，而不得爲仁，則難識也。敬夫試思之，此言或有理。幸深思之，則天地之純全，古人之大體，庶幾可見乎！」〔註8〕這是胡宏對弟子張敬夫的「識仁」之教。「識仁」之教有這麼幾個要點：尹文子忠，陳文子清，二者都沒有私心。孔子不許二人爲「仁」，可見仁比忠、清的內涵更深刻，更豐富。這要弟子深思自得。乍見孺子入井的非「內交、要譽、惡」之眞誠惻怛，是很容易知曉的，所以一次的察識是難見仁之體的。胡宏告誡張敬夫「乾乾不捨，功夫深後，自然已不得也。今且當以速成爲戒耳。」〔註9〕

如此，朱熹批評胡宏「『欲爲仁，必先識仁之體』，此語大可疑。觀孔子答門人問爲仁者多矣，不過以求仁之方告之，使之從事於此而自得焉爾，初不必使先識仁體也」〔註10〕，認爲初學者先識仁體是不可能的，識仁是傚驗事，而不是功夫事。這是不符合胡宏本意的。識仁不是下手功夫，而是察識涵養積纍所得。朱熹又從「心性情三分，心分未發已發，心統性情」的心性義理結構出發，認爲「先察識，後涵養」功夫有病，應該在心之未發處先涵養本源，察識才能有力。所以，涵養功夫是本源。朱熹甚至認爲，察識功夫僅爲一端，欲涵養擴充以至於與天同大，幾無可能。經朱熹這麼一誤導，張栻也誤解了老師之教是「先識仁之體」，他說：「栻曰必待識仁之體而後可以爲仁，不知如何而可以識也。學者致爲仁之功，則仁之體可得而見，識其體

〔註8〕 胡宏：《與張敬夫》，《胡宏集》，中華書局，1987年版，第130頁。
〔註9〕 胡宏：《與張敬夫》，《胡宏集》，中華書局，1987年版，第133頁。
〔註10〕 朱熹：《宋朱熹胡子知言疑義》，《胡宏集》，中華書局，1987年版，第335頁。

矣，則其爲益有所施而亡窮矣。然則答爲仁之問，宜莫若敬而已矣。」〔註11〕
呂祖謙倒是進行了調和：祖謙曰仁體誠不可遽語，至於答放心求心之問，卻
自是一說，蓋所謂『心操存，舍則亡，間不容息，如其放而求之，則心在是
矣』者，平昔持養之功也，所謂『良心之苗裔，因利欲而見』、『一有見焉，
操而存之者，隨事體察之功也』，二者要不可偏廢。苟以比章欠說涵養一段，
『未見之間，此心遂成間斷，無復用功處』是矣。若曰『於已放之心，置不
復問，乃俟其發見於他處，而後從而操之』，語卻似太過。蓋『見牛而不忍殺』，
乃此心之發見，非發見於他處也。又所謂操者，亦發用之一端，胡子固曰『此
良心之苗裔』。固欲人因苗裔而識本根，非徒認此發用之一端而已。〔註12〕呂
祖謙認爲，朱熹批評的未發欠缺涵養功夫是有理的，但察識功夫也不可少，
察識苗裔識其本根也是可行的，並不是只認發用一端而已，由此，二者功夫
不可偏廢。

　　胡宏「隨事體察，察識苗裔識本根」的識仁功夫確與楊時、羅從彥、李
侗等道南學派的靜中「體認未發之中」的功夫有別。牟宗三稱前者爲「內在
的逆覺體證」，稱後者爲「超越的逆覺體證」，並對胡宏「內在逆覺體證功夫」
給予了高度評價：「良心發見之端雖有種種不同，然從其溺而警覺之，則一也。
此即是『逆覺』之功夫……胡五峰就良心萌蘖而指點之，顯以孟子爲據，又
明是逆覺。此是道德踐履上復其本心之最切要而中肯之功夫，亦是最本質關
鍵。」〔註13〕

（二）察識涵養於情未流、氣未動之際

　　朱熹從心的未發已發二分出發，爲了加密功夫，注重未發時的主敬涵養
功夫，與其窮理致知功夫相對；同時主張主敬功夫貫穿未發已發。胡宏心性
對揚，性爲未發，心爲已發，功夫都在已發之心上做。胡宏講的已發之心與
朱熹等講的已發實有不同。在胡宏，心相對性體而言是已發，克就性心體用
之區別而言，是在本體論上立言的，心也是本體，是形而上者，只是性爲體、
心爲用。若在功夫論上，心也有寂感、動靜之分。「夫聖人盡性，故感物而靜」，
「眾生不能盡性，故感物而動」〔註14〕。是則，胡宏也提出了在情將流未流、

〔註11〕　朱熹：《宋朱熹胡子知言疑義》，《胡宏集》，中華書局，1987年版，第335頁。
〔註12〕　朱熹：《宋朱熹胡子知言疑義》，《胡宏集》，中華書局，1987年版，第335頁。
〔註13〕　牟宗三：《心體與性體》二，上海古籍出版社，1999年版，第476頁。
〔註14〕　胡宏：《與僧吉甫書》，《胡宏集》，中華書局，1987年版，第115頁。

氣將動未動之際，察識涵養心體的功夫論。這是對察識涵養良心萌蘗功夫的一種補充，也頗具特色。

> 情一流則難遏，氣一動則難平。流而後遏，動而後平，是以難也。察而養之於未流，則不至於用遏矣。察而養之於未動，則不至於用平矣。是故察之有素，則雖嬰於物而不惑，養之有素，則雖激於物而不悖。易曰：艮其背，不獲其身，行其庭，不見其人，無咎。此之謂也。〔註15〕

陳來認為，「情」與「氣」在這裏分別指情緒和欲望〔註16〕。筆者認為，「情」統指情緒和欲望，而「氣」則指情緒和欲望的外在表現，因為，情和欲都是連著氣而言的。「情一流則難遏，氣一動則難平」是說，情和欲一發動則難以遏制；若進一步表現於外，已經動於氣了，則更難以平復。胡宏洞察心的幾微，要求學道君子平時要從情和欲將要發動而還未發動之際做察識、涵養的功夫，不要等到發動起來了再用遏制的辦法；若情和欲已經發動，但還沒有表現於外，則此時亦可用察識、涵養的功夫，不可等到發於外了，再來平復。在心的幾微之間做察識和涵養的功夫，是有一定難度的，這需要平時不斷的努力實踐，積纍經驗，即要「察之有素，養之有素」。此處，幾微之間，察養功夫實難分先後，必是一體，循環不已的。胡宏還引用了易經「艮其背，不獲其身，行其庭，不見其人，無咎」來說明察養於未流未動之際功夫的理論來源和其妙處。艮卦上下皆艮，有限制、靜止，不通的意思。人的背部是人的關鍵部位，若能限制人的背部使之不動，人想活動也就活動不了。比喻，人若能在內心保持意識純淨，思想純粹，則不會為為情緒與欲望的干擾，不會被外物所牽，沒有災難。所以，君子應當效法這一精神，在內心深處做功夫，思不出位，止其所止。

胡宏察養於未流未動的修養方法，與其寡欲的修養方法相聯繫，互相發明。胡宏說：「人欲盛，則於天理昏。理素明，則無欲矣。」又說：「窮理寡欲交相發矣」。胡宏主張「天理人欲同體異用，同行異情」，認為情與欲為人本性所有，是不能去的。但胡宏也充分認識到了情欲的放任自流有害於天理的彰明。所以提出「窮理寡欲交相發」。在心之幾微處察識情和欲的發動念慮是否當理，然後涵養，這就不是去欲滅情，而是使之當理而發，發而中節。

〔註15〕胡宏：《知言·一氣》，《胡宏集》，中華書局，1987年版，第28頁。
〔註16〕陳來：《宋明理學》，華東師範大學出版社，2004年版，第123頁。

　　牟宗三對這段功夫亦有肯定之評價：「察養於未流未動，則稱體而定，不悔吝於事後。……五峰此處言察識涵養雖就情與氣說，然察識涵養之所施實積極地亦在本心仁體，不徒在形而下的無色之情與氣……是故此處雖就情與氣說察養，然其隱而未發之本旨，實在積極地涉指本心仁體而說之。」〔註17〕從胡宏講不用「遏」，不用「平」的方法看出，察養功夫的著力點在於察識涵養本心心體，而不只是涵養心氣。若只涵養得心氣，則不能擔保「嬰於物而不惑，激於物而不悖」。唯有對本心有所察，有所養，方能稱體而發，不累於物，無咎。此功夫是在心之幾微處做，能察則是獨察、獨知，能養則是居敬戒懼，所以牟宗三又稱之爲「慎獨」功夫。誠然。若從此慎獨角度而言，此一察養功夫亦是積極的功夫。

二、格物窮理以致知

（一）天下萬事，莫先乎致知

　　「大哉知乎！天下萬事，莫先乎致知矣，是故君子必先致其知」〔註18〕，「是故學爲君子者必先致其知」〔註19〕。胡宏格物窮理以致知的功夫論淵源於《大學》，也承自程頤。胡宏說：「然則請問大學之方可乎？曰：致知。請問致知。曰：致知在格物。物不格，則知不至。知不至，則意不誠。意不誠，則心不正。心不正而身修者，未之有也。是故學爲君子者，莫大於致知。」〔註20〕爲什麼物不格，則知不至呢？（1）「人之生也，良知良能，根於天，拘於己，汩於事，誘於物，故無所不用學也。」〔註21〕（2）基於以上這點，胡宏實際認爲「夫人非生而知之，則其知皆緣事物而知」〔註22〕。（3）「夫理，天命也，義，人心也。惟天命至微，惟人心好動。微則難知，動則易亂。欲著其微，欲靜其動，則莫過乎學。」講到這裏，可以看出，胡宏講的「知」是「根於天，拘於己，汩於事，誘於物」而失去的良知，「致知」也就是恢復良知的意思。識仁功夫是恢復良知，致知功夫也是恢復良知，二者目標一致，路徑不同而已。在《大學》的眾多修身條目中，胡宏獨認爲「致知」是大學

〔註17〕牟宗三：《心體與性體》二，上海古籍出版社，1999年版，第444頁。
〔註18〕胡宏：《知言·漢文》，《胡宏集》，中華書局1987年版，第43頁。
〔註19〕胡宏：《知言·大學》，《胡宏集》，中華書局1987年版，第32頁。
〔註20〕胡宏：《知言·大學》，《胡宏集》，中華書局1987年版，第32頁。
〔註21〕胡宏：《知言·義理》，《胡宏集》，中華書局1987年版，第31頁。
〔註22〕胡宏：《復齋記》，《胡宏集》，中華書局1987年版，第152頁。

之方，或者說是關節點。可見胡宏對致知的重視。後之學者劉宗周，特重視誠意，將意內收爲心之意根本體，意爲心之所存，而非心之所發，在意根本體上立一個「誠」字。可見，不同學者的致思路徑是不同的。

（二）致知，在格物

（1）格物致知釋義

要理解胡宏致知功夫的深刻涵義和旨歸，需先弄清楚「格物」「窮理」和「致知」各自的涵義。「儒者之道，率性保命與天同功。是以節事取物，不厭不棄，必身親格之，以致其知焉。」〔註23〕從「身親格之」可知，「格」是以身格，是對「物」的一種接觸、觀察、體驗和全面的實踐活動。「節事取物」揭露「物」有廣泛的含義，包括一切事與物，接人待物，「世俗酬酢」皆是「物」。王陽明將「物」理解爲「意之所在便是物」，是「物」的一種特殊意含，未必不包括在胡宏講的「物」裏。對格物不可理解死了，「格物」既包括直接面對事物的格，也包括讀書問學間接的格，因爲書本中的道理，是前人所格，可以透過聖賢言語文字之表，悟得其中的大體要妙，以發明本心的道理。「格物」的直接目的是「窮理」。「理」既有物則事理的意思，也有性理和義理的意蘊。胡宏說：「萬物不同理，死生不同狀，必窮理，然後能一貫也，知生，然後能知死也。人事之不息，天命之無息也。」〔註24〕「萬物不同理」是講物則，「生死不同狀」是講「事理」又說：「夫理，天命也，義，人心也。」〔註25〕理是天命，是義理，是具有價值意蘊的形而上的道德本體。物理、義理皆通於天命之性，「性具萬理」。「窮理」之「窮」既有探究、求取的意思，亦有「窮盡」的意思。對於一事一物而言，「窮理」可理解爲求取、窮盡該事物之理；對於整個道德認識和實踐過程而言，「窮盡」「極盡」一切事物之理實不可能，故「窮理」實可理解爲盡可能逼近、趨近那統一萬物的理。胡宏實有窮極物理的意思：「夫理不窮則物情不盡；物情不盡則釋義不精；釋義不精則用不妙；用不妙則不能所居安；居不安則不能樂天，則不能成其身矣！故學必窮極物理爲先也。」〔註26〕「知」有「耳目聞見」之知和「知性」「達義」之知之分：「視形色而知其性，聞聲音而達其義，通乎耳目之表、形器之外，非聖人則

〔註23〕 胡宏：《復齋記》，《胡宏集》，中華書局1987年版，第152頁。
〔註24〕 胡宏：《知言·義理》，《胡宏集》，中華書局1987年版，第30頁。
〔註25〕 胡宏：《知言·義理》，《胡宏集》，中華書局1987年版，第29頁。
〔註26〕 胡宏：《與張敬夫》，《胡宏集》，中華書局，1987年版，第131頁。

不能與於斯矣。斯道不明，則中國冠帶之君有時而爲夷狄。楊朱、墨翟之賢而有禽獸之累，惟安於耳目形器，不知覺之過也。君子履安佚之地，當安佚之時，戒謹恐懼，不敢須臾怠者以此。」「是故學爲君子者，莫大於致知。彼夫隨眾人耳目聞見而知者，君子不謂之知也」〔註 27〕。胡宏認爲，修道君子應以「知性」「達義」爲眞知，實則不會否定耳目聞見之知，因爲一旦格物，必伴隨耳目聞見之知。知與理在此有所區別了：格物所得之理是客觀的外在的事、物之理；「知性」「達義」之知，是超越於見聞之知的與心合一的實有諸己的德性之知，是主體認可的內在之理。由格物窮理到心與理一，這中間需有一個環節來連接，這就是「致」。「致知」云者，致物之理爲心之理，爲心之知。由「窮理」實現「致知」，何以可能呢？有兩個理論前提：一是，「性一分殊」，「理一分殊」；二是，性體心用，體用一源，心即是性，心能知天地、宰萬物以成性。胡宏論證了這一點：「觀日月之盈虛，知陰陽之消息；觀陰陽之消息，知聖人之進退。」〔註 28〕這兩點在文章的前面部分作了詳細論述。如何「致」，胡宏沒有詳細論述，這是學者當自己默識體會的。至此，胡宏格物窮理功夫論的大致輪廓出來了：採取各種方式求取或窮盡事物之理，通過心的「致」的深化功夫，化外在物理爲內在心知，實現「心與理一」，即知至。在知至的狀態，心中的理不是死理，理就是心，心就是理，這就是誠的境界。「習之不已，理與神會，能無悅乎！」〔註 29〕所以「致知」能「誠意」，意誠則心正。胡宏格致功夫指向誠意、正心。「儒者莫要於窮理，理明，然後物格而知至，知至然後意誠而心不亂」〔註 30〕。需要指出的是，胡宏雖然強調通過格物理、事理，以致心中之理，實現心與理一，但胡宏不排斥物理事理對人生修養和人生實踐的重要性。因爲物理事理與人倫義理在源頭上是一致的，只不過要以人之義理統御事理物理，而不至於流入純粹的知識之學。正像蒙培元說：「理學家們對知行的關注和討論，有其一致之處，他們所謂『知』，不僅是對自然界『物理』的認識，更重要的是對自身『性理』的認識；不僅是對客觀的認識，更是對自我的認識。所謂『行』，不僅僅是改造自然界的物質活動，更重要的是以自我完成、自我實現爲宗旨的道德實踐」〔註 31〕。

〔註 27〕 胡宏：《知言‧大學》，《胡宏集》，中華書局，1987 年版，第 32 頁。
〔註 28〕 胡宏：《知言‧天命》，《胡宏集》，中華書局，1987 年版，第 1 頁。
〔註 29〕 胡宏：《知言‧中原》，《胡宏集》，中華書局，1987 年版，第 46 頁。
〔註 30〕 胡宏：《皇王大紀論‧姜嫄生稷》，《胡宏集》，中華書局 1987 年版，第 225 頁。
〔註 31〕 蒙培元：《理學範疇系統》，人民出版社，1989 年版，第 322 頁。

（2）格物之道

第一，「立志以定其本，而居敬以持其志」。胡宏主張，人非生而知之，「皆緣事物而知」〔註 32〕。在與事事物物接觸的過程中，物感人無窮，人若內心無所主，必流蕩於物欲情昏中，不能自拔，反爲外物所溺。胡宏提出「格之之道，必立志以定其本，而居敬以持其志。志立於事物之表，敬行乎事物之內，而知乃可精。」〔註 33〕志是之人的行爲的一種思想動機或志向、意志。所謂立志即心有所主意，有所定向。這其實與平日的察識涵養功夫分不開，通過察養功夫，養得心體澄明，心才有所主。這是一種倫理道德意識的覺悟。居敬功夫不可間斷，一方面，使心之志向和意志主一無適，持續、堅定，不可移易，這是格物的根本和基礎；另一方面，在整個處事接物、格究物理的過程中，有敬的功夫，心明、物正，知乃精。

第二，「必先知的」。「知的」有廣義和狹義之分，相互統一：廣義的「知的」是確定人生修養的大目標，就是《大學》講的大學之道——「在明明德，在新民，在止於至善」，「正心誠意，修齊治平」。狹義的「知的」是具體的爲學目標和格物目的。

> 學道者，正如學射，才持弓矢，必先知的，然後可以積習而求中的矣。若射者不求知的，不求中的，則何用持弓矢以射爲？列聖諸經，千言萬語，必有大體，必有要妙，人自少而有志，尚恐奪於世念，日月蹉跎，終身不見也。君若不在於的，苟欲玩其辭而已，是謂口耳之學，曾何足云？夫留情於章句之間，固遠勝於博弈戲豫者，時以一斑自喜，何其小也！何不志於大體，以求要妙？譬如遊山，必上東岱，至於絕頂，坐使天下高峰遠岫、卷阿大澤悉來獻狀，豈不偉歟！〔註 34〕

在這裏，胡宏是將廣義和狹義的「知的」結合在一起講，爲學者指明人生方向和學問方向。要求學者從小要立志於聖賢大道，不奪於世念；在爲學問道過程中，要能從列聖諸經中得其大體、要妙，成就「大我」，避免流於口耳之學，留情於章句之間，以一斑自喜，「何其小也」。

學者又提出「敬以直內」功夫怎麼樣的問題。

〔註 32〕 胡宏：《復齋記》，《胡宏集》，中華書局 1987 年版，第 152 頁。
〔註 33〕 胡宏：《復齋記》，《胡宏集》，中華書局 1987 年版，第 152 頁。
〔註 34〕 胡宏：《知言·大學》，《胡宏集》，中華書局，1987 年版，第 33 頁。

> 幼翁曰：我習敬以直內可乎？胡子曰：敬者，聖門用功之妙道也，
> 然坤卦之善，與乾相蒙，敬以直內，終之以方也。苟知不先至，則
> 不知所終，譬如將適一所，而路有多歧，莫知所適，則敬不得施，
> 內無主矣。內無主而應事物，則未有能審事物之輕重者也。故務聖
> 人之道者，必先致知，及超然有所見，方力行以終之。終之之妙，
> 則在其人，他人不得而與也。〔註35〕

「敬以直內，義以方外」源於《周易》。意思是，要以嚴肅、認真的態度操持內心；要以正確、合理的方式處理外部世界的事物。面對學生的提問，胡宏認為，如果心無所知，無所主，對待事物沒有判斷的能力，敬的功夫就沒有施及的對象。所以修道者必以致知為先，而敬的功夫是終之之方。必先有了卓越的見識，有了真知，才能以敬持之，以敬行之。

第三，「學即行也」。必先致知，超然有所見，力行以終之，這是在邏輯上強調道德認識對道德實踐具有重要的指導作用這意義上講的，實則，具有務實品格的胡宏非常重視道德踐履，提出「學即行也」，強調致知與力行的統一性。「學，即行也。非禮，勿視、聽、言、動。學也，行之也，行之行之而又行之。習之不已理與神會，能無悅乎！」〔註36〕無論是親身格物，還是親師取友，學習聖賢書籍，本身即是學即是行，是在學中行，又是在行中學，行之不已，理與神會，中心誠悅，自然樂於踐履。「學即行也」，是湖湘學派和湖湘文化重視經世致用的理論依據。胡宏說：「君子有宰天下之心，裁之自親始；君子有兼萬世之心，行之自身始」〔註37〕。胡宏的弟子張栻「學即行也」的基礎上，進一步提出了「知行互發「的觀點：「蓋致知力行，此兩者功夫互相發也。」〔註38〕

第二節　聖人人格論

人生修養是主體確定一定目標，根據一定的理論指導，運用各種修養方法從事道德實踐以達至人格的提升和品質的養成。人生修養實踐的過程，就是人格形成的過程。人格有實現的人格和理想的人格之分。理想人格是主體

〔註35〕胡宏：《知言‧大學》，《胡宏集》，中華書局，1987年版，第33頁。
〔註36〕胡宏：《知言‧中原》，《胡宏集》，中華書局1987年版，第46頁。
〔註37〕胡宏：《知言‧仲尼》，《胡宏集》，中華書局1987年版，第17頁。
〔註38〕張栻：《南軒集》卷十九，《張栻全集》，長春出版社1999年版，第772頁。

自我設計要努力達到的修養目標。與道德規範相比，理想人格的設計和追求具有目標明確、動力內在、示範性強的優勢。中華傳統文化是倫理性很強的文化，人格理論源遠流長，成熟發達。早在殷周時代，就有人格範疇的萌芽。如《尚書‧皋陶謨》云：「知人則哲」，「安民則慧」。又如《尚書‧洪範》云：「貌曰恭，言曰從，視曰明，聽曰聰，思曰睿。恭作肅，從作刈，明作哲，聰作謀，睿作聖。」《尚書‧舜典》云：「直而溫、寬而栗、剛而無虐、簡而無傲」，這些解說是對人格的一種界說。先秦諸子百家各有自己的理想人格設計。例如，道家以「眞人」爲理想人格，「古之眞人，其寢不夢，其覺無憂，其食不甘，其息深深、不知說生，不知惡死，其出不訴、其入不距；愉然而往、儲然而來而已矣。不忘所始，不求其所終，受而喜之，是之謂不以心捐道，不以人助天，是之爲眞人」〔註39〕墨家以「兼士」爲理想人格，兼士「視人之國若視其國，視人之家若視其家，視人之身若視其身」〔註40〕孔子的理想人格有「仁者」「成人」「中行」等，而以「聖人」爲最高理想人格。聖人是盡善盡美的，孔子認爲連堯舜「其猶病諸」。眞正的「聖人」是能「博施與民，而能濟眾」〔註41〕的。孔子自己評價說：「若聖與仁，則吾豈敢？」〔註42〕孔子以聖人高於仁者，並以博施於眾的事功歸於聖人的內涵。孔子弟子子貢評價老師說：「學而不厭，智也；教不倦，仁也；仁且智，夫子即聖矣！」〔註43〕仁且智，內聖外王，是聖人人格的基本內涵。孔子聖人人格倫對後世影響很大。漢朝定儒家爲一尊，「三綱五常」外在性的規範限制了人們自覺的人格追求，而對聖人的神化，將大部分人拒之於聖門之外。漢唐儒學泥入章句訓詁，絕少理論創新，缺少對人安身立命的人文關懷，所謂「儒學治國不治心」。佛道的精緻的本體論在安頓人的心靈方面有特殊功用，成仙成佛比成人、成聖更吸引人們。宋儒本於儒者的擔當意識，以續孔孟之道統、振興儒學重建儒家的價值理論體系爲己任，爲此他們援佛入儒、援道入儒，構建了儒家的道德形上學，實現了儒家倫理道德學說的回歸。宋儒的人格理論在他們的本體論的基礎上，得到了再造和重塑。宋儒的人格理論有兩個明顯的特點：一是人格本體化。將人格修養與宇宙本體聯繫起來，一方面論證人性由

〔註39〕《莊子‧大宗師》。
〔註40〕《墨子‧兼愛中》。
〔註41〕《論語‧雍也》。
〔註42〕《論語‧述而》。
〔註43〕《孟子‧公孫丑上》。

宇宙本體而來；另一方面，指出通過修養人格可回歸、合一於宇宙本體，與天爲一。二是宋儒提出了不同的人格層次，並闡明了人格層次的遞進關係，爲人們修養提供一個循序漸進的階梯。理學被稱爲內聖學，從廣義上講，人格理論包括本體論和功夫論。從狹義講，本體論是爲成就理想人格提供理論根據的，功夫論是實現人格的具體修養途徑和方法；理想人格論就是以本體論和功夫論爲基礎，對理想人格的本質、內涵、特徵進行規定和闡述，是理學家倫理思想和倫理觀念的綜合體現。宋代諸儒都以聖人人格爲最高理想人格。

　　胡宏的聖人論既具有理學的共性，又具有自己的個性。本節論述借鑒了王興彬《試論胡宏的聖人境界觀》一文。〔註44〕

一、「與道爲一」的聖人境界

　　與道爲一，天人合一，這是儒家的終極追求目標。孔子講「踐仁知天」，孟子講「盡心、知性、知天」，他們都沒有在天人之間建立一個直接溝通的本體。宋儒重建儒學的一個重要理論著力點，就是借鑒佛道的形上哲學思辨智慧，構建形上本體論，以爲天人合一、萬物統一提供理論基礎。周敦頤以太極、誠爲本體，張載以太虛－氣爲本體，二程以理爲本體。胡宏在借鑒、損益北宋三家本體論基礎上，提出了性本體論。性是宇宙萬物的根源和道德的根源。人在宇宙中的地位是——人性是性之極，得天地之全，首出萬物。性在人的身上的體現就是心。心就是天地之心和道德本心。性體心用，合而爲道。作爲宇宙萬物的根源就存在人的身上。眾人放心而不知求，天道性命置之茫昧。「惟聖人既生而知之，又學以審之，盡人之性，盡物之性，德合天地，心統萬物，故與造化相參而主斯道也。」〔註45〕此處，胡宏講聖人生而知之，這是沿襲舊說，其實胡宏多處講「人非生而知之」，「皆緣事物而知」。要點是，胡宏肯定聖人經過學習、修養，能夠盡人之性，盡物之性，德合天地。聖人與凡人在本體方面沒有區別，其差別是聖人盡性。所謂盡性就是盡心。聖人經過修養達到了與天爲一的最高境界：「聖人與道一體」〔註46〕聖人與道一體，所以聖人的知和智是超凡的，「處見而知隱，由顯而知微」〔註47〕，「寂

〔註44〕王興彬：《試論胡宏的聖人境界觀》，《理論學刊》，2004年第1期，第91頁。
〔註45〕胡宏：《知言‧往來》，《胡宏集》，中華書局，1987年版，第14頁。
〔註46〕胡宏：《論語指南》，《胡宏集》，中華書局，1987年版，第315頁。
〔註47〕朱熹《宋朱熹胡子知言疑義》，《胡宏集》，中華書局，1987年版，第332頁。

然不動，感而遂通天下之故」〔註48〕；聖人動靜、進退即是天道，是從心所欲不逾矩的。「靜與天同德，動與天同道」〔註49〕；從而聖人具有與天同功的造化之功。聖人達到了與天與道一體的高度自覺、自由的境界。這種境界可以說是理學家所津津樂道的孔顏之樂的「樂和境界」。

道學宗主周敦頤最早提出「孔顏之樂」的境界問題。少年二程問學於周敦頤，周敦頤便告以「尋顏子、仲尼樂處，所樂何事！」〔註50〕周敦頤並沒有明確告知所樂是何事，究竟如何。而聯繫他有名的「道充為貴」說，可知他是以道義的充實和精神的高尚為貴，為富，為泰，為完滿自足，而外在的富貴與道義的充實、精神的高尚沒有必然的聯繫，所以可以塵土視之。他說：「君子以道充為貴，身安為富，故常泰，無不足。而銖視軒冕，塵視金玉，其重無加焉爾。」〔註51〕二程創洛學授弟子後，繼老師之後接著講「孔顏之樂」問題。「孔顏之樂」是孔子、顏子是一種崇高人生境界，非經自覺修養而不能達，言語上的理解非真理解。所以也只是告訴學生：「非樂簞瓢陋巷也，不以貧窶累其心而改其樂也」〔註52〕當弟子回答「樂道而已」，程頤說：「使顏子而樂道，不為顏子矣。」〔註53〕程頤的意思似乎是，以道為樂，道就是與人相對的外在對象，道就成了樂的手段了。理學是強調天人一體，心理為一的，不達此境界，以外在於人的對象為樂，非真樂，樂亦不能持久。胡宏十分看重「孔顏之樂」問題，以為周敦頤令二程「尋仲尼、顏子所樂為者何事」〔註54〕於理學的創立和發展，於道統的延續具有十分重要的意義。胡宏自己也沒有正面回答「所樂何事」，但他對什麼是真樂有自己的理解：「飲水曲肱，安靜中樂，未是真實樂。須是存亡危急之際，其樂亦如安靜中，乃是真樂也。此事豈易到，古人所以惟日孜孜，死而後已也。」〔註55〕在存亡危急之際亦能保持內心的安靜和樂，物來順應，動容周旋，而不失其道，才是

〔註48〕 胡宏：《與僧吉甫書》，《胡宏集》，中華書局，1987年版，第115頁。

〔註49〕 朱熹：《宋朱熹胡子知言疑義》，《胡宏集》，中華書局，1987年版，第332頁。

〔註50〕 程顥、程頤：《河南程氏遺書》卷2，《二程集》，中華書局，1981年版，第16頁。

〔註51〕 周敦頤：《通書·富貴》。

〔註52〕 朱熹：《論語集注·雍也》。

〔註53〕 程顥、程頤：《河南程氏外書》卷7，《二程集》，中華書局，1987年版，第395頁。

〔註54〕 胡宏：《周子通書序》，《胡宏集》，中華書局，1987年版，第160頁。

〔註55〕 胡宏：《與彪德美》，《胡宏集》，中華書局，1987年版，第138頁。

眞樂。眞樂的境界就是與道爲一的境界。胡宏比二程更進一步的地方，在於強調了「眞樂」不僅是安靜中樂，危急中也不改其樂。理學諸儒以「孔顏之樂」的最高樂的境界爲依據，賦予儒家倫理精神以「樂」的品質，自然是對佛家「西方極樂世界」承諾的一種理論回應，也是對現實世界聲色之娛、情欲之濫的遏制欲反擊。〔註56〕

二、「不與俗同、不與俗異」的聖人人格形象

胡宏塑造的聖人形象是個體感性與本體超越的統一體〔註57〕。唯其不與俗異，是感性個體，不遠離眾人，才親切可學；唯其不與俗同，與道爲一，是超越的偉大人格，才有表率、示範作用。

> 賢者之行，智者之見，常高於俗而與俗立異。不肖者之行，愚者之見，常溺於俗而與俗同流。此道之所以不明也，此道之所以不行也。
> 我知聖人之行、聖人之見矣。不與俗異，不與俗同，變動不居，進退無常，妙道精義未嘗離也。參與天地，造化萬物，明如日月，行如四時。〔註58〕

與智者、賢者之行高於俗而與俗立異不同，更與不消者、愚者溺入俗與俗同流相區別，聖人由道而行，其生活的常態，在外表看，也與眾人無不同；但其動靜語默、進退容止，無不是妙道的流行，精義的體現，如水行地中，當之則止，當行則行。所以聖人同於俗而高於俗。

聖人是感性個體的存在，天命所有眾人具有的一切感性活動和感性生活，聖人無一例外。

> 凡天命所有而眾人有之者，聖人皆有之。人以情爲有累也，聖人不去情；人以才爲有害也，聖人不病才；人以欲爲不善也，聖人不絕欲；人以術爲傷德也，聖人不棄術；人以憂爲非達也，聖人不忘憂；人以怨爲非宏也，聖人不釋怨。〔註59〕

情、才、欲、術、憂、怨是天命所有，人本性本有的，聖人何得而去。只有那些不知天命，昧乎萬化之源的人才以情、才、欲、術、憂、怨爲爲累、爲

〔註56〕付長珍：《宋儒境界論》，上海三聯書店，2008年版，第54頁。
〔註57〕朱漢明：湖湘學派與湖湘文化》，湖南大學出版社，2009年版。
〔註58〕胡宏：《知言·往來》，《胡宏集》，中華書局，1987年版，第14頁。
〔註59〕朱熹：《宋朱熹胡子知言疑義》，《胡宏集》附錄一，中華書局，1987年版，第333頁。

害、爲不善、爲傷德、爲不通達，爲不宏大，視之爲修養的障礙。在聖人，六情七欲，循性而發，發而無不中節，正是聖人與道爲一的具體表現。例如夫婦男女之事，常人以之爲醜，爲淫欲事，聖人安之，接而知有理，交而知有道。又如，天下蒼生陷於苦難飢寒中，聖人何得不憂？聖人欲成人成物，利濟蒼生，何得去智？胡宏說：「聰明智力在學者不當去，在聖人不去。去之，則必入於空，淪於靜，又烏能有得而可以開務成物哉？」〔註60〕胡宏認爲，道家所謂「絕聖去智」正是自私的表現。胡宏說：「天地之生生萬物，聖人之生生萬民，固其理也。老聃用其道，計其成，而以不爭行之，是舞智尙術，求怗天下之權以自私也。其去王事遠矣。」〔註61〕《中庸》說：「成己，仁也；成物，知也。」胡宏說：「靜觀萬物之理，得吾心之說也易，動處萬物之分，得吾心之樂也難。是故仁智合一，然後君子之學成。」〔註62〕胡宏的仁知統一的思想是合於儒家正統的。聖人不與俗異，不僅因爲聖人是感性的個體存在，而且聖人認爲道體就流行於日常生活中，肯定世界的眞實性、現實生活的正當性就是肯定道的眞實性、客觀性。聖人不與俗同，那是因爲，聖人盡心知性，由道而行，發而中節，與天地同流。胡宏建立的感性個體與本體超越相統一的聖人形象，是與他的本體論和理欲觀一致的。

三、「達則兼濟天下，窮則兼善萬世」的聖人事功

內聖外王相統一，是先秦儒家理想人格中的應有之義，不過也蘊含了向內發展，內聖爲重的發展方向。漢唐時代，儒學治國的功能得到強化，但主要是發展外王的一面，強調以法制號令和規章制度來治理國家，儒學內在蘊含的人倫精神日益弱化。以致唐代和五代十國出現了君不君、臣不臣「理崩樂壞」的混亂局面。宋儒總結前代的教訓，但矯枉過正，更偏重內聖一面的發展，以爲內聖自然能開出外王。因此，宋儒著重於心性之學的構建，將道德修養確定爲齊家、治國、平天下的中心環節。與其他理學家不同的是，胡宏自覺意識到，雖然「內聖」是本，「外王」是用，但外王需要主觀的努力、制度的安排和具體措施的落實。如果不強調二者的統一性，「外王」就會被消融於內聖，所謂「有體無用」的世儒和異端大量存在。所以胡宏反覆強調有

〔註60〕 胡宏：《論語指南》，《胡宏集》，中華書局，1987年版，第310頁。
〔註61〕 胡宏：《知言·陰陽》，《胡宏集》，中華書局，1987年版，第110頁。
〔註62〕 胡宏：《知言·天命》，《胡宏集》，中華書局，1987年版，第1頁。

體有用，明體達用。他說：他說：

> 聖人知天命存於身者，淵源無窮，故施於民者溥博無盡，而事功不
> 同也。〔註63〕

> 學聖人之道，得其體必得其用，有體而無用，與異端異辨？井田、
> 封建、學校、軍制，皆聖人竭心思致用之大者也。〔註64〕

天命至誠無息，淵源無窮，天道的功用在生生不已中見。聖人與道為一，體
物不遺，參贊化育之功在於施於民者溥博無盡。同時胡宏認為，聖人之道體
現在具體的仁政上，通過仁政讓百姓享受到實惠。他說：「士選於庠塾，政令
行乎世臣，學校起於鄉行，財出於九賦，兵起於鄉遂，然後政行乎百姓，而
仁覆天下矣。」〔註65〕

　　胡宏深知，聖人也會受到命的限制，也會有時運不濟，處於困厄窮塞的
時候。在如此境遇裏，聖人之為聖人，他不會獨善其身，而是志在建立萬世
的功業。他說：

> 窮則獨善其身，達則兼善天下者，大賢之分也。達則兼善天下，窮
> 則兼善萬世者，聖人之分也。〔註66〕

胡宏認為「窮則獨善其身，達則兼善天下者」還只是大賢境界。在聖人，他
有機會參政，直接管理國家事務時，必定仁心普萬物而無遺，惠及萬民；當
他遠離朝政，無法直接施仁政於當世時，聖人的選擇是「兼善萬世」。胡宏這
一聖人境界的開出，無疑比孟子更高明。胡宏是以孔子為例來說明這一境界
的可能性的。他說：「夫子被王者服，巍然當坐，群弟子以公侯環列，春秋二
時受天下盛禮。在昔皇帝、堯、舜、禹、湯、文、武，真居天位之君也，乃
有所不如。其何故哉？成一時之勳業有限，開萬世之道學無窮也。」〔註67〕
在胡宏看來，孔子不居天子位，但他開創了儒家道統，他的思想文化價值是
影響萬世的，要超過皇帝、堯、舜、禹、湯、文、武的功業。胡宏正是以此
自勉，優悠衡山腳下二十餘年，玩心神明，著述不輟，傳道不捨，創立了湖
湘學派，對後世思想文化發展影響深遠。

〔註63〕 胡宏：《知言·陰陽》，《胡宏集》，中華書局，1987年版，第9頁。
〔註64〕 胡宏：《與張敬夫》，中華書局，1987年版，，第131頁。
〔註65〕 胡宏：《知言·天命》，《胡宏集》，中華書局，1987年版，第1頁。
〔註66〕 胡宏：《知言·紛華》，《胡宏集》，中華書局，1987年版，第26頁。
〔註67〕 胡宏：《邵州學記》，《胡宏集》，中華書局，1987年版，第150頁。

第五章　胡宏倫理思想的總結與評價

　　胡宏倫理思想以性本體論爲其理論基礎，以理欲觀和義利觀的探討爲其核心，以功夫論和人格論爲其旨歸，體現出既繼承前人又頗多創建的特色，並成爲湖湘學派倫理思想的重要內容和宋代理學倫理思想的重要一脈，對當時和後世有相當大的影響，張栻、朱熹和王夫之等人都受到胡宏倫理思想的影響。

第一節　胡宏倫理思想的基本特徵

　　理學作爲儒學的新的發展階段，有著共同的價值觀和理論構建方式。但理學內部存在不同的學派、不同的派系，表現出各自的理論特色、學術風格和運思方式。如本體論的區別、心性論的區別、修養論的區別、義理觀的區別等。構建形上本體論，以本體來論證天人合一，來論證人倫道德的本體意義，論證人倫道德的必然性、當然性，這是理學的共同特徵。同中有異，不同理學家、不同學派各自有不同的最高本體和強調的重點，如張載等以氣爲最高本體，程朱以理爲最高本體，陸王以心爲最高本體，而以胡宏、張栻爲代表的湖湘學派以性爲最高本體。本體論的差別，在某種意義上決定了心性論和修養論的差別，甚至義利觀和理欲觀的差別。

一、性立天下之大本

　　在宇宙的本源問題上，程朱學派以「理」爲宇宙本體，陸王學派以「心」爲宇宙主體，而胡宏則提出以「性」爲宇宙本體。他認爲「性」是「天下之大本」，「性也者，天地所以立也」，性是宇宙萬物之本體，它主宰著宇宙萬物，

而又存在於萬物之中。沒有「性」則無「物」，沒有「氣」則無「形」，「性」是「氣」之本。

胡宏以「性」爲宇宙萬物之本原，認爲「天命之謂性。性，天下之大本也，堯舜禹湯文王仲尼六君子先後相詔，必曰心而不性，何也？曰：心也者，知天地，宰萬物以成性者也。」〔註1〕又說：「大哉性乎！萬理具焉，天地由此而立矣。世德之言性者，類指一理而言之爾！未有見天命之全體者也。」〔註2〕他認爲性即是天命，爲天下之大本，萬理皆出於性。「萬物皆性所有」。又說「心也者，知天地，宰萬物」，「性定則心宰，心宰則物隨」，「心無不在」、「無生死」。主張性體心用，「其體曰性」、「其用曰心」、「心不能不動，動則心矣」，「性體心用，心以成性」。

胡宏所說的「性」與程朱所說的「理」，本質是相同的，都屬於客觀唯心主義的範疇。但胡宏認爲「性」是「天命之全體」，而「理」只是天命的局部，性具萬理，性一理殊，二者的關係相當於哲學上的一般與特殊的關係，這與程朱理一性殊的理性觀是頗爲不同的。

一般而言，程朱的天理本體是指客觀自在的天理，是外在於人的，程朱是通過「性即理」這一論斷將天理本體納入到人心中的。通過「性即理」來說明儒家倫理來自神聖的超越的宇宙本體，當然之理和必然之理統一於最高的天理本體。天理是形而上者，氣是形而下者，理氣關係不離不雜。但天理只是所以然之理，本身不能活動，其活動依於氣，如人騎馬相似。「性即理」，性亦是形而上者。心是「氣之靈」，本身不是理。理具於心中，所以需要心去認識理。心與理的關係是主體和客體的認知和被認知的關係。「性即理」是理本派論證天人合一的關鍵。所以朱熹說「性即理」一句眞是顛撲不破。表現在修養上，就是「涵養需用敬，進學在致知」。程朱非常重視一派非常重視平時的動容貌、正衣冠、整思慮的莊敬涵養。有人說程頤一生持養太苦，程頤說，「我安於禮，何苦之有」。朱熹於這一點像極程頤。主張格物窮理是理本派的功夫重點。朱熹認爲，只有通過不斷的窮理功夫，才能豁然貫通，上達天理。

陸九淵的心本論一派，以「心」作爲宇宙本體。認爲「宇宙即是吾心，吾心即是宇宙」，「心即理」，斷言天理、人理、物理只在吾心中，自然的普遍

〔註1〕朱熹：《宋朱熹胡子知言疑義》，《胡宏集》，中華書局，1987年版，第328頁。
〔註2〕胡宏：《知言·一氣》《胡宏集》，中華書局，1987年版，第28頁。

規律與綱常倫理都是人先驗具有的意識，認爲心是永恒的、普遍的：「千萬世之前，有聖人出焉，同此心同此理也，千萬世之後，有聖人出焉，同此心同此理也。」〔註3〕從「心即理」出發，陸九淵不同意朱熹格物窮理的「支離」修養方法，主張「先立乎其大者」發明本心的「易簡」功夫，具體來說就是向內用力，切己自反，剝落物欲，改過遷善。明代王陽明在陸九淵「心即理」的心學基礎上，發明「良知」學說和「致良知」的功夫論，進一步完善了心本論。

以性爲最高本體是湖湘學派的重要特色。奠定這一思想基礎的是開湖湘學統的胡宏。他提出：

> 天命之謂性，性，天下之大本也。〔註4〕

> 性也者，天地之所以立也。〔註5〕

朱漢民說：「湖湘學派倡導的性本論，其實就是從客體意義和主體意義、是從天道和人道的統一中建立的宇宙本體論。」〔註6〕在宋明理學範疇體系中，「性」是連接天、人的中介，它既具有天理的客體意義，「性即理」是理學家共同認可；又具有人心的主體意義，性內在於人心。在胡宏的性本體話語體系裏，不但性範疇的地位和意義有很大的提高，而且性與心的關係是「體用一源」「一體兩面」的關係。從客體意義上講，性是天命、天道，是萬物的終極根源，是天命的全體，「大哉性乎！萬理具焉，天地由此而立矣。」〔註7〕這和朱熹以客體意義的理爲最高本體有相同之處；從主體意義上講，性是人性，「性有大體，人盡之矣。」〔註8〕人性不是抽象的存在，性由心顯，心性一體，「天命爲性，人性爲心」。性與心以體用關係合而爲道：「非聖人能名道也，有是道則有是名也。聖人指明其體曰性，指明其用曰心。性不能不動，動則心矣。」〔註9〕性與心，客體與主體，是體用關係，體用不二：性呈現爲

〔註3〕　陸九淵：《陸九淵集》卷二十二，第 273 頁。

〔註4〕　朱熹：《宋朱熹胡子知言疑義》，《胡宏集》附錄一，中華書局，1987 年版，第 328 頁。

〔註5〕　朱熹：《宋朱熹胡子知言疑義》，《胡宏集》附錄一，中華書局，1987 年版，第 333 頁。

〔註6〕　朱漢民：《湖湘學派與湖湘文化》，湖南大學出版社，2006 年版。

〔註7〕　胡宏：《知言·一氣》，《胡宏集》，中華書局，1987 年版第 28 頁。

〔註8〕　胡宏：《釋疑孟》，《胡宏集》，中華書局，1987 年版第 319 頁。

〔註9〕　朱熹：《宋朱熹胡子知言疑義》，《胡宏集》附錄一，中華書局，1987 年版，第 328 頁。

心，客體主體化；心形著性，主體客體化，「心也者，知天地、宰萬物而成性者也。」〔註 10〕「性體心用」「心已成性」，主客體互為體，具有心本論的主體意義。

本體決定功夫。性本體通過與主體心構成體用不二的關係，具有了客觀和主觀的雙重意義。在功夫論上，胡宏以察識涵養的識仁功夫為根本，察識仁之端倪，涵養擴充，以至於與天同大；以格物致知功夫為助援，以物之分殊之理致其德性之知，物格知至意誠而心正。前者功夫本於孟子，以性呈現為本心良心即性的主觀意義立言的；後者功夫本於《大學》，以格物窮理為要，是從「性一分殊」，性的客觀性這個角度考慮問題的。前者功夫與陸九淵心本論相近；後者功夫與朱熹理本論一致。理學學派之間在本體論與功夫論等方面既相互區別又相互聯繫，呈現出多樣性、豐富性的特徵。

綜合胡宏的本體論和功夫論，胡宏倫理思想具有注重自律和他律相統一的特徵。一方面，人心是性本體的呈現，與道同大，本心圓滿自足，道德不用外求，不用沿襲、模仿前人的行為方式。在其《示二子》詩中，他提出：「此心妙無方，比道大無配。妙處果在我，不用襲前輩。得之眉睫間，直與天地對。昆然員且成，萬古不破碎。」〔註 11〕人儘其本心，求仁則得仁，與天為一。他說：「人儘其心則可與言仁矣，心窮其理則可言性矣。」〔註 12〕「聖門事業無多子，守此心為第一門。」〔註 13〕也就是說，道德是主體自我對其內在道德理性和潛能的發揮和擴充，主體自我在道德完善過程中起決定作用，完全自主自律。另一方面，現實的人並不能自覺儘其心：「人之生也，良知良能，根於天，拘於己，汩於事，誘於物，故無所不用學也。學必習，習必熟，熟必久，久則天，天則神，天則不慮而行，神則不期而應。」〔註 14〕所謂無所不用學，說明「學」和「習」的範圍很廣泛，學習禮儀道德當然是重點。胡宏說：「學，即行也，非禮，勿視聽言動。學也，行之也，行之行之而又行之。習之不已，理與神會，能無悅乎！」〔註 15〕這是從主觀積極的方面強調道德的養成有待於學習禮儀規範，不斷實踐禮儀規範。從外在規範和強制的

〔註 10〕 胡宏：《知言疑義》，《胡宏集》附錄一，中華書局，1987 年版，第 328 頁。
〔註 11〕 胡宏：《古詩・示二子》，《胡宏集》，中華書局，1987 年版，第 68 頁。
〔註 12〕 胡宏：《知言・紛華》，《胡宏集》，中華書局，1987 年版，第 26 頁。
〔註 13〕 胡宏：《古詩・贈人》，《胡宏集》，中華書局，1987 年版，第 72 頁。
〔註 14〕 胡宏：《知言・義理》，《胡宏集》，中華書局，1987 年版，
〔註 15〕 胡宏：《知言・中原》，《胡宏集》，中華書局，1987 年版，第 46 頁。

角度，胡宏主張道德和法制並用，以道德爲體，以法制爲用。胡宏說：「法制者，道德之顯爾。道德者，法制之隱爾。……有道德結於民心，而無法制者爲無用。無用者亡〔劉虞之類〕。有法制繫於民身，而無道德者爲無體。熱體者滅〔暴秦之類〕。」〔註16〕道德與法制對於社會的規範是十分重要的，關係到國之存亡。另外，聖人製禮作樂也是聖人知「天道」，以「性一分殊」爲依據，順萬物之性，使萬物各得其所。「聖人順萬物之性，惇五典，庸五禮，章五服，用五刑，賢愚有別，親疏有倫，貴賤有序，高下有等，輕重有權，體萬物而昭明之，各當其用，一物不遺。」〔註17〕五典、庸五禮、五服、五刑這些外在的規範對於形成有序的等級社會生活是必須的。

二、天理人欲同體異用

在天理人欲問題上，胡宏與宋代理學家絕對否定人欲的禁欲主義傾向不同，他提出了「天理人欲同體異用，同行異情」的命題。

胡宏從理論層面闡述了「有體有用」是區別於異端學說的儒家之道。「學聖人之道，得其體必得其用，有體無用，與異端何辨？」（五峰與張敬夫書之四）這是胡宏論述體用關係的總綱。聖人之道的體用一貫與佛氏有根本的區別是，佛氏名曰「識心見性」實則體用分離，滅絕三綱，不能開務成物。與道家的區別是，儒家的仁義之道是實道，「仁其體，義其用」，大道毀，焉有仁義。與法家的區別是，儒家以道德爲體，法制爲用，道德治心，法制繫身。儒家體用之道貫於萬事。在宇宙，中爲體，和爲用；在人，性爲體，心爲用；在道德，仁爲體，義爲用；國家治理，仁德爲體，仁政爲用；聖人之道，仁義爲體，經世爲用。這種體用一貫思想的闡述，爲個人修身，以及將修身與治世，內聖與外王結合起來的實提供了理論和方法的指導。

在胡宏看來，天理人欲同以「性」爲體，本質相同，無善惡之分，胡宏稱之爲「同體」。及至「性」之發，則有「心」之用：或「發而中節」，或發而不中節，於是有是非、正邪、善惡之分，胡宏稱之爲「異用」。同是天理人欲，由於人們主觀修養上的差別，同一件事做起來不一樣，同一行爲而所得到的結果也迥然不同，這就是所謂的「同行異情」。胡宏「同體異用」的命題，說明了天理人欲是不可分離的，是互相包含的，天理中自有人欲，人欲中自

〔註16〕胡宏：《知言·修身》，《胡宏集》，中華書局，1987年版，第6頁。
〔註17〕胡宏：《知言·漢文》，《胡宏集》，中華書局，1987年版，第41頁。

有天理；天理人欲同時並有，同屬天命，無先後主次之別。這些實際上是反對視人欲爲惡，承認人的需要的合理性。

三、內聖外王合一

胡宏推崇「與天地同其道」的聖人，認爲聖人是立德與立功、內聖與外王的有機統一。內聖是一種修身立德的功夫，胡宏指出「惟仁者。能盡性知命」。「欲爲仁，必先識心本體」。強調「聖門工夫要處，只在個敬」。強調「萬物皆備於我，反身而誠，仁爲體要，義爲權衡，萬物各得其所，而與天地參，此道所以爲至也。」〔註 18〕外王是修身立德之實際表現。胡宏認爲「仁者無不愛也，故以斯文爲己任，理萬物而與天地參矣」〔註 19〕。胡宏還以「仁」的標準，要求並規範帝王之政，他認爲仁爲立身立國之本，帝王以仁治國，不僅要「富民」，更要「愛民」，而「愛民」的主要標誌就是「教民」。他說：「仁智合一，然後君子之學成。」〔註 20〕「士選於庠序，政令行乎世臣，學校起於鄉行，財出於九賦，兵起於鄉遂，然後政行乎百姓，而仁覆天下」〔註 21〕。仁學並非脫離實際的靜修，而是「切切於世」、「周乎萬物」〔註 22〕的躬行實踐，「仁之道，非便儜矯厲，耳剽口誦之所可得，必剛毅篤實，主忠行恕，而後可至」〔註 23〕。

胡宏所處的時代爲胡宏這樣一位心憂天下，有強烈濟世情懷的儒家學者的思想烙上了積極濟世的現實品格。北宋滅亡，南宋偏安半壁，民族矛盾和階級矛盾日益尖銳。統治者苟且偷安，不思進取。投降派秦檜當國，主戰派受到打擊和迫害。民不聊生，人心混亂。胡宏感於時艱，悲壯陳言：「道學衰微，風教大頹，吾徒當以死自擔」〔註 24〕

胡宏對空談性命，不務實用的學者和學風提出了批評：「而後知學者多尋空言。不究實用，平居高談性命之際，聾聾可聽，臨事茫然，不知性命之所在者多矣。」〔註 25〕與此相對，胡宏提出了「濟人利物」的爲學目的。他說：

〔註 18〕《五峰學案》，《宋元學案》卷四十二。

〔註 19〕胡宏：《知言·紛華》，《胡宏集》，中華書局，1987 年版，第 25 頁。

〔註 20〕胡宏：《知言·天命》，《胡宏集》，中華書局，1987 年版，第 1 頁。

〔註 21〕胡宏：《知言·天命》，《胡宏集》，中華書局，1987 年版，第 1 頁。

〔註 22〕胡宏：《知言·天命》，《胡宏集》，中華書局，1987 年版，第 2 頁。

〔註 23〕胡宏：《邵州學記》，《胡宏集》，中華書局，1987 年版，第 150 頁。

〔註 24〕胡宏：《與談子立書》，《胡宏集》，中華書局，1987 年版，第 147 頁。

〔註 25〕胡宏：《與樊茂實書》，《胡宏集》，中華書局，1987 年版，第 124 頁。

「論爲學者貴於窮萬物之義，論爲治者貴於識百職之體。孔子曰：『學之不講，是吾憂也』。夫聖人何憂？學者所以學爲治也。講之熟則義理明，義理明則心志定，心志定則當其職，而行其事無不中節，可以濟人利物矣。」〔註26〕對爲學者和爲治者，胡宏都提出了有體有用的要求。認爲義理明、心之定是體，當其職、行其事是用。有體有用，發而中節，可以濟人利物矣。胡宏道出了他創辦書院講學的目的就是傳播「經濟學」，培養經世致用人才。他說：「爲無經濟學，萬里築幽棲。」〔註27〕

對於最高統治者宋高宗，胡宏寄希望於他「定君心」「施仁政」。他說：「陛下幸聽臣言，反求諸心，神而明之，施於有政，滅仇讐，誅叛逆，恢復中原，仁履天下，乃其功矣。」〔註28〕

第二節　胡宏倫理思想對後世的影響

胡宏倫理思想的影響首先表現在胡宏是湖湘學派的奠基人，湖湘學派對湖湘文化影響深遠。從胡宏到張栻之間的思想傳承關係，可以見出思想史發展變化的邏輯線索和軌迹，從中得到有益的啓示。張栻去世以後，湖湘學派很快衰落下來，元明之際，幾於湮沒無聞。直至明末王船山的出現，湖湘學派的學風和精神才得以重光。其次表現在對其他學派的影響，這裏以朱熹爲代表。通過與朱熹的比較，可以見出胡宏倫理思想的理論特色。

一、胡宏倫理思想對張栻的影響

張栻是胡宏最得意的弟子，後主持嶽麓書院，成爲繼胡宏之後的湖湘學派的一代宗師，與朱熹、呂祖謙並稱「東南三賢」。關於胡張之間思想上的傳承關係，研究者看法不一，有的認爲張栻未得胡宏眞傳，實則是倒向朱熹，是師門的罪人，如牟宗三持此看法。有的學者認爲，張栻對胡宏的思想有繼承又有發展，是胡門的光大者，居功至偉。如向世陵等持此種觀點。但這一派學者對這一觀點未作具體詳細的闡發，亦即張栻在哪些方面是繼承了乃師的思想，哪些方面修正發展乃師觀點，哪些方面表現出二人之間的思想差異，這種差異是什麼性質的，是否越出了湖湘學派的範圍。作這種具體分析是很

重要的，是更深入理解胡宏倫理思想的重要方面。分析理解一個思想家的思想，看他本人思想的主體方面固然是最重要的，但考察他思想的源和流也是很重要的，這就是全面聯繫的觀點，而不是靜止孤立的觀點。

（一）以性為最高本體

以性為最高本體，是張栻對胡宏思想的自覺繼承。

第一，性是宇宙萬物的本原。「天命之謂性，萬有根焉。」〔註29〕天命就是性，性是萬物的本根，「有是性則具是形以生人」〔註30〕，「賦是形以生者，蓋以其具是性也」〔註31〕。性是具有創生意義的形上本體，有形的萬事萬物之所生，之有其形狀形體，是性賦予的，所以天命不是別的什麼，是決定萬有之成為其本身的性本體。

性是萬有的共同根源和本體，萬有各個不同，怎麼解釋呢？胡宏的解釋是「性一分殊」：「中者，道之體；和者，道之用。中和變化，萬物各正性命而純備者，人也，性之極也。故觀萬物之流形，其性則異；察萬物之本性，其源則一。」〔註32〕張栻對老師的「性一分殊」觀點既有繼承，又有所區別。總體上，張栻認為萬物的共同本體是性，性是一；萬物是殊，是異，是性一的不同表現，是性本體的流行之異。他說：「論性之本則一而矣，而流行發見人物之所稟，有萬之不同焉。原其性之本一，而察其流行之各異。知其流行之各異，而本之一者初未嘗不完也，而後可與論性矣。」〔註33〕張栻堅持了胡宏「性一分殊」觀點，這一點有特殊意義。表面上看，胡宏的「性一分殊」來源於程頤的「理一分殊」，因為「性即理」，兩者沒有實質性的區別。實則，二程以理為最高本體，程顥曾自豪地宣稱「吾學雖有所授受，『天理』二字，卻是自家體貼出來」〔註34〕，「理則天下只有一個理」〔註35〕，「所以謂萬物一體者，皆有此理，只為從那裏來」〔註36〕。所謂「性即理」，性是理的落實，

〔註29〕 張栻：《孟子說》卷四，《張栻全集》，長春出版社，1999年版，第385頁。

〔註30〕 張栻：《孟子說》卷七，《張栻全集》，長春出版社，1999年版，第488頁。

〔註31〕 張栻：《思終堂記》，《南軒集》卷十三，《張栻全集》，長春出版社，1999年版，第740頁（《張栻全集》版本下同）。

〔註32〕 胡宏：《知言‧往來》，《胡宏集》，中華書局，1987年版，第14頁。

〔註33〕 張栻：《孟子說》卷六，《張栻全集》，長春出版社，1999年版，第427頁。

〔註34〕 《河南程氏外書》，《二程集》，中華書局，1981年版，第424頁。

〔註35〕 程顥、程頤：《河南程氏遺書》卷2，《二程集》，中華書局，1981年版，第38頁。

〔註36〕 程顥、程頤：《河南程氏遺書》卷2，《二程集》，中華書局，1981年版，第33頁。

理落實在人身上，是人性；落實在物身上，即是物性。朱熹說得很明白：「命猶令也，性即理也，天以陰陽五行，化生萬物，氣以成形，而理亦賦焉，猶命令也。於是人物之生，因各得其所賦之理，以爲健順五常之德，所謂性也。」〔註37〕程頤在理學史上的重要貢獻之一就是提出了「性即理」，由理無不善，得出性無不善的結論，從而維護了孟子的「性善論」。雖然說「性即理」，但「理一分殊」與「性一分殊」不能互相代替。因爲，在程朱那裏，「性即理」，性由理賦；在胡宏、張栻這裏，性就是天命是萬物共同的本體；性之流行才有萬殊。胡宏選擇以性爲最高本體來構建其倫理思想體系，是有深意的，而不是簡單地將二程體貼出來的「天理」換成「性」概念而已。其一，性在傳統意義上主要指人性，將性直接上升爲最高本體，將性直接等同天命，反應了胡宏由人道而天道再復歸人道的以構建倫理道德學說爲目標的理論自覺性。這省去了周敦頤、張載先構建宇宙論體系再進到倫理學的繁瑣論證。二程以理爲最高本體，理可以說是人倫道德的抽象，顯示了他們比周張有更明顯的構建倫理學的自覺性。但是，他們爲了論證天理、理、倫理道德是人的自覺需要，強化道德自律，還必須借助性的概念，將理落實爲性，將人倫道德當作性的本有。這樣，在理、命、性之間必須進行貫通的論證。李曉春指出，程顥的人性論分爲四個層次：（一）「一陰一陽之謂道」、「善惡皆天理」；（二）「繼之者善」；（三）「成之者性」；（四）「人則能推，物則氣昏」。四個層次是遞進關係：善惡皆天理—繼之者善－成之者性－心。〔註38〕直到程頤提出「性即理」才抹平了程顥的四層次人性結構。不過程頤爲了解決惡的來源，必須借助氣的概念，將性分爲性與氣質之性，性來自天理，無有不善；惡來自氣稟。其二，胡宏在借鑒周張二程本體論構建的經驗基礎上，直接將性作爲最高本體，是對傳統儒家從人性論出發來論證人倫道德的來源的繼承；同時，性既然是最高本體，性具萬理，是萬有的來源，那麼性的內涵就不僅僅是仁義禮智。萬事萬物的一切屬性均包含在一性之中。所以胡宏說「天理人欲同體異用，同行異情」。這也是胡宏不強調氣質之性和義理之性的區分的重要原因。在第一點上，即在將性作爲最高本體來構建倫理學的本體論體系方面，張栻表現了很強的自覺性。在宋代理學中，除了湖湘學派的學者，其他學派的理學家還沒有哪位以性爲最高本體的。在第二點上，即在性的內

〔註37〕朱熹：《四書集注・中庸章句下》，嶽麓書社，1987版，第25頁。
〔註38〕李曉春：《宋代性二元論研究》，中國社會科學出版社，2006年版，166～167頁。

涵上，張栻不同意「天理人欲同體」，認爲「天理人欲同體」「誠爲有病」，這是他不能領會老師的深意所在。

第二，性是人倫道德的來源。胡宏將性作爲倫理思想體系的最高本體，其目的是要以性作爲天下之大本，爲人倫道德提供形上基礎和根據，所以以仁義爲性本體的重要內涵，這是胡宏本體論的題中應有之義，也是胡宏作爲一名重要的理學家與其他理學家共同標舉的重要理學命題。胡宏的著眼點在於，一方面性是人的本有之性，內在之性；另一方面人之性是「性之極」，人之性同於最高本體的性，不必言「性即理」，不必用理的尊嚴和超越來論證性的尊嚴和超越，用牟宗三的話說，就是「性既內在又超越」，這樣，人倫道德也是既內在又超越的，爲人自覺踐履道德提供了內在動力和超越根據。張栻忠實地繼承了老師的這一思想，認爲人性中原本包含仁義禮智等綱常道德。他說：

> 人之性仁、義、禮、智四德具焉。其愛之理則仁也，宜之理則義也，讓之理則理也，知之理則智也。是四者，雖未形見，而其理固根於此，則體實具於此矣。性之中只有四者，萬善皆管乎是焉。〔註39〕
>
> 人受天地之中以生，仁義禮知皆具於其性。〔註40〕
>
> 人均有是性，仁義禮智之體無不完具於一性之內。〔註41〕

張栻認爲性是本體，人人具有相同的本性，本性雖不可形見，而由人有愛、宜、讓、知等仁義的表現，可知人有仁義禮智四德，此四德先天完具於人性中，「仁義者，性之所有，而萬善之宗也。人之爲仁義，乃其性之本然」〔註42〕。既然人的本性先天具有道德倫理原則，那麼封建人倫道德規範要求就不是外在強加的，它既是宇宙的本源，又是人倫秩序，是人的本性的先天要求；違反封建道德就是對人的本性的背離，就是對決定宇宙秩序的性本體的違背。

第三，性是太極之體。張栻的性本論不是對胡宏性本論的簡單繼承和重複，而是有所深入和發展。表現之一是張栻通過對太極範疇及其與性範疇關係的闡釋，豐富和拓展了性本體的研究內容。道學始祖周敦頤在《太極圖說》

〔註39〕張栻：《仁說》，《南軒集》卷十八，《張栻全集》，第 803 頁。
〔註40〕張栻：《孟子說》卷二，《張栻全集》，第 289 頁。
〔註41〕張栻：《孟子說》卷七，《張栻全集》，第 506 頁。
〔註42〕張栻：《孟子說》卷六，《張栻全集》，第 425 頁。

中以太極是原初的、絕對的精神實體，描繪了一副由無極太極產生陰陽、五行乃至萬事萬物的宇宙生成圖景，初步回答了物質世界的本原問題和倫理世界的本體問題。但太極觀念沒有得到洛學和關學的首肯和認同，到了南宋，胡宏比較早地重視闡發太極範疇的義理並將太極與仁、與心性融會貫通起來。胡宏對太極的闡述主要有兩條：

> 胡子曰：一陰一陽之謂道。有一則有三，自三而無窮矣。老氏謂「一生二，二生三」，非知太極之蘊者也。〔註43〕

> 一陰一陽之謂道，道謂何也？謂太極也。陰陽剛柔，顯極之機，至善以微，孟子所謂可欲者也。天成象而地成形，萬古不變。仁行乎其中，萬物育而大業生矣。〔註44〕

胡宏認為太極是陰陽和合之道，所謂「一陰一陽之謂道」，太極與陰陽的合數是三，不是由太極產生陰陽。太極不是純粹的生化之道，太極「至善」「可欲」，「仁行乎其中」，所以「天成象而地成形」，無窮無盡；「萬物育而大業生」，人類的倫理行為也產生了。胡宏對太極與心性關係的解釋是初步的。張栻的太極思想豐富而深刻，太極與性的關係是明確的。張栻講的太極既是化生原理又是萬物之本體。他說：「太極混沌，生化之根。闔闢二氣，樞機群動。惟物由乎其間而莫之知，惟人則能知之矣」〔註45〕。天地萬物皆是由太極派生的，太極既是生化之根，又內在於萬物，成為萬物生生不息的樞紐和變化根據。太極與性的關係是，性即是太極，太極即是性，二者是同一層次的本體範疇，涵義相近。「太極混沌，生化之根」與「天命之謂性，萬有根焉」〔註46〕都是講萬有化生的根本和根據。「天可言配，指形體也。太極不可言合，太極，性也。」〔註47〕天可言配，是指與地相配的天只是形體之天，太極不可言配、言合，太極是性，是最高的本體，超越對待。所以他說：「天地亦形而下者，一本於太極。」〔註48〕又說：「有太極則有物，故性外無物。有物必有則，故物外無性。」〔註49〕性與太極又有細微的區別。性是太

〔註43〕 胡宏：《知言·陰陽》，《胡宏集》，中華書局，1987年版，第7頁。

〔註44〕 胡宏：《知言·漢文》，《胡宏集》，中華書局，1987年版，第41頁。

〔註45〕 胡宏：《擴齋記》，《南軒集》卷十一，《張栻全集》，第722頁。

〔註46〕 張栻：《孟子說·離婁下》卷四，《張栻全集》，第385頁。

〔註47〕 張栻：《答周允升》，《南軒文集》卷三十一，《張栻全集》，第976頁。

〔註48〕 張栻：《答吳晦叔》，《南軒集》卷十九，《張栻全集》，第882頁。

〔註49〕 張栻：《孟子說》卷六，《張栻全集》，第432頁。

極之體，而太極兼體用而言，是即體即用。

> 太極所以形性之妙也，性不能不動，太極所以明動靜之蘊也。極乃
> 樞極之義，聖人於易特名太極二字，蓋示人以根柢，其意微矣。若
> 只曰性而不曰太極，則只去未發上認之，不見功用，曰太極則性之
> 妙都見矣。體用一源，顯微無間，其太極之蘊歟！〔註50〕

有體有用，體用該貫，是胡宏反覆前調的聖人之道。「道者，體用之總名。」
〔註51〕「學聖人之道，得其體，必得用。有體無用，與異端何辨？」〔註52〕
在整個宇宙世界裏，性是天下之大本，是「體」；萬有是性之流行，是「用」。
張栻深得胡宏體用兼備之道的精髓，他認為太極之蘊就是體用一源，顯微
無間。太極之體就是性。性是太極未發之體，若只講一個性，則只是講到
了未發，不見太極的功用。太極是體與用、靜與動、未發已發的統一體。
太極既是生化之根，是產生萬物的根源；又是萬物生生不息的內在根據，
完具於萬物之中。太極之體即為性之本然，是太極的至靜狀態，但至靜而
萬象森然，至誠無息，性不能不動，太極不能不動，涵動靜之神妙，而為
生化之根。

> 然太極不能不動，動極而靜，靜極復動，此靜對動者也。有動靜，
> 則有形器，故動則生陽，靜則生陰，一動一靜，互為其根。蓋動則
> 有靜，而靜所以有動也，非動之能生靜，靜之能生動也。動靜者，
> 兩儀之性情；而陰陽者，兩儀之質也。分陰分陽，兩儀立焉。有一
> 則有兩，一立則兩見矣。兩故所以為一之用也；一不可見，則兩之
> 用或幾乎息矣。〔註53〕

張栻講「太極即性」，「太極所以形性之妙」，太極體用兼備，即存有即活動，
與胡宏「性不能不動，動則心矣」的思想一脈相承，顯示了張栻由太極向心
性論方面所作的開拓，而有別於朱熹認為的太極只是理，是活動的所以然之
理，能動的只是氣這種理本論的取向。

> 有太極則有兩儀，故立天之道曰陰曰陽，立人之道曰仁曰義。仁義
> 者，性之所有而萬善之宗也。人為仁義乃性之本然。〔註54〕

〔註50〕 張栻：《答吳晦叔》，《南軒集》卷十九，《張栻全集》，第882頁。
〔註51〕 胡宏：《知言‧陰陽》，《胡宏集》，中華書局，1987年版，第9頁。
〔註52〕 胡宏：《與張敬夫》，《胡宏集》，中華書局，1987年版，第131頁。
〔註53〕 周敦頤：《元公周先生濂溪集》卷三，《太極解義》初本，第11頁。
〔註54〕 張栻：《孟子說》卷六，《張栻全集》，第425頁。

張栻這裏通過太極和性的關係的闡述，將天道陰陽與人道仁義融爲一體，論證了仁義爲太極即爲性的本然狀態，這樣，一方面使太極由宇宙本體轉化爲道德化的心性本體；另一方面，又使仁義道德上升爲太極本然之體。

張栻認爲太極之體是性，其用可以是氣，也可以是情。「蓋論性而不及氣，則昧夫人物之分，而太極之用不行矣；論氣而不及性，則迷夫大本之一，而太極之體不立矣。」〔註55〕太極又兼性情。「太極固是性，然情由此出，曰性情之妙，似亦不妨。」〔註56〕這樣，張栻對太極與性作了細微的區別。

（二）性至善與性無善惡

張栻雖然承繼了胡宏以性爲最高本體，以性爲宇宙本原和道德本原的性本論，但在性的內容、性的善惡及性氣關係等關方面不同於老師的觀點，比胡宏更「正宗」，更「純粹」，當然，這是相對程頤、朱熹一派傳統上所謂正統理學、主流派理學而言的。

前面講到，胡宏以性爲天下之大本，性具萬理，人之性、萬物之性等現實中能表現出來的性雖殊別，但這是用，作爲流行的用無不來源於一性之大本。作爲大本的性是萬千差別的殊性的未發、潛在狀態，只能稱之爲「中」。這種純粹的未發天命之性，超越一切現實對待，超越善惡，處於無對的狀態。只有性表現爲既是本體又是主體的心，才能體認天命之性，並自覺地實現天命之性，使天命之性由中致和，這才是道德，才是善。表現出來的善，是具體的善，只能稱之爲和，不能稱爲中。雖是體用一源，顯微無間，然既有體用之分，中和之別，天命之性與具體表現出來的善亦有別。從天命之性不落於具體的善惡對待而言，它是無善無惡；從天命之性是萬有的本體和一切價值來源看，天命之性是至善，至善高於、超越於、區別於具體的現實的善。那麼惡從哪裏來呢？胡宏認爲惡不是來源於氣或氣質，惡只是心發而不中節，是對性的偏離。心雖是性的體現，但沒有經過修養和道德實踐的鍛鍊，心只是自發的心，自發的心易陷溺失其本心，要發而中節就難了。這就提出了道德修養實踐的必要性。

有資料顯示，張栻早期是接受了胡宏性無善惡觀點的。朱熹的門人李輝提到過張栻給朱熹的書信中有「『性善』者歎美之辭」的說法。「問：『南軒與先生書，說『性善』者歎美之辭，如何？曰：『不必如此說。善只是自然純粹

〔註55〕張栻：《孟子說》卷六，《張栻全集》，第 427～428 頁。
〔註56〕張栻：《答吳晦叔》，《南軒文集》卷十九，《張栻全集》，第 825 頁。

之理，今人多以善與惡對說，便不是。大凡人何嘗不願為好人，而怕惡人？」
〔註 57〕今本《南軒集》沒有類似的記錄，推測該書信被刪去了。張栻後來非
常強調「以善論性」，是徹底的性善論者。一方面，張栻通過本然之性和氣質
之性的區分來論證說明本然之性的普遍性和純粹性以及不善之可能性；另一
方面，張栻指出胡宏性無善惡的不確當之處。首先，本然之性是純粹至善的。
本然之性是指作為萬物共同本原的天命之性。不僅人的本性是善的，物的本
性也是善的。「原人之生，天命之性，純粹至善而無惡之可萌者也。孩提之童，
莫不知愛起親，及其長也，莫不知敬其兄，以至饑食渴飲，其始亦莫非善也。
推此則可見矣，何獨人爾？物之始生，亦無有不善者。」〔註 58〕張栻既然認
為人物同根於天命之性，天命之性善，那麼，人性和物性都善就是必然的結
論。這就與孟子將性善獨歸之於人相矛盾。他的解釋是：「惟人得二氣之精，
五行之秀，其虛明知覺之心有以推之，而萬善可備，以不失其天地之全。故
善之名獨歸於人，而為天地之心也。」〔註 59〕人稟二氣五行之精華，有虛明
知覺之心，具備萬善，可謂得天地之全，所以人獨得性善之名。物雖沒得性
善之名，但不能否認物之始生具有善的本性。人和物的本然之性是純粹至善
的，那麼不善從哪裏來呢？張栻繼承了二程以氣和氣稟之性解釋惡之來源的
思想。他說：「若以為有性善、有性不善乎？不知其善者乃為不失其性，而其
不善者乃因氣稟而汩於有生之後。蓋有生而鍾其純粹之最者，亦有偏駁者，
亦有偏駁之甚者。其最粹者故存其本然之常性，不待復而誠，此所謂生之聖
人也；若其偏駁者，其為不善，必先就氣所偏而發，此固可得而反也；若偏
駁之甚，則有於其生也，而察其聲音顏色而知其必為不善⋯⋯蓋所稟之昏明
在人各異，而其不善者終非性之本然者也。」〔註 60〕張栻通過氣和氣稟之性
解釋了有性善，有性不善的來源，論證了本然之性的至善性。這一點，與胡
宏明顯不同。胡宏強調性無善惡，從積極的意義上肯定氣對性的實現的作用，
「非性無物，非氣無形」，沒有對人的稟氣差異作出區分，不講氣質之性和本
然之性的對立，絕對保證了人性的平等性：「某愚謂：方『喜怒哀樂未發未發』，
沖漠無朕，同此大本，雖庸與聖無以異也。而『無思無為』、『寂然不動』乃

〔註 57〕 朱熹：《胡氏門人：張敬夫》，《朱子語類》（四）卷一百零二，《朱子全書》（七
　　　　 十），第 3420 頁。
〔註 58〕 張栻：《孟子說》卷六，《張栻全集》，第 426 頁。
〔註 59〕 張栻：《存齋記》，《張栻全集》，第 719 頁。
〔註 60〕 張栻：《孟子說》卷六，《張栻全集》，第 431 頁。

是指《易》而言,《易》則發矣。故『無思無爲』、『寂然不動』,聖人之所獨,而非庸人所及也。」〔註61〕。性是未發,此性既是本然之性又是現實人性(相對於人生而靜以上的天命之性而言的人賦形出生後的人性),聖人與庸人同此一性;聖人與庸人異在於聖人通過後天修養做到心能盡性,心能到達「寂然不動,感而遂通」的境界。張栻承繼二程的性氣論,對性作本然之性和氣質之性的區分,將不善歸於氣稟,而氣稟是人無法選擇的,是人先天的稟賦,實則承認了人在現實人性和道德修養上的先天不平等性。這一點是張栻理論上的退步。張栻的用心在於,性既然是萬善和一切價值之源,那麼現實中的善和本體的善就是一個善,若爲了強調本體的超越性,將本體的至善與善惡相對之善區別開來,說性無善惡,就有顛覆價值的危險。所以,張栻對胡宏的性無善惡說提出了修正,對胡宏其他弟子維護師說作了辯駁。一是批評了不能因性難言而不言性善的觀點,指出性雖難言,正當以善明之。張栻《答胡伯逢書》云:

> 垂諭性善之說,詳程子之言,「人生而靜以上更不容說,才說性時,便已不是性」,繼之曰:「凡人說性,只是說繼之者善也,孟子言人性善是也」。但詳味此語,意自可見。大抵性固難言,性善可得而名之,此孟子之言所以爲有根底也。但所謂善者,要人能名之耳。若曰難言而遂不可言,曰不容說而遂不可說,卻恐渺茫而無所止也。
> 〔註62〕

張栻認爲,程子雖然說人生而靜以上的性不容說,但還是接著說了「繼之者善」,也就是孟子所說的人性善。人是繼善成性的,有善可繼,還是能名之的。如果以爲性難言難說,就不說不言,那麼性就是渺茫不可捉摸的,人就不能以性爲本、爲根據,止於至善。所以他認爲胡宏「善不足以名性」不妥當。「栻曰:論性而曰『善不足以名之』,誠爲未當,如元晦之論也。夫其精微純粹,正當以至善名之。……夫專善而無惡者,性也。」〔註63〕二是批評了爲了將性拔高,突出性的超越地位,而將性的至善與善惡相對之善區別開來的觀點,是頭上安頭。其《答胡廣仲第三》云:

> 來書所謂性善之說,於鄙意殊未安。夫善惡,相對之辭,專善則無

〔註61〕 胡宏:《與曾吉甫書三首》,《胡宏集》,中華書局,1987 年版,第 115 頁。
〔註62〕 張栻:《答胡伯逢》,《張栻全集》卷二十五,《張栻全集》,第 899 頁。
〔註63〕 朱熹:《宋朱熹胡子知言疑義》,《胡宏集》,中華書局,1987 年版,第 331 頁。

惡也，猶是非相對之辭，曰是則無非矣。性善云者，言性純是善，此善字乃有所指，若如彼善於此之善，則爲無所指而體不明矣，而云如彼善於此之善，非止於至善之善，不亦異乎？且至善之外，更有何善？而云恐人特將理看低了，固特地體省人，使見至善之淵源，無乃頭上安頭，使人想像描貌而愈迷其眞乎？竊幸更精思之也。〔註64〕

張栻是說，善惡相對而言的善也只有善而無惡，與性本體的善都是純粹的善，這種善是有確定內容的，即仁義禮智，不同於善於此的善而無所指。而如果以爲恐人將性本體看低了，等同於現實生活中具體的善，而特地將性本體界定爲至善，以示區別，其病在於在善之上又安一個至善，這樣的至善會導致人想像揣摩而迷失本眞。應該說，張栻的批評不無道理，是有見地的。胡宏強調性本體是未發，不可名言，與發用於日常生活中的具體的善畢竟是不同層次；但性是天下大本，是宇宙的根源和道德的本原，是天命的全體，所以性是至善的。因此，就其實質講，張栻對性的善惡的理解與胡宏是基本一致的。

（三）由性體心用到心主性情

張栻論心和心性關係頗特別。在前期，他繼承師說，主「性體心用」。這從朱熹的記載中可看出。

問伊川言：「喜怒哀樂之未發謂之中，中也者，寂然不動是也。」南軒言：「伊川此處小有差，所謂喜怒哀樂之中，言眾人之常性；寂然不動者，聖人之道心。」又南軒辨呂與叔論《中庸》，說亦如此。……曰：「前輩多如此說，不但欽夫，自五峰發此論，某自是不曉得。今湖南學者往往守此說，牢不可破。」〔註65〕

「問：『南軒辨心體昭昭爲已發，如何？』曰：『不消如此，伊川只是改它赤子未發，南軒又要去討它病。』」〔註66〕

從朱熹所引張栻「所謂喜怒哀樂之中，言眾人之常性；寂然不動者，聖人之道心」「心體昭昭爲已發」的表述來看，張栻明顯以性爲未發，未發之性是眾人常性；心爲已發，唯聖人獨得爲道心。聖人與眾人之不同，在已發之心上。這與胡宏的思想完全一致。與未發已發相應，在功夫論上，張栻也繼

〔註64〕 張栻：《答胡廣仲》，《張栻全集》卷二十七，《張栻全集》，第926頁。
〔註65〕 朱熹：《程子之書一》，《朱子語類》卷九五，《朱子全書》，第3178頁。
〔註66〕 朱熹：《程子之書三》，《朱子語類》卷九七，《朱子全書》，第3291頁。

承了胡宏先察識後涵養的修養方法。

張栻對心的理解與胡宏大體一致。張栻從小受到其父張浚思想的影響很大。張浚也有心學傾向。曾說：「人主之學，以心為本，一心合天，何事不濟？所謂天者，天下之公理而已。」〔註67〕以心為本體的心、道德的心，以心為仁，這是張栻一生都堅持的。因此在心論上，張栻頗契於胡宏。兩人都主張性體心用，心為天地之心，強調心「知天地、宰萬物」的主體能動作用。張栻說：

> 人為天地之心，蓋萬事具萬理，萬理在萬物，而其妙著於人心。一物不體則一理息，一理息則一事廢，一理之息，萬事之紊也；一事之廢，萬事之隳也。心也者，貫萬事，統萬理，而為萬物之主宰者也。〔註68〕

> 夫人之心，天地之心也，其周流而該遍者本體也。〔註69〕

> 天地變化草木蕃，亦吾心體之本然者也。〔註70〕

人心是天地之心，遍體萬物，含具萬理，通貫萬事，主宰萬物，是生生萬物之本體之心。

張栻、胡宏的心論與陸九淵心本論不同之處在於，心不能成為唯一的本體，心與性是連為一體的，以「性體心用」這種一體兩面的和合結構來表達本體之性與本然之心的關係。同時兩人都批判釋氏「心生萬法，萬法歸心」，昧乎萬化之原（性、太極、理）的虛無。張栻說：「若釋氏之見，則以為萬化皆吾心所造，皆自吾心生者，是昧夫太極本然之全體，而反為自私自利，天命不流通也。故其所謂心者，是亦人心而已，而非識道心者。」〔註71〕

張栻在與朱熹、呂祖謙討論胡宏《知言》時，朱熹不同意胡宏「心也者，知天地宰萬物，以成性者」的提法，欲改「成性者也」為「統性情也」。張栻也覺得胡宏的說法不妥帖，他說：「『統』字亦恐未安，欲作『而主性情』如何？」〔註72〕朱熹讚賞說「所改主字極有功」〔註73〕。張栻自覺地將「心主

〔註67〕脫脫等：《張浚傳》，《宋史》卷361，中華書局，1977年版，第11305～11306頁。

〔註68〕張栻：《敬齋記》，《南軒集》卷12，《張栻全集》，第506頁。

〔註69〕張栻：《桂陽軍學記》，《南軒集》卷9，《張栻全集》，第685頁。

〔註70〕張栻：《擴齋記》，《南軒集》卷11，《張栻全集》，第722頁。

〔註71〕張栻：《答胡季立》，《南軒集》卷25，《張栻全集》，第900頁。

〔註72〕朱熹：《胡子知言疑義》，《胡宏集》，中華書局，1987年版，第328頁。

性情」與朱熹「心統性情」相區別，因爲張栻講的心是與太極、性、理一體的本體的心，與朱熹的「心爲氣之靈」的實然之心不同，「心主性情」是強調心對性情的主宰作用、能動作用，而這一點，胡宏是最早提出的，胡宏說：「氣主乎性，性主乎心。心純，則性定而氣正。氣正，則動而不差。動而有差者，心未純也。」〔註74〕所以，張栻「心主性情」不同於朱熹的「心兼性情」，心與性的關係在本質上還是同於胡宏的。

（四）由先察識後涵養到涵養省察並進

在心性論上，張栻有從性體心用到心主性情的轉變經歷，從而其功夫論相應地由先察識後涵養到涵養省察並進轉變。

張栻前期具體論述先察識後涵養的功夫，主要體現在《潭州重修嶽麓書院記》（1166 年）和《艮齋銘》（1168 年）中。《潭州重修嶽麓書院記》中云：

> 仁，人心也，率性立命，知天下而宰萬物者也……善乎！孟子之得傳於孔氏，而發人深切也！齊宣王見一牛之觳觫而不忍，則告之曰：是心足以王矣。古之人所以大過人者，善推其所爲而已矣。論堯舜之道本於孝悌，則欲其體夫徐行疾行之間；指乍見孺子匍匐將入井之時，則曰惻隱之心仁之端也，於此焉求之，則不差矣。嘗試察吾終日侍親從兄、應物處事，是端也，其或發見，亦知其所以然乎！誠能默識而存之，擴充而達之，生生之妙，油然於中，則仁之大體豈不可得乎？及其至也，與天地合德，鬼神同用，悠久無疆，變化莫測，而其則初不遠也。〔註75〕

張栻承其師胡宏「性體心用」「心無不仁」的心性一體觀，認爲本心、良心即在日常生活中隨處發用，要在識之爾。人心本仁，學以識仁，這本是由孔孟相傳的「傳心」之道。孟子由齊王見一牛之觳觫而萌發不忍之心，當下向齊王指點良心爲人本有，由此良心擴充於事事物物、家國天下，仁不勝用，足以王天下。乍見孺子匍匐將入井之時之一念惻隱之心，非內交於人，非要譽鄉黨，非惡其聲，乃是人心之仁的不容已的發露。雖是端倪，於此操持、存養、擴充、推廣，精進不已，可見仁之大體。齊王見牛、孺子將入井，是觸動仁心發見的外緣。仁心無不在，一觸即感，一感即應。終日侍親從兄、應

〔註73〕 朱熹：《胡子知言疑義》，《胡宏集》，中華書局，1987 年版，第 328 頁。

〔註74〕 胡宏：《知言‧仲尼》，《胡宏集》，中華書局，1987 年版，第 15 頁。

〔註75〕 張栻：《潭州重修嶽麓書院記》，《南軒集》卷 10，《張栻全集》，第 694 頁。

物處事的就是人心。人心而或蒙蔽不仁，但應物處事中，總有仁體顯露的時候，於此察識，便是識仁用功下手處。張栻於此對胡宏察識涵養以識仁的功夫作了準確的轉述和闡發。察識涵養的理論基礎是心性體用一源，性是天下之大本，心是天地生物之心。張栻在《艮齋銘》中寫道：

> 物之感人，其端無窮。人爲物誘，欲動乎中。
>
> 不能反躬，殆滅天理。聖昭厥猷，在知所止。
>
> 天心粹然，道義俱全。是曰至善，萬化之源。
>
> 人所固存，曷自違之？求之有道，夫何遠而？
>
> 四端之著，我則察之。豈惟思慮，躬以達之。
>
> 工深力到，大體可明。匪由外鑠，如春發生。
>
> 知既至矣，必由其知。造次克念，戰兢自持。
>
> 事物雖眾，各得其則。其則匪它，吾性之休。
>
> 動靜以時，光明篤實。艮止之妙，於斯爲得。
>
> 任重道遠，時不我留。〔註76〕

《艮齋銘》的特色在於，（一）引《樂記》來說明性爲未發，心爲已發。《樂記》中說：「人生而靜，天之性；感於物而動，性之欲。」未發之性聖凡皆同：天心粹然，道義俱全；已發之心則有別：聖人寂然不動，感而遂通；眾人爲物所誘，欲動乎中。（二）將《周易》和《大學》結合起來合訓「止」「知止」，引出「致知」和「察識」功夫。通過「察識」「知止」，通過「知止」而後「定」，不爲外物所牽，物來順應。《艮卦·象傳》曰：「艮，止也。時止則止，時行則行。動靜不失其時，其道光明。『艮其止』，止其所也。」《大學》則云：「知止而後有定，定而後能靜，靜而後能安，安而後能慮，慮而後能得。物有本末，事有終始，知有先後，則道近矣。」張栻認爲，《周易》和《大學》講「止」是一個意思，都是講止其所，也就是止於仁、止於敬、止於則，是互相發明的。那麼「知止」也就是「致知」，「致知」就是「識仁」。「致知」「識仁」不是「思慮」「智力」方面的事，而是通過察識人之仁心所發四端，涵養躬行，戰兢自持，工深力到，能見仁之大體。人若能以此仁心處事，則動靜皆定。應該說，張栻對胡宏察識涵養功夫的理解是比較深透的，實踐也是頗有心得的，不是停留在學理上的闡述而已。

　　朱熹「己丑之悟」之後，提出了與此前他自己認同的「性體心用」「性爲

〔註76〕張栻：《艮齋銘》，《南軒集》卷36，《張栻全集》，第1039頁。

未發，心爲已發」「先察識，後涵養」等胡宏、張栻所主張的心性論和功夫論，提出心分未發已發，心統性情，並以涵養主敬功夫爲主，貫穿未發已發。朱熹提出新說後，多次致書張栻等闡明他的中和新說。從朱熹的書信中看，惟張栻肯允他的一些主要觀點，其餘湖湘學者堅持師說，不以爲然。但張栻認肯朱熹的一些觀點，是經過獨立思考的，並非簡單附和。朱熹多次提到張栻對「先察識，後涵養」的觀點持之甚堅。朱子悟前說之非，在答林用中書曰：「近得南軒書，諸說皆相然諾。但先察識後涵養之論執之尚堅，未發已發條理亦未甚明。蓋乍易舊說，猶待就所安耳。」〔註77〕。朱熹以後多次向張栻申明新說的觀點，表明張栻一直在思考中，並未輕易易其說。朱熹中和新說的提出，客觀上促使了張栻對中和義理進行了深入思考和反省，自謂「省過矯偏」。直到1172年，也就是朱熹提出新說3年以後，張栻與當時學者明確討論了中和義理的新體。他說：「未發已發，體用自殊，不可溟涬無別，要須精析體用分明，方見貫通一源處。有生之後，皆是已發，是昧夫性之所存也」〔註78〕張栻認爲，人有生之後，不只是已發，也有未發時刻。所以功夫在未發和已發上都要做。他根據自己的切身體會，提出：「存養省察之功固當並進。然存養是本，覺向來工夫不進，蓋爲存養處不深厚（原注：存養處欠，故省察少也）。方於開，不敢不勉。」〔註79〕又云：「但當常存乎此，本原深厚，則發見必多；而發見之際，察之亦必精矣。若謂先識所謂一者而後可以用力，則用力未篤，所謂一者只是想像，何由意味深長乎？」〔註80〕在給吳晦叔之書亦云：「元晦謂略於省察，向來某與渠書亦嘗論此矣。後便錄呈。如三省四勿，皆持養省察之功兼焉。大要持養是本，省察所以成其持養之功者也」〔註81〕。張栻認爲涵養與察識是相互促進的：涵養功夫於培壅本原有力，本原深厚，察識精明；省察成就持養之功。從張栻後期涵養察識並進的功夫路數來看，雖然是並進，但以涵養爲本，察識的地位似乎有所降低。但，結合張栻心論特性來看，心是本體，是道德本心，若以涵養功夫爲主是合乎「功夫與本體一致」的邏輯的。從張栻功夫變化過程來看，他並不是背離師

〔註77〕 朱熹：《答林擇之》，《晦庵先生朱文公文集》（三），《朱子全書》卷三十二，第1965頁。

〔註78〕 張栻：《答游誠之》第2書，《南軒集》卷26，《張栻全集》，第916頁。

〔註79〕 張栻：《答呂伯恭》第1書，《南軒集》卷25，《張栻全集》，第891頁。

〔註80〕 張栻：《答潘叔呂》，《南軒集》卷27，《張栻全集》，第933頁。

〔註81〕 張栻：《與吳晦叔》，《南軒集》卷28，《張栻全集》，第948頁。

門，而是本著求真務實的態度，經過深思和反省，對胡宏的功夫理論進行了完善。

在理欲觀上，張栻也對胡宏的「天理人欲同體異用，同行異情」進行了修正，主張「理欲同行異情」，他認為「食色出於性也」，人欲存於性中，人欲不可去。「饑而食，渴而飲，天理也；晝而作，夜而息，天理也。自是而上，秋毫加焉，即人欲矣。」〔註82〕理、欲的區分在於是否出於「有為」。他說：「無所為而然者，命之所以不已，性之所以不騙，而教之所以無窮也，凡有所為而然者，皆人欲之私而非天理之所存。此義利之分也。」〔註83〕這就是說，未發之性本不偏，若順性而發，即無所為而然，則是理，是義；若有所為而然，則是欲、利。張栻是在人心發動之幾的動機上區分理欲和義利的。張栻既肯定理欲、義利的統一性，不可分割性，又特別強調從動機上對二者區分，認為二者「毫釐之間，霄壤之別」，注重以理導欲，以義制利，其基本精神不違於胡宏。

重踐履、強調經世致用是胡安國、胡宏父子標立的學旨和樹立的學風。踐履務實的學風在張栻身上得到發揚光大。張栻說：「道德性命，初不外乎日用之實，其於致知力行，具有條理，而彼淫邪遁之說，皆無以自陷。」〔註84〕張栻為學素以踐履實為人稱讚。呂祖謙讚賞道：「張荊州，教人以聖賢語言見之行事，因行事復求聖賢語言。」〔註85〕張栻一生身體力行，為學「有體有用」，踐履務實；居官勤政廉潔，有實政功業。

總之，在本體論和心性論上，張栻繼承了胡宏以性為最高本體，性體心用的思想，而對胡宏「性無善惡」觀提出了修正，認為形而上的性體雖不可名言，但正當以善名之，從本體上主張性善論。而對「性體心用、心以成性」的思想換了一個提法，即「心主性情」，在實質內容上沒有多大變化，不同於朱熹的「心統性情」。在修養觀上，前期主「察識後涵養」，後期經過思考和實踐，提出「察識涵養並進」的功夫論，進一步完善了功夫論。在理欲觀和義利觀上，張栻基本繼承了胡宏調和理欲、義利和合的思想，但對胡宏「理欲同體」的提法持保留態度，在理欲、義利之辨上特別強調動機的「有為」和「無為」的分判。而在知行統一、躬行踐履、經世致用等方面，張栻弘揚

〔註82〕張栻：《答陳甫平》，《南軒集》卷30。
〔註83〕張栻：《孟子講義序》，《南軒集》14。
〔註84〕張栻：《道州重建濂溪周先生祠堂記》，《南軒集》。
〔註85〕《宋元學案‧南軒學案》。

和光大了這一具有湖湘學派特色的學風。總體上，張栻繼承和發展了胡宏的倫理思想，爲推動理學的發展作出了重要貢獻。張栻的思想特色在於比胡宏更正統，當然這是相對歷史上已形成的以程朱理學爲正宗理學的標準而言的。所以，黃宗羲評價說：「五峰之門，得南軒而有耀。」又說：「南軒之學，得之五峰。論其所造，大要比五峰更純粹。蓋其見處高，踐履又實也。」〔註86〕

二、胡宏倫理思想對朱熹的影響

（一）從朱熹理學思想形成和確立的過程看，胡宏對朱熹有直接和間接的影響

胡宏與朱熹的理學思想均源於二程洛學，同一源頭。道學南傳的南宋初期，眞正吸收、消化北宋五子的理學思想，卓然自成體系，卓有創新，能成爲一代理學宗師，具有總結並創新成就的大家，唯胡宏當之。胡宏以《知言》奠定湖湘學派的哲學理論基礎，以性爲最高本體，「性體心用」「心已成性」爲心性論的主要內容，以察識涵養爲識仁的根本功夫，以格物致知窮理爲誠意正心功夫，體用該貫，有體有用，這說明，一種以洛學爲主線，總結、集成北宋理學諸家思想，體系完整，具有個性特色的湖湘學的形成。胡宏的理學思想是對北宋理學的第一次自覺的總結。朱熹思想是由楊時、羅從彥、李侗一脈傳承而來，朱熹能集大成，是對包括湖湘學派的理學諸派思想的批判和吸收而做出的新的貢獻。朱熹的理本體的建立、心性論的形成和成熟，修養功夫的開出，與胡宏有著直接和間接的關係。從朱熹思想形成和確定的過程看，當朱熹苦參「中和」不得其門時，受到了《知言》的啓發，在張栻的幫助下，基本接受了胡宏「性體心用」和「先察識後涵養」的心性論和功夫論，並且在初期的修養實踐中，感覺良好。隨著其思考的深入和進一步的功夫實踐，朱熹的疑問就出現了，不但覺得「中和舊說」的心性關係不清晰，而且覺得「先察識後涵養」的修養工夫存在缺陷，即察識功夫適用於已發之際，缺少平日本領功夫。在此基礎上，朱熹以程頤的心性論和「涵養須是敬，進學則在致知」的功夫論爲經典依據，對心性關係進行了新的界定，提出了的心性情三分的架構，在工夫修養上以平日涵養工夫爲本領。此即「中和新說」。「中和新說」標誌著朱熹獨立思想體系的形成。此一過程說明了胡宏的心性論和修養功夫論，通過

〔註86〕《南軒學案・附錄》，《宋元學案》卷50。

張栻與朱熹的學術交往，對朱熹有著深刻的影響。其意義是，朱熹是對在胡宏的心性論和修養功夫論進行反思、批判和改造的基礎上，形成和確立了「中和新說」。「中和新說」不是對「中和舊說」的全盤否定，而是在新的框架體系裏，對心性情關係的重新定位，對修養功夫的進一步加密。舊說的心性關係和功夫被整合進來了。

（二）從具體思想觀點看，朱熹對胡宏的思想有繼承和吸收

第一，朱熹將性本論的因素吸收到理本論中來。

胡宏主性本論，以性為天下大本，性既是最高本體，是萬物的最後根據和根源；又是天命全體，含具萬理，為萬理之所出。朱熹則是以理為最高本體，性主要是就理落實為人、物講的，所謂「性即理」，「氣以成形，理亦賦焉」方稱性。胡宏的性本論與朱熹的理本論既有區別，又有聯繫，為朱熹借鑒胡宏的思想資料，作為自己思想體系的部分，提供了通道。

胡宏將標誌人性範疇的性，直接作為本體，意味著人的本質、本性就是天命本身，本體的呈現就是心，性心直接聯繫起來，性心關係就是道的體用關係，本體論和心性論合而為一，便於直接闡述人倫道德的來源和修養的心性基礎。從以性為本，可以見出，胡宏構建本體論的理論重心在於論證和說明人倫道德的合理性。朱熹以理為最高本體，對理氣關係比較感興趣，除心性論系統完整、廣大外，宇宙論的部分也比較豐富。

「性」範疇作為本體，有三個特點和優點。一是，性本體與心直接聯繫，不像理本體，須通過「性即理」的說明，以性為中介，再與心聯繫起來。胡宏說：「性不能不動，動則心矣。」〔註87〕朱熹也看到了性與理的區別與聯繫，他說：「性即理也，在心喚作性。在事喚作理。」〔註88〕二是，性既是天命，具有客觀性，必然性；又是人的本質和內在根據，具有內在性、主觀性。與理範疇相比，少了一點冷漠性、外在性規範性和強制性。在道德修養上，率性修道比循理修道自律的意味濃一些。三是，從字源看，性字同於生字，性有生的意思。理偏重於條理、秩序的意思。性作為本體，具有生成萬物和萬理的解釋功能。朱熹說：「性則有一個根苗，生出君臣之義，父子之仁。性雖虛，都是實理。」〔註89〕「性則就其全體而為萬物所以得以為生者言之，理

〔註87〕朱熹：《宋朱熹胡子知言疑義》，《胡宏集》，中華書局，1978年版，第336頁。
〔註88〕朱熹：《朱子語類》卷五，中華書局，1986版，第82頁。
〔註89〕朱熹：《朱子語類》卷五，中華書局，1986版，第88頁。

則就其事事物物各有其則者言之。」〔註 90〕由於性範疇具有一定的優越性，朱熹在總體理本論的框架內，根據具體論述需要，將性本論有機融進來，不但不矛盾，反而使理本論更豐富、圓融。

朱熹以理爲最高本體、最終本體，這是他理學思想體系中的主流；當他以性爲本體時，是將性過渡、等同於理（總理），因爲他也主張「仁、性命、理同一大本」的「一本論」。他說：「性者，萬物之原。」〔註 91〕認爲性就是宇宙本體和萬物的本原。又說：「性是理之總名，仁、義、禮、智皆性中一理之名。」〔註 92〕在朱熹，理有「總理」和「分理」的區分，即「理一分殊」。朱熹此處將性等同於總理，將仁、義、禮、智作爲分理，實源於胡宏「性具萬理」「性一分殊」的思想。朱熹將性既當作宇宙本體，又認爲它是天命全體，這就同於胡宏的性本輪，所以他也贊同胡宏「性立天下之有」的說法。

> 做出那事，便是這裏有那理。凡天地生出那物，便都是那裏有那理。
>
> 五峰謂「性立天下之有」，說得好。〔註 93〕

朱熹此處既講了作爲萬物總根源、「總理」的性，又講了人之性，即「做出那事」的理，而這個理歸於性。性和理都具有超越性和客觀性，都可以作爲道德的來源。所以，胡宏的性本論和朱熹的理本論在肯定道德本體和宇宙本體統一的前提下，二者具有溝通性、兼容性。可以這麼說，朱熹是將程頤的「性即理」與胡宏的「理即性」統一整合起來了，以「理」爲終極本體和以「性」爲天命全體，在朱熹的本體論中是統一的，甚至是互相發明的。〔註 94〕

因爲在朱熹那裏，性有時可以等同於理，既是宇宙本體，又是天命全體，所以，在性與物的關係上，他得出了與胡宏相同的結論。「問：『枯槁之物亦有性，是如何？』曰：『是他合下有此理，故云天下無性外之物』。」〔註 95〕這與胡宏說的「性外無物，物外無性」〔註 96〕如出一轍。

不過，需要指出的是，朱熹論性與胡宏至少有三點區別：一是朱熹論性時，往往性與理連著講，「性即理」的意識特別強；二是理爲善，所以性善，

〔註 90〕朱熹：《朱子語類》卷五，中華書局，1986 版，第 82 頁。
〔註 91〕朱熹：《朱子語類》卷四，中華書局，1986 版，第 76 頁。
〔註 92〕朱熹：《朱子語類》卷五，中華書局，1986 版，第 92 頁。
〔註 93〕朱熹：《程子門人》，《朱子語類》卷第一〇一。
〔註 94〕向世陵：《理氣心性之間——宋明理學的分系與四系》，湖南大學出版社，2006
　　　　年 12 月，第 312 頁。
〔註 95〕朱熹：《朱子語類》卷四，中華書局，1986 版，第 61 頁。
〔註 96〕胡宏：《知言·修身》，《胡宏集》，中華書局，1987 年版，第 6 頁。

又以氣質之性來說明惡的來源，證明天命之性本善；三是在理氣二分的前提下，理與氣的關係，性與氣的關係是不離不雜，理或性是掛搭在氣上。胡宏以性統理，主張性氣合一，不注重區分天命之性和氣質之性，不在性上言善。這些區別，可以看出理學內部同中之異和各自的特色所在，值得深入分析。也許，這正是理學家所說的「理一分殊」。

第二，在心性論上，朱熹的「心統性情」是對胡宏的「性體心用」的辯證否定。

胡宏性體心用論的基本義涵是，在體用一源、顯微無間的義理框架內，性是本體、根據；心是性的直接呈現、作用。心的內容或者說心本身是同於性的，心是本心、道德心；性作爲天命之體，必以心來表現、實現自己。性是潛在的未發，是作爲根據而存在的；心作爲性的已發狀態，無論是無思無爲、寂然不動，還是感而遂通，都是指涉心。心是已發，所以情包含在已發心之中。心性雖有分際，終歸爲一。這是胡宏性氣合一思想在心性論上的體現。這種觀點受到了朱熹的批判，朱熹說：「舊看五峰說，只將心對性說，一個情字都無下落。」〔註97〕在「性體心用」、「心以成性」這個心性論總框架內，胡宏似乎沒有提到情，實質上，因爲心是已發，所以情包含在已發心之中。胡宏集中論述心、性、情三者關係的至少有兩處。一處是：「性譬諸水乎，則心猶水之下，情猶水之瀾，欲猶水之波浪。」〔註98〕這是講心、情、欲皆由性一體而發，所以情、欲都可包含在心中。第二處是：「探視聽言動無息之本，可以知性；察視聽言動不息之際，可以會情。視聽言動，道義明著，孰知其爲此心？視聽言動，物欲引取，孰知其爲人欲？是故誠成天下之性，性立天下之有，情效天下之動，心妙性情之德。」〔註99〕性是天下的大本，情是對大本的反應和表現，而心是妙運性和情的。另一處是間接講三者的關係：「氣主乎性，性主乎心。心純，則性定而氣正。氣正，則動而不差。」〔註100〕「動而不差」也就是情的發動。這裏，胡宏強調心的主宰作用：心純是心自己通過察識涵養功夫，使本心如如呈現，本心本是性體的發用流行，所以心純則性定。性體無所謂定不定，本心呈現，自我主宰，即是定。心中有主，則氣自然順暢無違，情欲的發動自然中節。所以，以心爲主宰，妙運性情而

〔註97〕朱熹：《性理二》，《朱子語類》卷五。

〔註98〕胡宏：《知言·往來》，《胡宏集》，中華書局，1987年版，第13頁。

〔註99〕《知言·事物》，《胡宏集》，中華書局，1987年版，第21頁。

〔註100〕《知言·仲尼》，《胡宏集》，中華書局，1987年版，第16頁。

「致中和」，這是胡宏與朱熹心性論和修養論共同的主旨。故而，胡宏的「心妙性情之德」這一經典提法不僅爲朱熹讚賞，而且爲朱熹所吸收。朱熹說：

> 五峰說：「心妙性情之德。不是他曾去研窮深體，如何直見得恁地！」
> 〔註101〕

朱熹的心性情關係和架構自不同於胡宏，然突出心的主宰作用，強調心對性和情的妙運，是有資於胡宏的。朱熹根據理氣二分的宇宙觀，在心性論上，以性爲理，以情爲氣，而心是「氣之爽」「氣之靈」，即「虛明靈覺」。三者的關係式是心統性情。心分爲兩種狀態：思慮未萌、事物爲接時爲未發，此時性具心中，此所謂未發之中。此「中」可以指心，也可以指性，或指兩者共處的狀態。當思慮萌動時即是已發，已發已是情，不可謂之心。情的根據是性，心在中間起了統合作用。心是虛明之體，既是性的寓所，又是情的發動基礎和機制。性是幽、是靜，情是明、動。心貫動靜、幽明。朱熹心分未發已發的目的是爲了加密功夫，即在未發時於本體上用不得功，惟涵養居敬，使心體澄明，使性無障礙地顯現於心中，保持中的狀態，才不致在未發時自昏了天性；在已發時，由於氣質的遮蔽，情不能自然發爲中節，需要心對情之發用察識，依性、依理對情節制。無論是從心性結構關係來看，還是從功夫論來看，心都處於中心地位。概括起來就是「心統性情」，也可以說是「心妙性情」。朱熹給張栻的信中說：「喜怒哀樂之未發謂之中，性也。發而皆中節謂之和，情也。子思爲此言，欲學者於此識得心也。心也者，其妙性情之德者歟！」〔註102〕在《太極圖說解》中，他提出：「妙性情之德者心也。」

三、胡宏倫理思想對王船山的影響

王船山是明末清初偉大的啓蒙思想家，是中國古代學術思想的集大成者。他極爲推崇張載之學，但湖湘學的學術精神和學風對他的影響也很大。王船山一生的主要活動在湖南地區，青年時代肄業於嶽麓書院。時爲山長的吳道行是張栻高足吳獵的後代，使他受到了湖湘學統和學風的薰陶和浸染。王船山十分熟悉湖湘先哲胡安國、胡宏和張栻的著作和思想，並作了高度評價。說：「嘗讀胡氏《春秋傳》而有憾焉。是書也，著攘夷尊周之大義，入告高宗，出傳天下，以正人心。而雪靖康之恥，起建炎之衰，誠當時之龜鑑矣！」

〔註101〕朱熹：《程子門人》，《朱子語類》卷，第一〇一。
〔註102〕朱熹：《答張敬夫》，《晦庵先生朱文公文集》卷三十一，《朱子全書》第 21
　　　　冊。

〔註103〕船山也十分推崇胡宏，尤對胡宏人性論思想中的感性主義傾向大加褒揚，他說：「五峰（胡宏）曰：『天理人欲同行異情。』韙哉，能合顏、孟之學而一原者，其斯言也！」〔註104〕他對張栻這位湖湘學先師的學術貢獻同樣十分推崇，說：「公（指張栻）雖將家子，尤以道學為己任。」〔註105〕稱讚張栻為「豈非曠代不易見之大賢哉！」〔註106〕胡安國、胡宏父子開啓、張栻進一步發揚的重經世致用的學風、重踐履的倫理道德精神、理欲統一的理欲觀對王船山影響很大。梁啓超注意到船山受到湖湘學風的影響，以致他將船山徑直歸於廣義的湖湘學派：「船山是湖南人，他這一派，叫著湖湘學派，在北宋時為周濂溪，南宋時為張南軒，中間很消沉，至船山復盛。他獨居講學，並無師承。」〔註107〕船山受胡宏思想的影響，主要表現在兩個方面：一是受到湖湘學派經世致國學風的侵染；二是繼承和發展了胡宏的理欲觀和義利觀。

　　胡氏父子有強烈的濟世之志和憂國憂民情懷，胡安國傾畢生精力發明《春秋》大義，胡宏終身不仕闡發「知言」宏旨，他們的共同目的是正人心、息邪說、敦風俗、扶綱常，因此，他們將儒家義理同經世致用相結合的學風，奠定了湖湘學派的學術風格。胡宏親歷異族入侵國難之恥，身履顛沛流離家亡之痛，目睹兵燹禍亂、生民塗炭之災，倍感時事艱難、世道衰敗，使他憂心如焚。雖然切切入世，而無奈權臣當道，胡宏不願同流合污，只好著述講學，以傳斯道。胡宏為學的宗旨是「有體有用」，而朱熹批評其「心以成性」「仁以用言，心以用盡」「先察識，後涵養」皆可疑，皆有病，批評湖湘學派的弟子「只務踐履」「氣象迫狹」。這其實從一個側面反映了胡宏及其弟子重經世致用、重踐履的為學特色。後人評價說：「晦庵學說與五峰稍有不同，故所作《知言疑義》頗多微詞。殆五峰以康濟為功，晦庵以涵養為事，目的不同，而造詣遂異歟！」〔註108〕王船山的個人經歷很類似胡宏。甲申國變、滿洲凌夷華夏，船山奮起抗清，終歸失敗。流亡竄避，幾無立錐之地。棲伏林谷，隨地託迹。隱姓埋名石船山下草堂之中，歷四十餘年，創造了一部百科全書，建立了集大成的唯物主義哲學體系。船山對宋明理學進行了批判和總

〔註103〕王船山：《高宗》，《宋論》卷十，《船山全書》（第 11 冊），第 234 頁。
〔註104〕王船山：《孟子》，《讀四書大全說》卷八，《船山全書》（第 6 冊），第 911 頁。
〔註105〕王船山：《祀典》，《蓮峰志》卷三，《船山全書》第 11 冊。
〔註106〕王船山：《孝宗》，《宋論》卷十一，《船山全書》第 11 冊。
〔註107〕梁啓超：《儒家哲學》，《飲冰室合集》第十二冊。
〔註108〕《藝文》，《崇安縣新志》卷十八，成文出版社，2007 年版。

結，對天命、理氣、道器、心性、理欲、格物致知、性情、知行等理學範疇進行了深入探討和精微分析，尤其是「日生日新」的人性論發前人所未發。清代劉獻廷評曰「其學無所不窺，於六經皆有發明」〔註109〕。船山哲學以氣為本體，與胡宏以性為本體不同，但兩者又有相同之處，即都主張「性氣合一」。胡宏性本論與朱熹理本論明顯不同之處是，朱熹主「理氣二分」，胡宏主「性氣合一」「道器合一」。所謂「非性無物，非氣無形。性，其氣之本乎！」〔註110〕「道不能無物而自道，物不能無道而自物。道之有物，猶風之有動，猶水之有流也，夫孰能間之？故離物求道者，妄而已矣！」〔註111〕王船山雖主張氣為本，但「性氣合一」的思想是與胡宏一致的。既然性氣合一，不可分離，所以，胡宏從積極意義上肯定氣對載性、成性的作用，從不提出氣質之性這個概念，更談不上以氣質之性為消極、為不善。這一點也為船山繼承。有相似的人生經歷和「性氣合一」的相同哲學基礎，是船山在某些方面繼承胡宏思想的支點。王船山是通過他的思想體系的構建來展現經世致用特質的，即「哀其所敗，原其所劇」，總結明亡的歷史經驗教訓。船山在他去世兩年前作《自題墓石》云：「抱劉越石之孤憤，而命無從致；希張橫渠之正學，而力不能企。」表明了他的政治立場和學術立場。船山實學思想是建立在氣本論的世界觀、宇宙觀基礎之上的。他上接張載，提出氣為實有之天道，他說：「天即以氣言。」〔註112〕又以誠說氣和天。「太虛，一實也。故曰『誠者，天之道』。」〔註113〕關於氣和理、性的關係，他說：「理只在氣上見，其一陰一陽、多少分合，主持調節者即理也。」，「理不是一物，與氣為兩」。理是物理與性理的統一：「凡言理者有二：一則天地萬物已然之條理。一則健順五常、天以命人而人受為性之至理。」〔註114〕船山以「太虛一實」，「理氣合一」、「性氣合一」的宇宙觀，批駁王陽明等人「廢實學，崇空疏」和佛教、老莊宣揚的「空」、「無」等虛空玄妙之說，「盡廢古今虛妙之說而返之實」，為經世致用提供了有理論深度的思想武器，適應並推動了實學思潮的發展。與「廢虛返實」的實學思想相聯繫，王船山重視實踐，提倡「力行」。他指出：「君子

〔註109〕劉獻廷：《廣陽雜記》卷二，《船山全書》（第十六冊），第519頁。

〔註110〕胡宏：《知言·事物》，《胡宏集》，中華書局，1987年版，第22頁。

〔註111〕胡宏：《知言·修身》，《胡宏集》，中華書局，1987年版，第4頁。

〔註112〕《讀四書大全說》卷六，《船山全書》（第六冊），第1109頁。

〔註113〕《思問錄·內篇》，《船山全書》（第十二冊），第402頁。

〔註114〕王船山：《讀四書大全說》卷五，《船山全書》（第六冊），第716頁。

之道，力行而已」。「力行而後知之眞也。」王船山的「實踐」，主要是指封建的道德踐履，同時也包括一些改造自然和社會的活動。這與胡宏倡導的「學即行」的思想是一致的。胡宏認爲「知」來源實踐。「夫人非生而知之，則其知皆緣事物而知。」〔註115〕致知必「身親格物」，超然有所見，力行以終之。具有務實品格的胡宏非常重視道德踐履，提出「學即行也」，強調致知與力行的統一性。「學，即行也。非禮，勿視、聽、言、動。學也，行之也，行之行之而又行之。習之不已理與神會，能無悅乎！」〔註116〕又說：「君子有宰天下之心歲裁之自親始；君子有兼萬世之心，行之自身始」〔註117〕。胡宏的弟子張栻在「學即行也」的基礎上，進一步提出了「知行互發「的觀點：「蓋致知力行，此兩者功夫互相發也。」〔註118〕

　　在理欲觀和義利觀上，船山繼承了胡宏統一理欲、調和義利的思想。值得重視的是，船山吸納胡宏的理欲觀中的合理因素，對程朱「存天理、滅人欲」的理欲對立觀進行了批評。

　　首先，兩人都認爲理欲統一於人性。胡宏以性爲本體，人性是性本體之具體流行，性本體的內容爲人完全具有。他說：「形而上者謂之性，形而下者謂之物。性有大體，人盡之矣。一人之性，萬物備之矣。」〔註119〕而人性的內容不僅僅是仁義禮智，生理情感和欲望等自然之性也是人性不可或缺的部分，「夫人目於五色，耳於五聲，口於五味，其性固然，非外來也。」〔註120〕船山繼胡宏提出了「性即生理」的人性論：「蓋性者，生之理也。均是人也，則此與生俱有之理，未嘗或異。仁義禮智之理，下愚所不能無；而聲色臭味之欲，上智所不能廢，俱可謂之爲性。」〔註121〕船山將聲色臭味之欲與仁義禮智之理都看成是「生理」，是與生俱來的本有之性。無論上智下愚皆同此一性。這就從人性根源上肯定了人欲的合理性。不僅如此，船山認爲性只是「氣質中性」，「一本然之性也」，這就將聲色臭味之欲與仁義禮智之理均作爲人的本然之性，而不存在與氣質之性相對立的天地之性，以人性「一本」否定了人性「二重」說。

〔註115〕胡宏：《復齋記》，《胡宏集》，中華書局，1987年版，第152頁。
〔註116〕胡宏：《知言·中原》，《胡宏集》，中華書局，1987年版，第46頁。
〔註117〕胡宏：《知言·仲尼》，《胡宏集》，中華書局，1987年版，第17頁。
〔註118〕張栻：《南軒集》卷十九，《張栻全集》，第772頁。
〔註119〕胡宏：《釋疑孟》，《胡宏集》，中華書局，1987年版，第128頁。
〔註120〕胡宏：《張子知言·陰陽》，《胡宏集》，中華書局，1987年版，第9頁。
〔註121〕王船山：《正蒙注》卷三，《船山全書》，128頁。

對於理欲的關係，船山也做了明確闡述。他先對「欲」「公欲」和「私欲」做了界定和區分。他說：「蓋凡聲色、貨利、權利、事功之可欲而我欲之者，皆謂之欲。」〔註122〕欲具有廣泛性，人情之所向求，皆是欲。具體來說，有「公欲」與「私欲」之別。「私欲」是指「同我者從之，異我者違之」的欲望，這是與他人相對立的損人利己之欲，不具有普遍性。在「私欲」之外的，普遍的人人皆有的正當的欲望即「公欲」，船山稱「公欲」為「人欲」。在此概念區分的基礎上，船山將「人欲」與「天理」統一起來。

> 天下之公欲，即理也；人人之獨得，即公也。道本可達，故無所不
> 可，達之於天下。〔註123〕

> 人欲之各得，即天理之大同；天理之大同，無人欲之或異。〔註124〕

認為天下的公欲本身是理，是理所當然的；人人得其應得之欲望，即是天理的普遍實現。

船山進一步強調，天理在人欲中見，離卻人欲別無天理。他說：「是理雖純為天理之節文，而必寓於人欲以見」〔註125〕理不是孤懸之理，必在人欲的發用之中以節文條理的形式出現。所以，船山批評了菲薄、輕視、人欲的錯誤：「吾懼夫薄於欲者者薄於理。」〔註126〕菲薄人欲，會連同天理被菲薄。

船山論述了理欲同行的統一性之後，又發揮了胡宏理欲異用、異情的觀點。他說：「天理人欲同行異情，異情者異以變化之幾，同行者同於形色之實。」〔註127〕船山舉例說：「天理人欲，只爭公私誠偽。如兵農禮樂，亦可天理，亦可人欲。春風沂水，亦可天理，亦可人欲。才落機處即偽。夫人何樂夫偽，則亦為己思計而已。」〔註128〕天理寓於人欲中，所以同行於形色之實。而人欲與天理的分際就在人欲發動之幾微處是否出於公心和誠意。胡宏說聖人與凡人均有才情怨欲，聖凡之差別在於發而中節與否。中節的標準是道，「好惡，性也，小人好惡以己，君子好惡以道，察乎此則天理人欲可知。」〔註129〕。

〔註122〕王船山：《讀四書大全說》卷六，《船山全書》（第六冊），第761頁。

〔註123〕王船山：《正蒙注》卷四，《船山全書》（第十二冊），第191頁。

〔註124〕王船山：《讀四書大全說》卷四，《船山全書》（第六冊），第639頁。

〔註125〕王船山：《讀四書大全說》卷八，《船山全書》（第六冊），第911頁。

〔註126〕王船山：《詩廣傳》卷二，《船山全書》（第三冊），第374頁。

〔註127〕王船山：《周易外傳》卷一，《船山全書》（第一冊），第837頁。

〔註128〕王船山：《讀四書大全說》卷六，《船山全書》（第六冊），第763頁。

〔註129〕朱熹《宋朱熹胡子知言疑義》，《胡宏集》附錄一，中華書局，1987年版，第330頁。

船山進一步將這個「道」具體化爲「公」和「誠」。

　　天理人欲之間毫釐之差，卻有千里之差。所以胡宏、船山要求學者警惕與公欲相對立的私欲，主張用理和道來規範欲。胡宏的主張是「窮理寡欲交相發」，船山主張「存理遏欲」，而不是通過遏欲來存理。他們二人相對程朱對理欲關係做出了較合理的解釋和安頓。

第三節　胡宏倫理思想的地位和貢獻

　　胡宏倫理思想在中國倫理思想史發展史上的地位和貢獻，就其大者而言，可以說奠定湖湘倫理文化之氣象與規模，在宋代理學倫理思想發展史起著承前啓後、繼往開來之效用，同時他還以自己獨特的方式對民族倫理精神作出了深刻的闡釋和弘揚。

一、湖湘倫理文化的含弘光大

　　湖湘學派最早源於宋代湖南道州人周敦頤。周敦頤，字茂叔，又稱源溪先生，他在自己的早期作《太極圖說》中把「無極」作爲宇宙的本源，提出了從無到有，陰陽對立，五行相生，變化無窮的宇宙生成論；又在晚期著作《通書》中提出了以「誠」核心的心性論理論體系，從而奠定了理學思潮的哲學基礎，後人稱他爲理學宗主。程穎、程頤都曾受學於周敦頤。周敦頤的理論是以後湖湘學派的思想淵源，不過在他生前影響不大，所以還沒有形成獨立的學術派別。

　　湖湘學派正式形成於南宋。胡宏從小就在父親胡安國的督導下研習經學，尤其服膺二程理學。他年僅 15 歲時就撰寫了《論語學》和《程子雅言·序》，認爲二程繼承了孔孟之學的眞傳。1125 年（宣和七年），20 歲的胡宏進入太學，師從程門四大弟子之一的楊龜山，成爲二程的再傳弟子。金兵南侵時，他和父兄一起遷居潭州，創辦碧泉等書院，並曾到寧鄉靈峰書院（位於今寧鄉縣朱良橋鄉靈峰山）講學。胡氏父子創辦碧泉書院、文定書堂，注重講學，傳授弟子，既開湖南傳播理學的風氣，又培養了一大批學有所成的理學人才，奠定了湖湘學派的基礎。胡宏在《碧泉書院上梁文》中，提出興辦書院的宗旨爲「將尋繹五典之精微，決絕三乘之流遁；窮理既資於講習，輔仁式藉於友朋」，並期待通過講習使「伊洛之業可振於無窮，洙泗之風一回於萬古」，達到孔孟、二程道統之學的振興。他先後講學碧泉、道山等書

院，「遠邦朋至，近地風從」，在全國，尤其是在湖南聲望極高，學人無不景從，被奉仰爲一代師表。他有高足弟子張栻、楊大異、彪居正、吳翌、胡實、胡大原、孫蒙正、趙孟、趙棠、方疇、向語等人，尤以張栻得其學旨爲甚。張栻被胡宏譽爲「聖門有人，吾道幸矣！」〔註130〕他不僅因「其學之所就，足以名於一世」〔註131〕，成爲南宋著名的理學家，與朱熹、呂祖謙齊名，時稱「東南三賢」，而且努力弘揚師說，使湖湘學派發展到鼎盛。他曾主教嶽麓書院，使其盛況空前，成爲當時學術、教育的中心，四方學者爭相往從，一時不僅「張氏門入在衡湘者甚衆」〔註132〕，而且「南軒先生講學湘中，蜀人多從之」〔註133〕，傳播到蜀地的涪江、岷江流域。其高足弟子有胡大時、吳獵、彭龜年、游九言、宇文紹節、陳概等三十餘人，被稱之爲嶽麓學派。

　　胡宏以振興道學，醇化風俗爲己任，表示「道學衰微，風教大頹，吾徒當以死自擔」，寫成了《知言》、《皇王大紀》等著作。其中，《知言》是胡宏的代表作，內容包括哲學、政治、倫理、教育等各個方面，被湖湘學派奉爲經典，是傳授師說的重要範本。當時，一批批志學求道的青年紛紛來到衡山追隨胡宏研經讀史。至此，在思想體系和人才群體上完全奠定了湖湘學派作爲南宋一個重要理學派別的基礎。因此，後人評價胡宏「卒開湖湘之學統」。

　　由胡宏「卒開湖湘學統」的湖湘倫理文化注重經世務實。宋代的許多理學家都有空談心性，不究實用的傾向。湖湘學派雖然也是理學中的一派，卻自創立之初就反對「腐儒」學風；主張「通曉時務」，「留心經濟」。 在胡宏看來，一切實踐活動包括知識分子輕視的農業生產，都是道體流行的實事，不得以生產作業爲俗。他說：「然聞公（指孫正孺）每言，才親生產作業便俗了人，果有此意乎？古之人蓋有名高天下，躬自鋤荣，如管幼安者；隱居高尚，灌畦粥蔬，如陶靖節者。使顏子不治郭內郭外之田，則饘粥絲麻，將何以給？又如生知將聖，猶且會計升斗，看視牛羊，亦可以爲俗士乎？豈可專守方冊，口談仁義，然後謂之清高之人哉？正孺當以古人實事自律，不可作虛華之見也。」〔註134〕「專守言冊，口談仁義」是當時很多士大夫包括一些

〔註130〕朱熹：《朱文公文集》卷八十九。
〔註131〕朱熹：《南軒文集序》。
〔註132〕《五峰學案》，《宋元學案》。
〔註133〕《二江學案》，《宋元學案》。
〔註134〕胡宏：《與孫正孺》，《胡宏集》，中華書局，1987年版，第145頁。

理學家的通病，胡宏對此提出了批評。他主張學者們重視現實，親自參加生產勞動，「以實事自律」。胡宏本人就親自參加生產勞動，接觸社會，因而能瞭解人民的疾苦，這使得他的整個倫理思想，具有強烈的現實主義品格，如理欲觀、義利觀等，這樣，胡宏的倫理思想體系就不僅僅是概念的推演、學理的闡發，而是著眼於指導人生實踐、安身立命的實踐倫理。

由胡宏開啓的湖湘學派還有一個顯著特點，就是不存門戶之見，抱兼容並蓄態度，對與程朱理學不同的陸九淵心學派、陳亮事功學派並不一概否定，而是互爲取捨。此點在張栻身上得到了最好的體現。

二、南宋理學倫理思想的重要一脈

胡宏所創立的湖湘學派被學界視爲理學四大派系之一，即程頤、朱熹「理本論」；陸九淵、王陽明「心本論」；張載「氣本論」；胡宏、張栻「性本論」。胡宏本人也被視爲宋明理學幾個代表人物之一。南宋時期學人云：「深以不得卒業於湖湘而遺憾」。現代新儒學代表人物牟宗三認爲，理學分派實從南宋開始，即以胡宏——劉宗周一派最爲「圓整飽滿」的「心性合一之模型」爲宋明理學的中心線，再加程（頤）朱、陸王而成三系。

胡宏所生活的時代，正是理學思潮逐步走上波瀾壯闊並趨向鼎盛的時代，也是北宋滅亡，南宋苟且偷安於東南一隅，而北面金兵時常南下侵擾，以致國勢衰危、民生塗炭，民族矛盾、階級矛盾極爲尖銳的時代。在思想理論上，面臨著雙重的嚴峻挑戰：一方面，佛老之學「直自以爲識心見性，其說讜張雄誕」，而「高明之士往往樂聞而喜趨之，一溺其間，則喪其本心，萬事墮馳」〔註135〕；另一方面，北宋理學逐漸暴露出了其弱點，一些人忽視儒學所一貫倡導的道德躬行和經世致用的傳統，對現實漠不關心、毫無知曉，一味地沉溺於抽象的哲理思辨與離群索居、清心寡欲的心性修養，出現了空談性命、不究實用的社會風氣。胡宏面對現實狀況而憂心如焚，憤然以振興道學自任自勵，肩負起了時代賦予的重責：「道學衰微，風教大頹，吾徒當以死自擔，力相規戒，庶幾有立於聖門，不論胥於污世也。」〔註136〕

胡宏在承傳其父胡安國家學的基礎上，宗述孔孟，兼取《孟子》、《中庸》中所說，試圖把孔孟之學改造和提煉爲一種能直接與佛老抗衡的新的理學，在「識心見性」的思辨上痛下功夫，注重對人道的探討，進一步探討了北宋

〔註135〕張栻：《宋張栻胡子知言序》，《胡宏集》，中華書局1987年版，第338頁。
〔註136〕胡宏：《與談子立書》，《胡宏集》，中華書局，1987年版，第147頁。

理學家所思考的「性與天道」的理學主題，對理學諸命題、範疇作了深入的發掘和研究，創立了一個以心性爲核心，由人道而及天道的心性論倫理思想體系，從而在兩宋理學的歷史演變過程中，作出了獨特的理論貢獻，佔有重要的歷史地位。

三、民族倫理精神的彰顯與弘揚

生活於內憂外患時代的理學家胡宏，本著「有道德足以贊時，有事業足以撥亂」的理想和抱負，力圖將其所學用於匡時救世，身雖在野，心繫社稷安危，不忘抗金復仇，收回故土，他反對苛斂無已，關心人民疾苦。對於如何抗金復仇，如何安邦治國，胡宏自有一套系統的思考。他在《上光堯皇帝書》中，詳盡地表達了自己的意見。在這封萬言書中，一開頭就說：「臣聞二帝三王，心周無窮，志利慮天下而己不與焉，故能求賢如不及，當是時，公卿大夫體君心，孜孜盡下，以進賢爲先務是時，上無乏才，而山林無遺逸之士，士得展其才，君得成其功名，君臣交歡而無纖芥，形迹存乎其間。」其意是要求宋高宗效法二帝王王之爲政，第一要出於公心，志利天下，第二要廣求賢才，使不被埋沒於村野，使他們充分施展才能，輔助人君成其功業。

接著，他不無針對性地說：「後世衰微，心不及遠，志不周揚，據天下勢利而有輕疑士大夫之心，於是始有遁世不返，寧貧賤而輕世肆志者；於是始有奔走名利之途，納交於權勢之門以僥倖富貴者。」〔註137〕這裏所指的後世，顯然主要是指當世，在當時的南宋王朝，上至皇帝，下至各級文武官吏，多是文情武嬉的勢利之徒。他指出：當時那些奔走於名利之途，納交於權勢之門以僥倖謀取富貴者比比皆是。與胡宏同時代的岳飛，在當時也很有感慨地說：若要天下太平，除非武官不怕死，文官不愛錢。二人都是愛國志士，自然具有共同價值理想和人生追求。

胡宏主張整飭三綱，施行仁政。胡宏申言，三綱爲中國之道，治國之本，三綱立，邊鄙之叛逆可破也他認爲，若能定名分，正三綱，行仁政，施恩萬姓，就可使四海歸命，收復中原，指日可待。爲此，他要求愼選官吏，黜闓冗之官，以俟英賢；奪冒濫之職，以屈高士。胡宏要求，在官者按實功罪，誅賞必行；任官稱職者，使久於其位；過惡已張者，編之於民。他說：「夫國之所恃而上之所保者，億兆之心也。」對於那些貪戾失職的生民之蠹賊，若

〔註137〕胡宏：《上光堯皇帝書》，《胡宏集》，中華書局，1987年版，第82頁。

能汰而黜之，則得民心。他規誡人君：「仁覆天下，則眾得所願而戴之；后不體元，爲政不仁，無以保天下，則民擇仁厚而歸之。」〔註138〕

　　胡宏主張弘揚儒家仁學倫理精神，指出：「夫學於聖門者，皆以仁爲本。」〔註139〕在《求仁說》中指出：「《論語》一書，大抵皆求仁之方也。」〔註140〕他對「仁」做出了如下的界說：「仁者，心之道乎〔註141〕」；「仁者，天地之心也」〔註142〕；「仁者，道之生也」〔註143〕；「道者，體用之總名。仁，其體；義，其用」〔註144〕。「仁者，人所以肖天地之機要也」〔註145〕。在胡宏看來，仁包含著一種普遍的愛心，這種愛心正是貫通於天地萬物之中的一種生息造化之功。胡宏的這一見解實際上是表彰了張載《西銘》之說。這一點也標明了胡宏想要培養的「與天地同其道」的聖人所具備的特徵：「仁者無不愛也，故以斯文爲己任，理萬物而與天地參矣」〔註146〕。胡宏還以「仁」的標準，要求並規範帝王之政，他認爲仁爲立身立國之本，帝王以仁治國，不僅要「富民」，更要「愛民」，而「愛民」的主要標誌就是「教民」〔註147〕。他說：「仁智合一，然後君子之學成。」〔註148〕「士選於庠序，政令行乎世臣，學校起於鄉行，財出於九賦，兵起於鄉遂，然後政行乎百姓，而仁覆天下」〔註149〕。

　　鑒於宋室南渡之後，國家尚處於困難時期，人民生活於水深火熱之中，胡宏建議國君和統治者要關心人民，要有愛民之心，指出，當時官府對老百姓誅之若禽獸，取之若漁獵，發求無度，科斂無已，脅之以勢，卻之以威，使得他們慘毒切於饑膚，凍餒迫於憂慮，因此，要求減輕人民負擔。他說：「財者，天地有時，四民致功者也，取財於四地則無窮，取財於四民則有盡」，反對朝廷對人民暴斂無已的政策。胡宏強調說：「國之有民，猶人之有腹心也；國之有兵，猶身之有手足也手足有病，心能保之；心腹苟病，四肢何有焉？

〔註138〕胡宏：《上光堯皇帝書》，《胡宏集》，中華書局，1987 年版，第 94 頁。
〔註139〕胡宏：《知言・大學》《胡宏集》，中華書局，1987 年版，第 33 頁。
〔註140〕胡宏：《求仁說》，《胡宏集》，中華書局，1987 年版，第 197 頁。
〔註141〕胡宏：《知言・天命》，《胡宏集》，中華書局，1987 年版，第 1 頁。
〔註142〕胡宏：《知言・天命》，《胡宏集》，中華書局，1987 年版，第 4 頁。
〔註143〕胡宏：《知言・修身》，《胡宏集》，中華書局，1987 年版，第 4 頁。
〔註144〕胡宏：《知言・陰陽》《胡宏集》，中華書局，1987 年版，第 10 頁。
〔註145〕胡宏：《知言・紛華》《胡宏集》，中華書局，1987 年版，第 25 頁。
〔註146〕胡宏：《知言・紛華》《胡宏集》，中華書局，1987 年版，第 25 頁。
〔註147〕胡宏：《知言・文王》《胡宏集》，中華書局，1987 年版，第 18 頁。
〔註148〕胡宏：《知言・天命》《胡宏集》，中華書局，1987 年版，第 1 頁。
〔註149〕胡宏：《知言・天命》《胡宏集》，中華書局，1987 年版，第 4 頁。

是故欲富國者，務使百姓闢其地；欲兵強者，務使有司富其民。今乃行誅剝之政，縱意侵民，以奉冗卒，使田萊多荒，萬民離散，此臣所未解者一也。」〔註150〕他把人民看做是國之心腹，強調愛民富民，不能使之有所損傷。這種重民愛民和以人民為「腹心」的思想，是胡宏對儒家仁政、民本思想的光大和高度發揮。

〔註150〕胡宏：《上光堯皇帝書》，《胡宏集》，中華書局，1987 年版，第 97 頁。

結　語

　　思想史的發展是有規律的，但又是複雜的，一是它本身有一個邏輯進程，二是它與社會歷史發展交互影響。所以思想史的發展呈現螺旋式上升的軌迹。一位思想家及其思想對後世的影響，或者說其身後的命運，一是取決於社會政治發展的需要，二是取決於思想文化本身發展的需要。這兩種需要關係緊密，而且常常是前者起決定作用。不過兩者並不是完全同步的。例如，當一種思想學說被統治階級固化爲統治思想而僵化，從而阻礙、窒息文化思想創新時，人們就會用新的思想批判甚至否定舊的思想。這種批判和否定是否客觀、全面，另當別論。不過歷史的經驗告訴我們，對思想家的思想進行評價，從一個較長的歷史時空來看，看得更清楚些。今天的人們，我們樂觀地看，越來越理性。所以，我們不但尊重歷史，尊重祖先創造的傳統文化，而且，我們要從傳統文化中借鑒經驗，吸取養分，以發展我們今天的文化。宋代理學是儒學發展的一座高峰，自然受到越來越多的關注。湖南現在非常重視文化強省，湖湘文化的研究越來越受到重視。對湖湘文化的源流探索，繞不開湖湘學派，也即繞不開胡安國、胡宏和張栻。湖湘學派在南宋的一個相當長的時期裏，是顯赫昌盛的。但到張栻去世後，很快衰落下來。在接下來的元、明、清三代，湖湘學派一直湮沒無聞。對湖湘學派衰落的原因進行反思，於我們理解歷史，理解胡宏思想本身也是不無裨益的。

　　從思想家思想的本身來看，它的特點、優點，有時恰恰影響它的傳播。胡宏精心構建的性本體論，從思想史發展的角度說，是一大貢獻。性是連接天人的中介，既屬天道，又屬人道；性本體既具有理本體的客觀必然性，又具有心本體的主觀能動性，與心的關係最緊密；它既克服了天理本體的外在

強制性，又克服了心本體可能流入純粹從自我主觀出發的主觀主義。但另一方面，在客觀性、權威性方面，它不如理本體；在主觀能動性方面又不如心本體。所以，在需要加強專制統治時，會選擇理本論；在強調思想解放，個性自由時，會選擇心本論。

另一方面，胡宏倫理思想強調內聖和外王的統一，張栻也繼承了這一傳統，但後來的弟子更加注重外王這一方面，而對內聖一面發展不足。有三個例子爲證。一是淳熙十五年（1188），永嘉事功學派的代表人物陳傅良到嶽麓書院講學，湖湘學派的胡大時、吳獵等著名弟子靡然從之，一時盡服膺事功之學。「君舉（陳傅良）到湘中一收，收盡南軒門人，胡季隨亦從之問學。」〔註1〕湖湘學本注重經世致用，與永嘉事功學派有相通性，故湖湘學派弟子轉從事功學派是完全可以理解的。二是，湖湘學派後期的弟子在南宋面臨嚴重的政治危機時，更多的是投身經世濟民的政治活動和抗金復仇的軍事活動，在學術領域的成就就不突出了。三是，黃宗羲後來評價湖湘學派弟子的整體風貌時說，「湖南一派，當時爲最盛，然大段發露，無從容不迫氣象」〔註2〕這說明，湖湘學派弟子可能更注重經世致用，在功夫方面，偏重察識，涵養有所不足，所以無從容不迫氣象。

再有，胡宏倫理思想中許多有特色、創新的觀點，如「天理人欲同體異用，同行異情」，「性無善惡」等，與正統理學有別。所謂正統理學是指後來被統治階級接受爲官方意識形態的程朱理學。性善論在宋代以後一直是主流觀點，「性無善惡」論、「理欲同體」論與這一主流觀點相悖。張栻敏銳地感覺到這一點，自覺對胡宏的觀點進行修正，以「性至善」代替「性無善惡」，以「天理人欲同行異情」代替「天理人欲同體異用」。張栻考慮到了這些新異觀點可能不被社會認可。黃宗羲準確地看到了這一點：「南軒之學，得之五峰，論其所造，大要比五峰更純粹」〔註3〕朱熹多次批評胡宏「性無善惡」是告子之論。又批評「理欲同體」是將本體作爲「人欲窠子」。無獨有偶，明代後期不少理學家對王陽明的「無善無惡，心之體」大加伐撻。

從胡宏思想理論本身的特點看出，統治者選擇程朱理學作爲統治思想，也不是偶然的。這一點，不僅湖湘性學如此（沿用向世陵的提法，頗有道理），

〔註1〕 朱熹：《朱子語類》卷123，第2961頁。

〔註2〕 《南軒學案・宣公張楠軒先生栻》，《宋元學案》卷五十，第1611頁。

〔註3〕 《南軒學案・附錄》，《宋元學案》卷五十，第1635頁。

陸九淵的心學也是如此。心學特點十分突出，一時與朱學平分秋色，統治階級最後還是選擇了朱學。心學在楊簡去世後很快衰落。

張栻應該說繼承和發展了胡宏的思想，達到了很高的理論水平，爲湖湘學派的發展做出了重要理論貢獻。張栻的學術觀點在保持湖湘學的基本特點基礎上，博採眾長，對朱熹的許多思想觀點進行了吸收，所以在朱熹看來，唯有張栻的學問跟他最接近，而且朱熹反覆強調這一點。張栻早亡，其理論有待進一步發展。亦不能設想，若張栻年壽，其理論所造進入何種境界。張栻去世後，門弟子紛紛改換門庭。湖湘學派後繼者沒有大家，也是湖湘學派衰落的重要原因。論起學派人才的興衰，似乎也有規律。一個學派的創始人一般是一代大家，若能接連有兩代大家出現，亦屬幸矣。張載一代之後，關學再沒有大家出現。洛學二程之後，雖有謝、楊、侯、游等著名弟子，但已差等前輩了。陸九淵之後，楊簡爲著，再往後，沒有大家了。朱熹雖香火旺盛，著名弟子也較多，但也沒有大師級的人物。湖湘學派有胡宏和張栻兩大宗師，屬正常情況。所以說，人才關乎著學派興衰，這是每個學派共同面臨的問題。

影響學派興衰最大的外部原因是統治階級的需要。當然統治階級之所以選擇一種學術思想，也是這種學術思想本身具有符合他需要的特質。朱學理本體的客觀必然性、權威性、神聖性，「存天理，滅人欲」的理欲觀，還加上它宏大精密的思想體系，是符合統治階級加強思想統治需要的。

從歷史的實際情況看，朱學被定位統治思想後，其他學派的思想邊緣化了。但從整個思想史的發展歷程看，每種學術思想作爲人類思維智慧的經驗和教訓都有它自身獨立的意義，而這種意義也不是一時一地能看出來的。今人牟宗三獨契胡宏「性體心用」「心以成性」的思想構建模型，提出三系說，並且以胡宏、劉宗周性宗一系，陸王心宗一系爲儒家正宗，以程頤、朱熹理宗一系爲別子別宗。這當然是基於牟宗三構建自己道德形而上學體系的需要。但從一個側面，也可以看出胡宏思想有其不可替代的獨特之處和光輝之處。

參考文獻

一、馬克思主義經典作家著作

1. 馬克思、恩格斯：《馬克思恩格斯選集》（四卷），北京：人民出版社 1995年版。
2. 列寧：《列寧選集》（四卷），北京：人民出版社 1995 年版。
3. 毛澤東：《毛澤東選集》（四卷），北京：人民出版社 1991 年版。
4. 鄧小平：《鄧小平文選》（三卷），北京：人民出版社 1994 年版。
5. 江澤民：《江澤民文選》（三卷），北京：人民出版社 2006 年版。

二、古人著作

1. 《論語》。
2. 《孟子》。
3. 《中庸》。
4. 《大學》。
5. 《周易》。
6. 《老子》。
7. 許慎：《說文解字》，北京：中華書局 1963 年版。
8. 許慎：《說文解字注》，（清）段玉裁注，上海：上海古籍出版社，1981 年版。
9. 周敦頤：《周敦頤集》，譚松林、尹紅整理，長沙：嶽麓書社 2002 年版。
10. 胡安國：《春秋傳》，文淵閣《四庫全書》本。
11. 胡宏：《胡宏集》，吳仁華點校，北京：中華書局 1987 年版。
12. 胡宏：《皇王大紀》，影印文淵閣四庫全書本，第 313 冊。
13. 胡寅：《崇正辨‧斐然集》，北京：中華書局 1993 年校點本。

14. 張栻：《南軒集》四十四卷本，文淵閣《四庫全書》本。

15. 張栻：《張南軒先生文集》，叢書集成初編本，北京：中華書局，1985 年版。

16. 張栻：《張栻全集》（全三冊），楊世文、王蓉貴點校，長春：長春出版社1999 年版年版。

17. 胡宗楙：《張宣公年譜》，壬申季秋夢選樓刊本。

18. 朱熹：《朱子全書》，朱傑人、嚴佐之、劉永翔主編，上海：上海古籍出版社，合肥：安徽教育出版社2002 年版。

19. 朱熹：《朱子語類》，黎靖德編，北京：中華書局1986 年版

20. 朱熹：《四書章句集注》，新編諸子集成本，北京：中華書局1983 年版。

21. 王懋竑：《朱子年譜考異》，北京：商務印書館1937 年版。

22. 黃榦：《朱子行狀》，《黃勉齋先生文集》卷 8，文淵閣《四庫全書》本。

23. 程顥、程頤：《二程集》，王孝魚點校，北京：中華書局1981 年版。

24. 張載：《張載集》，章錫琛點校，北京：中華書局1978 年校點本。

25. 謝良佐：《上蔡語錄》，文淵閣《四庫全書》本。

26. 呂大臨：《藍田呂氏遺著輯校》，北京：中華書局1983 年版。

27. 李侗：《李延平集》，正誼堂本，北京：中華書局1985 年版。

28. 呂祖謙：《東萊文集》，文淵閣《四庫全書》本。

29. 陸九淵：《陸九淵集》，北京：中華書局1980 年版。

30. 陳淳：《北溪字義》，北京：中華書局1983 年版。

31. 王守仁：《王陽明全集》，吳光、錢明、董平姚延福編校，上海：上海古籍書店1992 年版。

32. 黃宗羲：《宋元學案》，中華書局1986 年版。

33. 黃宗羲：《明儒學案》，中華書局1985 年版。

34. 脫脫：《宋史》，北京：中華書局1977 年版。

35. 蘇輿：《春秋繁露義證》，鍾哲點校，中華書局1992 年版。

36. 韓愈：《昌黎先生集》，（宋）廖瑩中校正，北京：北京圖書館出版社2005 年版。

37. 歐陽修：《歐陽修全集》，世界書局1936 年版。

38. 王安石：《王文公文集》，上海：上海人民出版社1974 年版。

39. 戴震：《孟子字義疏證》，北京：中華書局1961 年版。

40. 王船山：《船山全書》，船山編輯委員會編校，長沙：嶽麓書社1988～1996 年出版。

41.《湘潭縣志》（清光緒）。

三、今人著作

1. 熊十力：《新唯識論》，北京：中華書局 1985 年版。

2. 熊十力：《體用論》，北京：中華書局 1994 年版。

3. 錢穆：《朱子新學案》，成都：巴蜀書社 1986 年版。

4. 傅斯年：《性命古訓辯證》，《中國現代學術經典·傅斯年卷》，河北教育出版社 1996 年版。

5. 牟宗三：《心體與性體》，上海：上海古籍出版社，1999 年版。

6. 牟宗三：《從陸象山到劉蕺山》，上海：上海古籍出版社，1999 年版。

7. 牟宗三：《中國哲學十九講》，上海：上海古籍出版社 1997 年版。

8. 唐君毅：《中國哲學原論·原性篇》，臺灣：學生書局 1990 年版。

9. 唐凱麟：《倫理學》，北京：高等教育出版社 2001 年版。

10. 王開府：《胡五峰的心學》，臺灣：學生書局 1978 年版。

11. 陳來：《朱熹哲學研究》，北京：中國社會科學出版社 1993 年版。

12. 陳來：《宋明理學》，瀋陽：遼寧教育出版社 1991 年版。

13. 陳來：《朱子書信編年考證》，上海：上海人民出版社 1989 年版。

14. 陳來：《有無之境——王陽明哲學的精神》，北京：人民出版社 1990 年版。

15. 陳來：《中國近世思想史研究》，北京：商務印書館 2003 年版。

16. 蔡方鹿：《張栻及其哲學》，成都：巴蜀書社 1991 年版。

17. 蔡方鹿：《宋明理學心性論》，成都：巴蜀書社，1997 年版。

18. 陳谷嘉：《張栻與湖湘學派研究》，長沙：湖南教育出版社 1991 年版。

19. 朱漢民：《湖湘學派與嶽麓書院》，北京：教育科學出版社 1991 年版。

20. 朱漢民、陳谷嘉：《湖湘學派源流》，長沙：湖南教育出版社 1992 年版。

21. 向世陵：《善惡之上：胡宏·性學·理學》，北京：中國廣播電視出版社 2000 年版。

22. 楊國榮：《心學之思——王陽明哲學的闡釋》，北京：三聯書店 1997 年版。

23. 馮友蘭：《中國哲學史新編》，北京：人民出版社 1988 年版。

24. 田浩：《朱熹的思維世界》，西安：陝西師範大學出版社，2002 年版。

25. 陳鍾凡：《兩宋思想述評》，北京：東方出版社 1996 年版。

26. 張岱年：《中國哲學大綱》，北京：中國社會科學出版社 1982 年版。

27. 侯外廬：《宋明理學史》，北京：人民出版社 1984 年版。

28. 張立文：《朱熹思想研究》，北京：中國社會科學出版社 1982 年版。

29. 張立文：《宋明理學研究》，北京：中國人民大學出版社 1985 年版。

30. 徐遠和：《洛學源流》，濟南：齊魯書社 1997 年版。

31. 徐洪興：《思想的轉型——理學發生過程研究》，上海：上海人民出版社 1996 年版。

32. 張立文：《走向心學之路》，北京：中華書局 1992 年版。

33. 張立文：《中國哲學精粹叢書·性》，北京：中國人民大學出版社 1996 年版。

34. 馮達文：《宋明新儒學略論》，廣州：廣東人民出版社 1997 年版。

35. 徐遠和：《洛學源流》，濟南：齊魯書社 1987 年版。

36. 蒙培元：《理學範疇系統》，北京：人民出版社 1989 年版。

37. 陳來：《詮釋與重建：王船山的哲學精神》，北京：北京大學出版社 2004 年版。

38. 陳鍾凡：《兩宋思想述評》，北京：東方版社 1996 年版。

39. 楊國榮：《王學通論——從王陽明到熊十力》，上海：華東師範大學出版社，2003 年版。

40. 陳廷湘：《宋代理學家的義利觀》，北京：團結出版社 1999 年版。

41. 陳谷嘉：《宋代理學倫理思想研究》，長沙：湖南大學出版社 2006 年版。

42. 東方朔：《劉蕺山哲學研究》，上海：上海人民出版社 1997 年版。

43. 郭曉東：《識仁與定性——工夫論視域下的程明道哲學研究》，上海：復旦大學出版社 2006 年版。

44. 王立新：《胡宏》，台北：東大圖書公司 1996 年版。

四、論文部分

1. 曾亦：《張南軒與胡五峰之異同及其學術之演變》，湖南大學學報（社會科學版），2009 年第 6 期。

2. 趙載光：《「性」「氣」合一與湖湘派儒學》，船山學刊，2004 年第 2 期。

3. 黃守江：《船山理欲觀與湖湘文化》，湘潭大學社會科學學報，2003 年第 1 期。

4. 趙載光：《胡宏道學對北宋三家的繼承》，湘潭大學學報（哲學社會科學版），2008 年第 3 期。

5. 黃曉榮：《胡宏的「心」論探析》，上饒師範學院學報，2002 年第 4 期。

6. 方國根：《胡宏心性哲學的理論特色》，哲學研究，1995 年第 8 期。

7. 張春林：《胡宏的仁學思想簡析》，河北大學學報（哲學社會科學版），2004 年第 6 期。

8. 權相祐：《理一分殊的內涵和周敦頤哲學思想》，洛陽師範學院學報，2004 年第 1 期。

9. 趙載光：《儒家「中和」哲學與社會和諧理念》，湘潭大學學院（哲學社會

科學版）2006 年第 2 期。

10. 郭學信：《試論兩宋文化發展的歷史特色》，江西社會科學，2003 年第 5 期。

11. 郝肇榮：《試論儒家人性論中的倫理思想》，管子學刊，1997 年第 2 期。

12. 楊星：《試析楊時的「理一分殊」該思想》，岱宗學刊，2006 年第 4 期。

13. 王向清，王光紅：《陸九淵心學派有與湖湘性學派關係考論》，湖南科技大學學報（社會科學版）2008 年第 3 期。

14. 王興國：《湖湘哲學發展的四個階段及主要特點》，湘潭大學業學報（哲學社會科學版），2008 年第 3 期。

15. 蘇鉉盛：《張栻早期仁學思想考》，孔子研究，2003 年第 5 期。

16. 陳力祥：《王船山義利觀辨正》，江維論壇，2006 年第 6 期。

17. 李海峰：《〈孟子〉中的心和性》，北京廣播電視大學學報，2002 年第 3 期。

18. 向世陵：《「生之謂性」與二程的「復性」之路》中州學刊，2004 年第 1 期。

19. 東方朔：《聖人之道，得其體，必得其用──胡宏哲學的一種瞭解》，雲南大學學報（社會科學版），2006 年第 6 期。

20. 張莉蘭：《從孔孟荀儒看人的主體性》，中山大學研究生學刊（社會科學版），2000 年第 3 期。

21. 李承貴：《胡宏對佛教的批判及其檢討──兼論其對宋代新儒學的意義》，安徽大學學報（哲學社會科學版），2007 年第 2 期。

22. 郭曉東：《論程伊川「性」即「理」的基本內涵及其工夫論指向》，雲南大學學報（社會科學版），2006 年第 1 期。

23. 王鵬：《論陽明的「善惡只是一物」》，理論界，2008 年第 4 期。

24. 張懷承：《論中國傳統人性論的邏輯發展》，中州學刊，1999 年第 4 期。

25. 楊海文：《孟子心性論的邏輯架構》，南昌大學學報（人社版），2002 年第 3 期。

26. 李祥俊：《仁學業本體論的構建──北宋諸儒仁論特質闡釋》，中國哲學史，2006 年第 3 期。

27. 王興彬：《試論胡宏的聖人境界觀》，理論學刊，2004 年第 1 期。

28. 方國根：《試論胡宏心性哲學的歷史地位》，孔子研究，1997 年第 1 期。

29. 陳代湘：《評矣宗三對胡宏和朱熹工夫論的闡析》，南開學報（哲學社會科學版），2002 年第 3 期。

30. 何卓恩：《胡宏理欲學說之特色探析》，武漢交通管理幹部學院學報，2006 年第 2 期。

31. 王澤應：《義利關係的不同類型及其實質》，南通大學學報（社會科學版），

2006 年第 2 期。

32. 成中英著，楊柱才譯：《二程本體哲學的根源與架構》，南昌大學學報，2003 年第 1 期。

33. 蔡方鹿：《胡宏經學思想初探》，中華文化論壇，2007 年第 3 期。

34. 曹宗峰：《胡宏史學思想初探》，重慶社會科學，2006 年第 10 期。

35. 黃曉榮：《胡宏心性論探微》，江西社會科學，2002 年第 6 期。

三、外文文獻

1. Wing-tsit Chen, Chu His： New Studies, University of Hawaii Press，1989.

2. Wm. Theodore de Bary, Neo-Confucianism Orthodoxy and the Learning of the Mind-and-Heart, Columbia University Press， 1981.

3. Hok-Lam Chan & Wm. Theodore de Bary（ed.） Yuan Thought： Chinese Confucian Tradition in late Imperial China, Stanford University Press.1995.

4. Robert P.Hymes & Conrad Schirokauer（ed.） Ordering the world： approaches to state and society in Sung Dynasty China, Berkeley： University of California Press，1993.

5. David S. Nivison（ed.） The ways of Confucianism： investiga-tions in Chinese philosophy, Chicago, Open Court，1996.

6. 高畑常信：《宋代湖南學の研究》，秋山書店，1996 年版。

7. 島田虔次：《朱子學と陽明學》，岩波書店，1967 年。

8. 島田虔次：《中國思想史の研究》，京都大學學術出版社會，2002 年。

9. 小島毅：《宋學の形成と展開》，創文社刊，1999 年。

後 記

　　《胡宏倫理思想》這篇博士論文從 2006 年開始動筆，歷經 6 年，終於算是寫完了。我沒有一絲放鬆和喜悅的心情。心裏忐忑不安。以一個人物的思想爲研究對象來寫一篇博士論文，看起來是一件取巧的是，其實不然。要對胡宏的倫理思想內在的體系結構和理論特色有一個恰當的把握，非要對整個倫理思想史的脈絡，尤其是對兩宋主要理學家的倫理思想比較熟悉，以之爲坐標，才能做到胸中有數。由於本人學識和學力有限，雖勉力爲之，寫出了一些個人的體會，終歸心裏不踏實。唯一覺得欣慰的是，爲完成論文的研究和寫作，逼迫自己閱讀了《胡宏集》《二程集》等原著和專家學者的著作、論文。說實話，要讀懂這些著作，就不是一件容易的事。只有多讀，反覆讀。漸漸讀出一些味道來了。才知古人說「讀書貴有得」「自得於心」，確實能給人帶來快樂。研究者們在字裏行間透露出的求索精神和思考智慧，給我很多的啓迪。我不由得發自內心的尊敬他們。寫這篇論文，我雖沒有急於求成，但也拖的時間不短了。勉強完成，待有時間好好修改，使自己的想法更成熟些。

　　在湖南師範大學倫理學研究所學習這麼多年，眞是一件幸運和幸福的事。這是一個溫暖和諧的大家庭。所裏的導師們個個獨具魅力，他們都是我學術上和精神上的導師；所裏濃厚的學術氛圍像強大的磁場吸引著莘莘學子。唐凱麟教授、劉湘溶教授、張懷承教授、王澤應教授、李培超教授、楊君武教授、鄧銘英教授、彭定光教授、李倫教授、向玉喬教授、聶文君教授在學業上給予我諄諄教誨、循循善誘；在生活上給予無微不至的關懷。衷心地感謝導師們！感謝人類智慧和德性的引路人！

　　我要特別感謝我的論文指導老師王澤應教授，親炙王老師是我一生莫大的幸福！侍坐王老師，聽他侃侃談學問，談人生，如春雨潤田，如坐春風。我的論文從選題、開題、中期檢查到完成，都得到了導師悉心的指導，傾注了導師的心智和心血。我在論文寫作過程中遇到了很多困難，王老師給予了我極大的鼓勵和幫助。導師於我何其多矣，無以回報。惟兢兢業業做好工作，做好學問，以不負老師的教誨。

　　感謝同窗的所有博士同學。他們勤學好問，熱心助人，學習淵博，有強烈的社會責任感，所有的一切於我裨益良多。同學情深，同學相勉！

　　感謝我的親人們！我年老的母親為我分擔了很多家務，慈母一片慈愛滋潤著我。我的愛人蔡豔萍博士在自己教學科研工作十分繁重的情況下，相夫教子，給了我全力支持。正在上幼兒園的女兒也希望我快點完成學業，好有時間陪她玩。

　　讀書是辛苦的，讀書也是有所得的、快樂的。

　　學海無涯，吾將求索不息！

王和君

二〇一一年四月

於嶽麓山下